ÉL Y ELLA

Cómo establecer una relación duradera

Publicado por Alpha Américas, 2275 Half Day Road, Suite 185, Deerfield, IL
60015 (EE.UU.)

Copyright © Nicky y Sila Lee 2000

Esta edición se produce mediante un acuerdo especial con Alpha International,
Holy Trinity Brompton, Brompton Road, London, SW7 1JA, UK

Él y ella: cómo establecer una relación duradera por Nicky y Sila Lee

Primera impresión en español realizada por Alpha Américas en 2014

Traducción al español: Cristian Franco

Impreso en los Estados Unidos de América

La mayor parte de las Escrituras que aparecen en esta publicación han sido tomadas
de la Santa Biblia, Nueva Versión Internacional® NVI® Copyright © 1999 by
Biblica, Inc.® Texto bíblico usado con permiso. Todos los derechos reservados a
nivel mundial.

Ilustraciones: Charlie Mackesy

ISBN 978-1-938328-55-8

1 2 3 4 5 6 7 8 9 10 Impreso/Año 17 16 15 14

ÉL Y ELLA

Cómo establecer una relación duradera

NICKY Y SILA LEE

ILUSTRADO POR CHARLIE MACKESY

Contenidos

Prólogo
por Nicky Gumbel

El matrimonio está bajo ataque en nuestra sociedad. Muchos sienten que se trata de una institución anticuada. En el Reino Unido la cantidad de matrimonios que se concretan cada año ha decrecido en forma sostenida. Aquellos que contraen matrimonio encuentran cada vez más difícil permanecer casados. Existe un incremento alarmante en la tasa de divorcios. ¿Cuál es la respuesta a todo esto? ¿Por qué deberíamos contraer matrimonio? ¿Cómo podemos permanecer casados?

En este libro, Nicky y Sila Lee responden estas preguntas, mostrándonos el valor y el potencial que todo matrimonio posee. Presentan sugerencias prácticas no solo acerca de cómo podemos mantenernos dentro del matrimonio sino también de qué forma optimizar nuestra vida juntos como pareja.

Nicky ha sido mi amigo más cercano durante los últimos treinta años. Fuimos juntos a la escuela y compartimos la habitación en la universidad. Siempre ha estado un paso por delante y he intentado seguir sus pisadas. Se convirtió al cristianismo el 14 de febrero de 1974. Cuarenta y ocho horas después me guió a los pies de Cristo. Nicky y Sila se casaron en 1976. Dieciocho meses más tarde, Pippa y yo seguimos su ejemplo. Nuestros primeros tres hijos tienen aproximadamente la misma edad. Ellos tuvieron uno más.

Luego de la universidad nuestros caminos siguieron su rumbo. Nicky viajó al Japón para enseñar y yo realicé mis prácticas como abogado. Después, Nicky comenzó a cursar estudios teológicos y al año posterior hice lo mismo. Nicky y Sila regresaron a Londres (Reino Unido) para unirse al equipo de la iglesia Holy Trinity Brompton (HTB). Un año después, hice lo mismo. Nicky y Sila realizaron Alpha durante cinco años, pasándonos la posta en 1990.

Nos han enseñado muchas cosas. En particular, hemos aprendido muchísimo del ejemplo de su matrimonio y su vida familiar. Hemos observado en ellos algo a lo que podemos aspirar.

Nicky y Sila llevan adelante el Curso de Preparación para el Matrimonio en HTB desde 1985 y el Curso para Matrimonios desde 1996, y muchas parejas han enriquecido sus matrimonios al participar en dichos cursos.

Para algunos, el curso literalmente ha salvado sus matrimonios de la separación o el divorcio. Para otros, ha servido para convertir el "agua" de un matrimonio mediocre en el "vino nuevo" de una relación sólida, una transformación posible mediante la presencia de Jesucristo. Y aun para otros, estos cursos han provisto un foro para pensar creativamente sobre cómo mejorar todavía más un matrimonio bueno y saludable.

Al leer este libro quizá piense que el matrimonio de Nicky y Sila es "demasiado bueno para ser verdad", pero luego de observarlos de cerca durante más de treinta años puedo asegurar que es totalmente cierto y que su ejemplo nos inspira a buscar lo mejor para nuestra propia relación.

Mi esperanza y oración es que mediante este libro muchas más personas puedan ser capaces de gozar el fruto del ejemplo y la sabiduría de Nicky y Sila.

Nicky Gumbel
Pastor de Holy Trinity Brompton

Reconocimientos

Queremos agradecer a todas las personas que nos ayudaron en la preparación del presente libro. Han invertido cientos de horas en los manuscritos, sugiriéndonos cambios y adiciones. El libro no podría haberse escrito sin su contribución. Particularmente estamos muy agradecidos a John y Diana Collins, y Sandy y Annette Millar, quienes nos han inspirado mediante su vida y sus enseñanzas. También estamos muy agradecidos hacia aquellos que nos han contado historias y anécdotas de su propia vida matrimonial, las cuales ayudaron a conectar la teoría con la experiencia cotidiana.

A su vez, deseamos expresar nuestra enorme gratitud a Philippa Pearson-Miles, Mary Ellis y Joanna Desmond por mecanografiar una y otra vez los interminables cambios con gran rapidez, talento y paciencia. Además deseamos agradecer a Charlie Mackesy por el buen humor que trajo a nuestra familia como también al presente libro. A Jo Glen, nuestra editora, queremos expresarle una palabra especial de gratitud. Sin su entusiasmo, humor e imaginación irresistibles, junto con sus nuevas ideas cada vez que nos quedábamos atascados, este libro tal vez nunca se hubiera terminado. También queremos agradecer a Nicky y Pippa Gumbel no solo por su amistad y aliento a lo largo de tantos años, sino también por persuadirnos a comenzar este proyecto.

Finalmente, deseamos agradecer a nuestros padres por su continuo amor y el modelo de dos matrimonios duraderos y felices.

Nicky y Sila Lee

El amor es paciente,

es bondadoso.

El amor no es envidioso

ni jactancioso

ni orgulloso.

No se comporta con rudeza,

no es egoísta,

no se enoja fácilmente,

no guarda rencor.

El amor no se deleita en la maldad

sino que se regocija con la verdad.

Todo lo disculpa,

todo lo cree,

todo lo espera,

todo lo soporta.

El amor jamás se extingue.

1 Corintios 13.4-8a

Introducción

La historia de Nicky

La primera vez que fijé mis ojos en Sila fue en Swansea Docks, en Gales (Reino Unido). Estaba de viaje hacia el sudoeste de Irlanda para disfrutar las vacaciones de verano a pocos días de haber concluido mis estudios. Yo tenía dieciocho años de edad, ella diecisiete. Fue amor a primera vista. Pasamos dos semanas como vecinos de cabañas linderas en uno de los rincones más bellos y poco poblados de las Islas Británicas: South West Cork. La mayor parte de aquel tiempo apenas me atrevía a creer que ella pudiera sentir algo por mí. Dos días antes de que regresara me armé de valor y le expresé mis sentimientos. Para mi asombro, descubrí que ella sentía lo mismo.

Sila todavía estaba en la escuela y tenía que proseguir con sus estudios. En mi caso, restaban nueve meses antes de comenzar la universidad y comprendí que probablemente ella no podría aprobar ninguno de los exámenes si me quedaba en el mismo país, por lo que me fui de mochilero al África por mi propia cuenta. Aquel continente no se parecía a nada de lo que había

1

experimentado con anterioridad. Me asombró el paisaje, la gente y la cultura, pero secretamente anhelaba regresar a Inglaterra junto a Sila. Estuve solo la mayor parte del tiempo y vivía en torno a las cartas que ella me enviaba a las ciudades capitales de los países por los que viajaba, desde Adís Abeba hasta Ciudad del Cabo. El sistema funcionó bien hasta que llegué a Sudáfrica. Había ocurrido una brecha de más de seis semanas cuando arribé a Ciudad del Cabo, fijando todas mis esperanzas en que hallaría una carta cuando estuviera allí, solo para no encontrar ninguna (con excepción de la que me había enviado mi madre). Estaba devastado.

Comencé a preguntarme si tal vez Sila se habría enfriado debido al tiempo que había estado lejos. Si ese era el caso, no tenía ningún deseo de regresar a Inglaterra. Luego de varias semanas de dirigirme a la oficina de correos en forma cotidiana, hice autoestop de regreso a Johannesburgo como último recurso y entonces me puse eufórico al encontrar una carta que había pasado por alto cuatro semanas atrás. Tomé el primer vuelo de regreso a casa.

De inmediato fui a ver a Sila a su colegio internado, que era un cruce entre una prisión, para mantener a las muchachas dentro, y una fortaleza, para mantener a los muchachos fuera. Luego de pasar tres maravillosas horas juntos, nos dimos cuenta demasiado tarde de que la institución había cerrado el acceso. La atraparon al saltar a través de una ventana durante la medianoche y fue castigada durante sus últimas dos semanas en aquella escuela.

Yo fui a la universidad y Sila dejó la escuela y se mudó a Londres. Para dicha época comencé a escuchar

personas que hablaban acerca de la fe cristiana de una
forma que me resultaba nueva. Aquello tuvo un sentido
cada vez mayor para mí y me llevó a pensar seriamente
acerca del significado de mi vida. Aunque al mismo tiempo
mantuve cierta distancia del asunto pues mi relación con
Sila era, por lejos, la parte más importante de mi vida.
Temía que si me convertía en cristiano y Sila no, quizá nos
distanciáramos.

Luego de cinco meses de prudente investigación,
comprendí que había alcanzado un momento definitorio.
Debía decidir en un sentido u otro. Abordé el asunto
con Sila, quien respondió con su habitual entusiasmo. Al
igual que yo, mientras Sila escuchaba las afirmaciones del
cristianismo sintió que había descubierto la verdad, por lo
que ambos decidimos abrazar esta fe.

En lugar de separarnos, nuestra nueva fe recién
descubierta pareció añadir una dimensión nueva y
excitante a nuestra relación. De hecho, abrió la puerta
a una perspectiva acerca de la vida que nunca antes
había considerado. De pronto me pareció como si todos
los aspectos de mi vida fueran semejantes a las piezas
de un rompecabezas: mi pasado, mi relación con Sila,
mis estudios de la lengua inglesa, mi presencia en la
universidad, absolutamente todo. Repentinamente todas
las piezas se ubicaron en su lugar.

Durante el otoño de 1974, luego de dos años de salir
como novios, ambos sentimos (en forma independiente)
que si queríamos estar seguros de que pasaríamos juntos
el resto de nuestra vida, necesitábamos pasar algún tiempo
apartados el uno del otro.

De modo que, muy temprano en la mañana de un
lunes al comenzar el mes de octubre, caminé con Sila hacia

la estación de trenes. Acordamos que no nos veríamos o hablaríamos hasta la Navidad.

Era una hermosa mañana de otoño con una alfombra de niebla sobre la luz del amanecer ligeramente anaranjado. Sila movía su mano como despedida detrás de la ventana del tren y yo me preguntaba si alguna vez volvería a verla. Regresé caminando a través de las aún desiertas calles de Cambridge sintiéndome tan triste como nunca antes me había sentido. Decidí que no iría a Londres durante aquella época porque era demasiado doloroso estar allí sin poder ver a Sila.

Una semana después jugaba al fútbol con algunos amigos de mi antigua escuela. Mientras nos aprestábamos a emprender el regreso, mi amigo que conducía el vehículo que nos trasladaba dijo lo siguiente: "Espero que no te moleste regresar a través de Londres pues debo pasar por mi casa para recoger algo y seguir". Estaba horrorizado, pero no le dije nada. Simplemente esperaba que no le llevara demasiado tiempo. De todos modos, Sila vivía en otra parte de Londres.

El amigo nos dejó en High Street Kensington y dijo: "Los recogeré en cuarenta minutos", y luego siguió su camino. La lluvia caía en forma torrencial y estábamos allí parados, sobre el pavimento, intentando decidir que haríamos durante ese tiempo. En aquel momento levanté mi mirada y allí, a una distancia aproximada de cincuenta metros, Sila caminaba por la acera en dirección hacia mí.

Dejé a mis dos amigos sin una palabra de explicación y corrí hacia ella. Entonces me vio. Comenzó a correr hacia mí. Nos abrazamos fuerte y me recuerdo balanceándola de un lado para el otro. Grité a mis amigos diciéndoles que no me esperaran.

Fuimos a una cafetería y hablamos durante horas.
Descubrí que Sila viajaba en autobús por la calle High
Street Kensington cuando el vehículo se quedó atascado
por el tráfico y entonces decidió bajar y recorrer a pie el
medio kilómetro que restaba para llegar al sitio al cual se
dirigía. Allí fue cuando me vio.

Existía una posibilidad en un millón de que algo así
ocurriera, por lo que lo tomamos como una señal de Dios.
Ambos sentimos que si Dios podía ocasionar que nos
encontráramos de una forma tan extraordinaria mientras
nos esforzábamos por evitar vernos, Él era más que capaz
de mostrarnos durante los siguientes tres meses si debíamos
pasar el resto de nuestra vida juntos.

De nuevo acordamos no vernos hasta la Navidad. Pero
esta vez nuestra sensación fue distinta. Aún había lágrimas,
pero confiábamos en que Dios nos guiaría.

Estar separados fue difícil pero hacia el final del
cuatrimestre no había dudas en mi mente con respecto a
que deseaba pasar el resto de mi vida junto a Sila. Volvimos
a noviar a comienzos de 1975. Yo aún debía cursar otro
año y medio en la universidad. Pero al contar con la visita
de Sila durante la mayoría de los fines de semana, fue un
tiempo colmado de algunos de los recuerdos más felices de
mi vida.

Nos casamos el 17 de julio de 1976 en Escocia, país
natal de Sila, dos semanas después de graduarme de la
universidad.

La historia de Sila

Crecí en las montañas de Escocia, donde mi infancia
transcurrió feliz y sin complicaciones. Me encantaba la vida
al aire libre (parecía una chica poco femenina por ello) y

consideraba que vivía en el mejor lugar del mundo. Solo había un inconveniente: la falta de gente. Por ello, cuando mi mejor amiga de la escuela, Penny, me pidió pasar dos semanas de las vacaciones del verano con ella en el sudoeste de Irlanda junto a sus familiares y amigos, aproveché de inmediato la oportunidad. Apenas tenía diecisiete años de edad y no contaba con ningún indicio de que aquellas dos semanas cambiarían mi vida.

Debimos viajar en *ferry* desde Swansea hacia Cork. Swansea Docks es el lugar menos prometedor que conozco, y aun así fue allí donde lo conocí. Nicky condujo su automóvil dentro del transbordador detrás de nosotros, luego saltó por encima del capó de un Mini Cooper verde y sonrió. Fue amor a primera vista (o tal vez una atracción abrumadora a primera vista, para ser precisos). Llevaba un gran sombrero negro de fieltro (eran los 70), vaqueros y una camiseta blanca, y estaba muy bronceado. Tenía dieciocho años y yo pensé: "¡Es guapísimo!"

Pasamos dos semanas idílicas junto a un grupo grande de amigos. Navegamos y nadamos, pescamos caballa, remamos hacia islas para celebrar barbacoas a la medianoche y nos sentamos bajo las estrellas para dialogar hasta la madrugada. Cada minuto que pasaba me enamoraba más y más de él. No dije una sola palabra a Penny acerca de mis sentimientos y tampoco tenía idea de que los sentimientos con Nicky fueran mutuos.

Cuarenta y ocho horas antes de regresar a mi casa en Escocia descubrí que lo eran, y Nicky me besó por primera vez. Incluso entonces, aunque yo solo tenía diecisiete (¡y él no era el único muchacho al que había besado en mi vida!), recuerdo pasar toda la noche despierta pensando que algún día me casaría con él. Había estado con Nicky cada día

durante dos semanas y sentí como si no podría vivir otro
día de mi vida sin él.

Luego Nicky se fue al África por seis meses, los cuales
fueron agonizantes pues apenas nos estábamos conociendo.
Todas mis amigas en la escuela me decían que no pusiera
mis esperanzas en la relación: África estaba muy lejos, seis
meses era demasiado tiempo y seguramente él conocería a
otra muchacha durante su viaje. Pero nuestra relación se
fortaleció al escribirnos largas y numerosas cartas íntimas,
descubriendo más acerca del otro con miles de kilómetros
de separación entre nosotros de lo que podríamos haber
experimentado si hubiéramos estado juntos.

Mi corazón pareció detenerse en el momento en
que escuché su voz en el teléfono diciendo que estaba de
regreso. La fuerza de mis sentimientos era prácticamente
sobrecogedora. Aquella tarde en que nos volvimos a reunir
nos despedimos con la seguridad de que nuestro amor
había crecido durante los meses en los que estuvimos
separados.

Durante el otoño de 1973, Nicky fue a la universidad
y yo me dirigí hacia Londres. Durante el día me dedicaba
a aprender mecanografía y por la noche tomaba clases de
pintura, preparando un porfolio para solicitar mi ingreso a
la escuela de artes. Pero la atracción de la vida universitaria
y mi anhelo de estar con Nicky se tradujeron en que pasara
más tiempo en su universidad del que invertía en mis
cursos. Nuestra relación se volvió más cercana e intensa,
en algunas formas demasiado intensas para nuestro propio
bien.

Por haber aprendido acerca de Dios mientras crecía
nunca dudé de su existencia, pero dicha creencia no tenía
efecto en mi estilo de vida con la excepción de que Nicky

y yo asistíamos ocasionalmente al servicio dominical en la
capilla de la universidad. Tenía la vaga sensación de que
algún día, cuando creciera lo suficiente, ganaría mi propia
entrada al cielo si decía algunas oraciones adicionales,
asistía a más servicios y realizaba en mi vida unas pocas
cosas más. Por el momento no necesitaba nada. Tenía a
Nicky.

Hacia fin de año aceptaron mi ingreso en el Instituto
de Arte de Chelsea a fin de comenzar a cursar durante el
mes de septiembre. Me parecía que la vida tenía nuevas
posibilidades detrás de cada esquina. De modo que cuando
Nicky vino a verme a Londres una tarde, en febrero de
1974, y comenzó a hablarme acerca del cristianismo, estaba
tan entusiasmada acerca de ello como lo estaba acerca de la
mayoría de las otras cosas que él sugería. Pero no tenía una
comprensión real de lo que me decía ni tampoco una idea
de las implicancias.

Cuando fui a ver a Nicky aquel fin de semana, me
llevó directamente a escuchar a un predicador cristiano
llamado David MacInnes. Me sorprendió todo lo que
escuché. Lo que había sucedido en Nicky durante un
período aproximado de cinco meses ocurrió en mí en el
espacio de veinticuatro horas.

Me fascinó lo que dijo David. Nunca antes había
escuchado que alguien hablara acerca de Jesucristo de un
modo similar. Nadie me había dicho jamás que podía tener
una relación con Dios. Para mí, las relaciones significaban
todo. Aquel viernes hablamos largo y tendido con Nicky
Gumbel, el mejor amigo de Nicky, quien en aquel
momento se mostraba extremadamente desconfiado de lo
que nos ocurría.

El sábado fuimos a escuchar nuevamente a David

MacInnes. Habló acerca de la cruz de Cristo. Fue una revelación para mí. Seguí diciéndome a mí misma: "¿Por qué nadie me habló jamás acerca de la razón por la que Jesús murió en la cruz?"[1]. Fue como si todo lo que hubiera conocido de pronto lograra encajar, cada pieza en su lugar. Y esto no solo a nivel intelectual sino también en el sentido emocional y espiritual. Todo tuvo sentido cuando escuché la explicación acerca del por qué de la cruz. Fue como si mi vida hasta ese punto hubiera sido una fotografía estática en blanco y negro y de pronto comenzara a moverse, primero en una suerte de cámara lenta borrosa y luego de modo más veloz hasta alcanzar un enfoque nítido y un color hermoso. La vida se convirtió en algo muy real de una manera que jamás había conocido. Fue un cambio radical de perspectiva y el comienzo de una nueva libertad en nuestra relación que jamás imaginé que fuera posible alcanzar.

Vivir la vida con una nueva fe resultaba emocionante. Ambos estábamos más profundamente involucrados el uno con el otro. Pero ocho meses después sentimos que Dios nos guiaba a distinguir entre nuestra fe y nuestro amor mutuo.

Ese fue uno de los mayores tiempos de prueba de mi vida, incluso más difícil que cuando Nicky se fue de viaje al África. Fue muy duro aprender que Dios tenía el mejor plan para nosotros.

Significó una experiencia notable ver la intervención de Dios en nuestra vida, como nos pareció en aquel momento, de una manera en la que solo podía haber sido Él. En la calle High Street Kensington, cuando corrimos hasta encontrarnos en un fuerte abrazo y grité: "¡Nicky!" con la mayor fuerza de mi voz, pensaba: "Dios, nunca más volveré a dudar de ti". Supe con gran convicción que podía confiarle toda mi vida, incluso el aspecto más preciado: mi relación con Nicky. Estoy convencida de que Dios me mostró aquel día que más allá de cuánto amara a Nicky, mi amor por Dios y su amor por mí eran lo más importante en la vida.

Durante aquellos tres meses en los que permanecimos distanciados, cada uno de nosotros creció en su relación con Dios. Cuando volvimos a vernos teníamos un cimiento distinto en nuestra vida, una base de fe personal que ha fortalecido nuestra relación mutua desde entonces.

Nicky me propuso matrimonio en febrero de 1976 y nos casamos durante el mes de julio. Yo tenía veintiuno y él veintidós.

Escribimos desde el "punto panorámico" que significa llevar más de treinta años de casados. Durante estos años hemos vivido en Japón, el noreste de Inglaterra y el centro de Londres. Hemos experimentado juntos el nacimiento de cuatro hijos y aproximadamente 1528 noches de sueño interrumpido. Hemos conocido la tensión y el gozo de tener cuatro hijos menores de ocho años así como la turbulencia y la complejidad de llevar adelante la crianza de adolescentes. Hemos atravesado juntos las enfermedades y las dificultades financieras.

Nuestra experiencia no ha sido diferente de la que viven muchas otras parejas. Hemos recorrido juntos más de quinientos mil kilómetros, hablado por más de veinte mil horas y compartido más de diez mil noches en la misma cama. Hemos trabajado y jugado juntos. Hemos reído y llorado. Nos hemos frustrado, irritado, mistificado y embelesado mutuamente. Y todavía sentimos pasión el uno por el otro y seguimos apasionados por el matrimonio.

De ningún modo queremos sugerir que nuestro matrimonio es más especial que cualquier otro. De hecho, no hay ningún matrimonio que sea un "libro de texto" ni prototipo o modelo impecable. Cada pareja es singular y tiene su propia historia para contar. Pero quienes llegan a las alturas, ¿lo hacen por mera suerte? ¿Y será cierto que quienes sienten decepción por su matrimonio se debe a que se casaron con la persona incorrecta? Nuestra propia experiencia nos ha mostrado que necesitamos determinadas herramientas para construir un matrimonio sólido y feliz. Hemos tenido que descubrir la comunicación y la manera de hacer que cada uno se sintiera amado. Hemos aprendido a resolver los conflictos y practicar el perdón. Hemos descubierto que el disfrute de la intimidad sexual no puede darse por sentado.

Durante los últimos veinticinco años nos hemos dedicado cada vez más a buscar ayuda para otros matrimonios. Hemos visto centenares de parejas y enfrentado con ellas un abanico de problemas complejos y diversos. De nuestra propia experiencia y todas las que hemos conocido hemos aprendido que la relación matrimonial no siempre es fácil pero sí muy gratificante. Estas experiencias, combinadas con nuestra búsqueda y el gran cúmulo de consejos de expertos en dicho campo, nos capacitaron para desarrollar el Curso de Preparación para el Matrimonio, de cinco semanas de duración, dirigido a parejas comprometidas a casarse y el Curso para Matrimonios, de siete semanas, para parejas que se encuentren en cualquier etapa de su vida matrimonial. Miles de parejas han experimentado estos cursos y hoy en día los llevamos a cabo tres veces al año en nuestra iglesia.

El Curso para Matrimonios, en el que se basa este libro, está diseñado para ayudar a las parejas a invertir tiempo y esfuerzo en su matrimonio a fin de lograr que sea mejor y más sólido. Preparamos este libro impulsados por el deseo de compartir lo que nos ha llevado a estar más enamorados hoy en día de lo que estábamos durante el día de nuestra boda. Nuestra fe cristiana ha tenido un enorme impacto en la manera en que procuramos amarnos mutuamente, por lo que intentamos explicar en varios pasajes del libro la diferencia que esto ha significado para nuestro matrimonio. Sin embargo, no es requisito ser cristiano para beneficiarse de la lectura de este libro. La mayor parte de los consejos podría describirse como un parámetro práctico para hacer que la relación no solo funcione sino que también florezca. Hemos incluido muchas anécdotas de nuestro matrimonio, así como también de otras parejas. Algunos ejemplos pueden parecer triviales, pero son las pequeñas cosas las que pueden forjar o quebrar un matrimonio. Las demás parejas, cuyas anécdotas relatamos, han sido lo suficientemente amables como para compartir sus experiencias con la esperanza de que puedan inspirar a otros a perseverar y descubrir por sí mismos el tipo de compañerismo dinámico que puede llegar a ser el matrimonio (en la mayoría de los casos, hemos cambiado los nombres para mantener la confidencialidad).

La rueda del matrimonio (ilustrada en la página 13) muestra aquello que consideramos que toda pareja necesita mantener cohesionado a lo largo de la vida. Cada sección del libro (y cada semana del Curso para Matrimonios) representa una sección de la rueda. Nuestra experiencia nos confirma que cada parte es necesaria si deseamos que la rueda del matrimonio no choque ni se sacuda, en especial cuando el camino se torne dificultoso. En el Capítulo 10 explicaremos con mayor detalle por qué tener a Dios en el centro del matrimonio puede, como un eje bien lubricado, producir una gran diferencia.

El borde de la rueda, que representa el compromiso, mantiene unida la relación. Algunos argumentan que hoy en día el ideal de un matrimonio de por vida debería abandonarse en favor de un acuerdo que facilite "el enganche y el desenganche". ¿Aún habrá lugar para una postura tradicional acerca del matrimonio? Nuestra respuesta no es otra cosa que un resonante "sí".

Nuestro punto de vista es que el matrimonio es de vital importancia no solo para nosotros como individuos sino también para el fundamento de cualquier sociedad. El matrimonio es la base ideal dada por Dios para la vida familiar, particularmente porque los hijos aprenden mejor en qué consisten las relaciones comprometidas y amorosas al ser testigos directos de la experiencia del compromiso entre su madre y su padre. Nada es más importante en la educación de un hijo. Los niños, al igual que los adultos, siempre aprenden muchísimo más de lo que ven que de aquello que se les

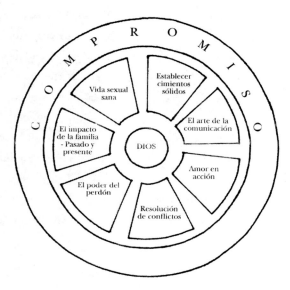

diga. Un padre nos contó hace poco lo siguiente: "He comprobado que la mejor forma de amar a mis hijos es mediante el amor que le expreso a mi esposa".

Pero el matrimonio no solo es para el beneficio de los hijos. Hay un profundo deseo dentro de todos nosotros de contar con alguien con quien poder ser totalmente abiertos y sinceros a nivel emocional, espiritual y físico. Tal intimidad solo es posible donde hay compromiso. Solo nos atreveremos a exponer nuestro ser más profundo si tenemos la seguridad de que no seremos defraudados.

El matrimonio está diseñado por Dios como una relación en la cual un hombre y una mujer se dan a sí mismos el uno al otro en una entrega radical y total. Durante la boda, el ministro, sacerdote o pastor puede bendecir a la pareja, orar por ella, declarar que ante los ojos de Dios y de la gente los novios se han unido en matrimonio, pero son las promesas que el hombre y la mujer realizan mutuamente las que establecen el matrimonio, y cada frase de los votos subraya este compromiso de por vida:

Novio: Yo, N., te recibo a ti, N.,
para ser mi esposa,
desde hoy en adelante,
para tenerte y conservarte,
en las alegrías y en las penas,
en la riqueza y en la pobreza,
en la salud y en la enfermedad,
para amarte y cuidarte,
hasta que la muerte nos separe,
de acuerdo a la santa ley de Dios,
y este es mi voto solemne.

Novia: Yo, N., te recibo a ti, N.,
para ser mi esposo,
desde hoy en adelante,
para tenerte y conservarte,
en las alegrías y en las penas,
en la riqueza y en la pobreza,
en la salud y en la enfermedad,
para amarte y cuidarte,
hasta que la muerte nos separe,
de acuerdo a la santa ley de Dios,
y este es mi voto solemne.[2]

La relación matrimonial está diseñada por Dios para ser una aventura de amor que dure toda la vida. La Biblia contiene gran cantidad de consejos prácticos acerca de cómo hacer que dicha relación íntima funcione. Y Jesucristo dice que cualquiera que escuche sus palabras y las ponga en práctica, es como un hombre sabio que excava profundo hacia abajo y construye su casa sobre un cimiento seguro. Cuando vengan las tormentas y el viento golpee con fuerza, como ocurrirá en todo matrimonio, la casa permanecerá firme.

Establecer cimientos sólidos

Capítulo 1
Una visión a largo plazo

Hay una mujer recostada junto a mí. En este preciso momento podría extender mi mano y tocarla, tan fácil como lo haría con mi propio cuerpo, y pensar en ello es más sorprendente que imaginar cualquier montaña o luna. Sería aun mucho más asombroso, creo, si llegara a confirmarse que esta mujer es un ángel (lo cual, pensándolo bien, perfectamente podría ser así). Solo hay dos factores que evitan que esta situación sea tan impresionante que mi corazón llegue a explotar en el intento: uno es que anteriormente me he despertado justo así, con la misma mujer a mi lado, cientos de veces; y el otro es que millones de hombres y mujeres se despiertan juntos, de esta misma forma, día a día alrededor del mundo, y esto ha sucedido durante miles de años.[1]

Mike Mason

El matrimonio es una oportunidad singular, única y especial. Tenemos la posibilidad de compartir cada aspecto de nuestra vida con otro ser humano. Hemos prometido permanecer juntos en las buenas y en las malas, y dentro de la seguridad de nuestro compromiso muto nos atrevemos a revelar todo acerca de nosotros mismos.

Nos relacionamos mutuamente en la humanidad que tenemos en común, sintiendo el dolor del otro y cubriendo sus debilidades. Nos gozamos en las fortalezas de nuestro cónyuge y nos deleitamos en sus éxitos. Se nos provee un consejero, una compañía, un mejor amigo. En resumen, una pareja a lo largo de la vida. Y si somos lo suficientemente pacientes, amables y generosos, descubriremos que cada uno de nosotros es inagotablemente rico.

El matrimonio ha llevado alegría indescriptible a millones de personas y a través de la historia se ha celebrado alrededor del mundo mediante ceremonias, poesías, prosas y canciones.

¿Qué es el matrimonio?

Por eso el hombre deja a su padre y a su madre, y se une a su mujer, y los dos se funden en un solo ser.

Génesis 2.24

El matrimonio consiste en dos personas que se unen para convertirse en una sola y por lo tanto es la relación más íntima y cercana que los seres humanos podemos experimentar. Algunos podrían objetar que la relación padres-hijos es la más cercana en vistas de que la vida del hijo comienza dentro de la madre. Sin embargo, una relación saludable entre padres e hijos debe ser de separación creciente y de *independencia* cada vez mayor por parte de cada hijo, dejando el nido parental para formar su propio hogar. La relación matrimonial es completamente al revés. Dos personas que anteriormente eran desconocidas se encuentran y subsecuentemente contraen matrimonio. Ingresan a una relación marcada, en su máxima expresión, por una *interdependencia* creciente.

John Bayley escribe acerca de sus cincuenta años de matrimonio con su difunta esposa en el libro *A memoir of Iris Murdoch* (en español, "Memorias de Iris Murdoch"). Hacia el final ella padeció Alzheimer, momento en el que John le brindó los cuidados necesarios por sus propios medios:

Al mirar hacia atrás me resulta muy difícil separar mis
recuerdos de los de ella. Aparentemente siempre hemos
estado juntos... Pero en lo que respecta al recuerdo que tengo
de Iris, pareciera quedar acotado hasta este preciso instante,
como si se tratara de una ropa que se ciñe al cuerpo. Mientras
trabajo en mi cama temprano en la mañana, tecleando en
mi antigua computadora portátil junto a Iris durmiendo
apaciblemente a mi lado, su apariencia actual pareciera haber
sido siempre así y como si toda la vida fuera a permanecer de
ese modo. Sé que deber haber sido diferente en un tiempo,
pero no tengo recuerdos de una persona distinta.[2]

Este proceso de crecer juntos no es automático. La mayoría de las parejas
llegan al matrimonio con grandes expectativas. Al salir de su boda a través
de una lluvia de confeti y al serpentear juntos hacia el atardecer, ni siquiera
pueden imaginar el hecho de no querer estar juntos. La realidad a largo
plazo es distinta y, potencialmente, mucho mejor.

Tanto el esposo como la esposa deben estar listos para edificar su
matrimonio. Cada etapa del proceso presenta sus propios retos, desafíos y

oportunidades. En los primeros días puede que estemos conmocionados por las cosas que descubrimos acerca del otro, rasgos que no habían sido aparentes durante los días impetuosos del noviazgo y el compromiso.

En nuestro caso, aunque habíamos invertido tiempo en conocernos durante cuatro años antes de contraer matrimonio, ambos tuvimos que realizar ajustes a la luz de lo que reveló la vida matrimonial: hábitos irritantes, conductas inesperadas, valores que diferían de los propios.

La primera lección del matrimonio es aceptar a nuestro esposo o esposa tal cual es en lugar de tratar de convertirlo en la persona que hemos esperado que fuera. Esta aceptación mutua debe continuar a medida que el paso de los años traiga inevitablemente cambios. Como reflexionó Shakespeare:

> ...no es amor el amor
> que cambia siempre por momentos,
> o que a distanciarse en la distancia tiende.
> ...no es juguete del tiempo, aun si rosados labios
> o mejillas alcanza, la guadaña implacable;
> Ni se altera con horas o semanas fugaces...[3]

Pese a nuestros mejores esfuerzos, no podemos permanecer iguales. No solo cambiará nuestra apariencia sino que también maduraremos en nuestra forma de pensar, desarrollaremos nuestro carácter y cambiarán nuestras circunstancias. Quizá el mayor cambio ocurra con la llegada de los hijos, aunque constituyen un reto similar las circunstancias traumáticas y angustiantes de la infertilidad. Las dificultades para concebir pueden ejercer una gran tensión sobre un matrimonio y demandará grandes dosis de paciencia y apoyo en amor, así como rehusarse a culpar al otro.

El nacimiento de un bebé trae una alegría suprema pero a menudo también viene acompañado de agotamiento físico. Luego, años después, la adolescencia puede estar llena de alegría y proporcionar oportunidades para crecer en la amistad con nuestros hijos, pero al mismo tiempo suele ser un tiempo de agotamiento emocional. Cuando llega el momento en que dejen el hogar, quizá lamentemos su ausencia, expresión usada por una madre cuyos hijos fueron dejando el hogar de manera gradual cuando tenían alrededor de veinte años.

Durante los años que insume la crianza de los hijos, cuando hay tanto que pensar en relación al hogar y el trabajo, es demasiado fácil ser negligentes con respecto a nuestro matrimonio. Los hijos indudablemente necesitan atención, pero la vida matrimonial también la requiere. Cuando una pareja ha invertido continuamente en su relación y ambos cónyuges se han apoyado mutuamente a través de las presiones diversas de la vida familiar, los veinticinco años finales pueden ser los más gratificantes.

Una amiga nuestra cuestionaba recientemente a sus padres acerca del matrimonio de ellos. El padre se dirigió a la madre y dijo: "Creo que hemos tenido un gran matrimonio en el que experimentamos partes difíciles y partes maravillosas". Ambos estuvieron de acuerdo en que la etapa más dura ocurrió cuando tenían alrededor de treinta años de edad, época en la que tenían hijos pequeños, no disponían de mucho dinero y enfrentaban duras exigencias en el trabajo. Pero a medida que los hijos se volvían progresivamente independientes (aunque todavía significaban una gran parte de su vida), las presiones se redujeron y tuvieron el tiempo y la posibilidad de redescubrirse mutuamente de nuevas maneras.

Frank Muir describió en su autobiografía lo que significó para él la etapa final de su largo matrimonio con Polly:

> Cuando mi hermano Chas y yo éramos adolescentes, nuestra abuela decidió darnos unos anillos con la inicial de nuestros nombres. Yo odiaba la idea de llevar bisutería y por ello me dio algo diferente.
>
> Se acercaba nuestro 47° aniversario de bodas y Polly me preguntó si había algo que quisiera tener como recuerdo. De pronto supe exactamente qué deseaba. Dije: "Por favor, ¿podría tener un anillo de bodas?"
>
> Polly estaba muy sorprendida. Dijo: "Dime por qué

repentinamente quieres un anillo de bodas después de todos estos años... y entonces tendrás uno".

"Bueno, primero quería estar seguro", respondí, la clase de broma inapropiada para un momento emocional, pero esto me dio tiempo para pensar...

Me resulta prácticamente imposible visualizarlo sin Polly. Encontrarla fue como un reemplazo de la quinta costilla, o "la otra mitad" que anhelamos que nos complete en el proceso que Platón denominó como "el deseo y la búsqueda de la totalidad". En mi caso ha sido un proceso maravillosamente exitoso.

Pedí una sortija de bodas a fin de llevarlo como un símbolo de la felicidad que ha traído mi matrimonio con Pol. Ahora que trabajo en casa me da mucha alegría simplemente saber que Pol está cerca, incluso aunque invisible, quizá recogiendo grosellas con su canasto de frutas y quejándose calladamente o arriba, adaptando una falda para una de nuestras nietas.

Mi felicidad es saber que Pol está cerca.[4]

¿Por qué algunos matrimonios dejan de funcionar?

Con tristeza hoy en día escuchamos acerca de muchos matrimonios que fracasan en cuanto a experimentar esta clase de unión. Para algunos, luego de los pocos años iniciales, una separación progresiva ocasiona que se vuelvan personas desconectadas entre sí. Esto puede suceder cuando los hijos son pequeños y demandantes o cuando dejan el hogar. En este último caso una pareja tal vez descubra que no tiene nada de lo cual hablar o qué compartir y entonces recurre al divorcio, suponiendo que nunca debieron contraer matrimonio.

Nos desarrollamos creyendo en un mito romántico: si la Cenicienta encuentra a su Príncipe Encantado, vivirán felices por siempre. Si ocurren fricciones y decae el amor que establece el mito, suponemos que nos hemos casado con la persona equivocada y que estamos destinados a vivir infelices por siempre o recurrir al divorcio. Este mensaje para los adultos se reafirma mediante canciones, libros y películas sobre el amor. Bajo este mito generalizado y peligroso subyace la creencia de que el amor verdadero es algo que nos ocurre, sobre lo cual tenemos muy poco control (o ninguno en absoluto).

Esta perspectiva suele manifestarse en la prensa como si estuviera exenta de disputa o contradicción. Un artículo reciente publicado en el periódico *The Guardian* señaló que algunas "almas suertudas" logran mantener en funcionamiento una relación matrimonial íntima durante veinte años o más, pero que el límite de tiempo natural gira en torno a los cuatro años. Una vez que se perdió, "nada en la tierra podrá traer de regreso esa chispa mágica... La sientes o no la sientes y no hay nada más que decir". Como un consuelo aparente, el artículo concluye diciendo que "el matrimonio siempre podrá volver a encenderse mediante la relación con una nueva persona".[5]

Pero cualquiera que haya permanecido en un matrimonio estable durante algunos años dirá que la relación requiere que se le preste atención y se trabaje en ella. Mantenerse juntos requiere más que sentimientos románticos. Demanda una elección cotidiana, en algunas ocasiones tener que hablar sobre temas sensibles, en otras tener que controlar una atracción por otro hombre u otra mujer y, si los sentimientos románticos se dejaran de lado por un tiempo, en su momento regresan a un nivel más rico y más profundo. Las parejas que contraen matrimonio pensando que la frase "en las alegrías y en las penas" no se aplicarán realmente a su situación se enfrentan a una conmoción o un matrimonio frustrado.

Por lo general, los matrimonios que llegan a una ruptura son el resultado de un proceso en el que los cónyuges desarrollaron su vida en forma separada durante muchos años, como describe el poema de autor anónimo titulado *The Wall* (en español: "El muro"):

La fotografía de su boda se mofa de ellos desde la mesa

Estos dos cuya vida ya no está en contacto mutuo.
Se amaban con una barricada tan pesada entre ellos
Que ni el ariete de las palabras
Ni las artillerías del contacto físico pudieron quebrarla.

En algún lugar entre el primer diente de su hijo mayor
Y la graduación de su hija menor
Se extraviaron el uno al otro.
A lo largo de los años cada uno desentrañó lentamente
Aquella bola enmarañada de cuerdas llamada "uno mismo"
Y mientras tiraban de nudos tenaces
Cada uno escondió del otro su búsqueda.

A veces ella clamaba en la noche y suplicaba
Que la oscuridad susurrante le dijera quién era
Mientras él yacía a su lado roncando como un
Oso hibernando, inconsciente del invierno que ella vivía.

Cuando terminaban de hacer el amor él quería decirle
Cuán temeroso estaba de la muerte
Pero temiendo mostrar su alma desnuda
Prefería hablar acerca de la belleza de sus senos.

Ella tomó un curso en arte moderno para intentar hallarse
En colores salpicados sobre una tela
Y quejarse ante otras mujeres acerca de los hombres
Que son todos insensibles.

Él se arrojaba a una tumba llamada "oficina"
Envolvía su mente en una "mortaja" de tablas de papel
Y se enterraba a sí mismo en el trato con los clientes.
Lentamente el muro entre ellos creció hasta consolidarse

Por el mortero de la indiferencia.
Cierto día, al extenderse para tocarse mutuamente,
Encontraron una barrera que no podían traspasar
Y retrocediendo desde la frialdad de la piedra
Cada uno se alejó del extraño que tenía del otro lado.

Porque el amor no muere durante un momento de batalla
furiosa
Ni cuando los cuerpos ardientes pierden su calor.
Yace languideciendo en un jadeo exhausto
Al pie de un muro que no ha podido escalar.[6]

Muchos matrimonios se terminan no debido a la incompatibilidad, sino
porque el esposo y la esposa nunca han sabido qué se requiere para que su
relación funcione. En nuestra sociedad cada vez menos personas crecen
viendo una relación sólida modelada por sus propios padres.

Vivimos en una era consumista en donde la gente no está habituada a
reparar las cosas. Si algo no funciona, es más fácil y barato comprar algo
nuevo. La publicidad agresiva nos compele a centrar nuestra atención
en desear lo que no poseemos en lugar de ser agradecidos por lo que ya
tenemos. Incrementa la expectativa de que deberíamos satisfacer nuestros
deseos prontamente, como señala el eslogan de una tarjeta de crédito:
"Obtén lo que deseas sin demora alguna". Se nos alienta a creer que la
realización proviene de lo que podamos adquirir con el menor esfuerzo
posible en lugar de experimentarla mediante la dedicación y el trabajo que
ejerzamos en algo.

Alvin Toffler, sociólogo y autor de varios *best seller*, escribió que la gente
de nuestro tiempo tiene una "mentalidad de usar y descartar". Y esto no
solo se aplica a los productos, sino también a las amistades; es esta clase de
mentalidad la que genera matrimonios de "usar y descartar".[7]

Hoy en día muchos consideran al matrimonio como un contrato
temporal entre una pareja durante el tiempo que dure su amor. Nuestra

cultura enfatiza la libertad de los individuos. Si la relación no es
personalmente satisfactoria, entonces será mejor salirse de ella. Si no hay
más amor en un matrimonio, será mejor concluirlo.

Pero como sociedad estamos descubriendo que las consecuencias no son
tan fácilmente descartables. La unicidad del vínculo matrimonial implica
que dos personas no pueden dividirse pulcramente y sin experimentar dolor.
Es como tomar dos hojas de papel y unirlas con pegamento. Se vuelven una
sola hoja y no pueden separarse sin causarse daño mutuo.

En una entrevista reciente, el actor Michael Caine se refirió a su primer
matrimonio. Dijo que por aquel entonces, al comenzar su carrera y su vida
matrimonial, se encontraba desesperadamente corto de dinero y su esposa,
Patricia, intentaba convencerlo de que abandonara el teatro: "...en lugar
de renunciar a sus sueños, se alejó de su matrimonio". Ahora afirma que si
hubiera anticipado la angustia que dicha experiencia les depararía, "hubiera
permanecido junto a ella a cualquier costo. Si hubiera sido tan fuerte como
Pat creo que podríamos haberlo logrado..."[8] Michael Caine está en lo
cierto. Un matrimonio puede llegar a funcionar pero se requiere una acción
deliberada y determinada.

Durante más de dos años vivimos a solo tres metros de uno de los
desarrollos inmobiliarios más grandes de Londres (Reino Unido). En medio
del ruido y el polvo tuvimos una vista panorámica de cada etapa de la
construcción desde la ventana de nuestro dormitorio. Vimos con nuestros
ojos la profundidad y la rigurosidad del trabajo realizado bajo el nivel de la
superficie. Durante muchos meses cuatro máquinas enormes realizaron más
de doscientos hoyos y los llenaron de concreto a fin de establecer cimientos
seguros. Entonces, y solamente entonces, la imponente estructura actual
comenzó a desarrollarse.

Si queremos edificar un matrimonio sólido debemos establecer
cimientos profundos. Hacerlo requiere tiempo y tal vez genere polvo y
ruido. El progreso, en ocasiones, será dolorosamente lento. Puede que
deban desarrollarse nuevas formas de comunicación. Los temas sensibles o

controvertidos probablemente requieran diálogo. El perdón deberá convertirse en un hábito.

Quienes han estado casados durante muchos años quizá necesiten apuntalar los cimientos en forma urgente. Tiempo atrás nos enteramos que estaban realizando ciertas modificaciones a una casa de estilo eduardiano ubicada en el norte de Londres. Luego de dos semanas uno de los constructores, mientras estaba solo en la casa, sintió un estremecimiento en la planta baja. Salió corriendo por la puerta trasera y, mientras lo hacía, la casa colapsó para terminar completamente en ruinas. Hay matrimonios a nuestro alrededor que ya han colapsado. Y sabemos de otros que han estado al borde del desastre pero lograron llegar a una nueva experiencia de amor y compromiso.

Al igual que una casa, el matrimonio requiere mantenimiento y reparaciones menores (o incluso mayores) periódicos, pero tanto en las viviendas como en los matrimonios hay un sinfín de oportunidades para ser creativos, realizar cambios y mover un poco las cosas de lugar. Un matrimonio puede volverse estático y ocasionar que una pareja se sienta atrapada y aburrida. Los matrimonios florecen mediante la creatividad y las nuevas iniciativas.

Para que cualquiera de nosotros logre incrementar la intimidad y la cercanía como pareja, debemos ser *proactivos* dentro de nuestra vida matrimonial. Muy a menudo solo somos *reactivos*. Reaccionamos negativamente hacia la conducta o los comentarios del otro, culpándonos mutuamente cuando las cosas salen mal o aislándonos cuando sufrimos heridas.

Este libro está pensado como una caja de herramientas para edificar un matrimonio sólido. Cada capítulo proporciona una herramienta diferente con la que usted podrá modelar, arreglar, mantener o reparar su relación. Creemos que mediante el uso de por lo menos una de estas herramientas comenzará a ver mejoras.

Esperamos que a medida que lea los siguientes capítulos y converse acerca de ellos con su cónyuge les resulte más fácil dialogar juntos con respecto a su matrimonio. Algunos descubrirán cosas maravillosas con respecto a su esposo o esposa que nunca antes habían descubierto. Otros reconocerán aspectos de su matrimonio que demandan atención. En un principio tal vez algunas de las aplicaciones prácticas parezcan artificiales, pero sabemos por experiencia propia que mediante la perseverancia se convertirán en una parte normal y natural de nuestra relación.

Muy interesantes las palabras que la periodista Claire Rayner dijo a su esposo Desmond acerca de su matrimonio:

> Este año cumpliremos cuarenta años de casados. No ha sido un accidente. No ha sido cuestión de suerte. Cuanto más duro uno trabaje en su matrimonio, más afortunado será. Nos hemos convertido en una pareja, no en dos individuos. Nos divertimos juntos, más de lo que nos divertimos en forma separada. Todavía soy atractiva para mi esposo y, gracias a Dios, él aún me resulta atractivo a mí.[9]

Capítulo 2
Planificar para el éxito

Pero mientras tanto huye, huye el tiempo irremediablemente.[1]

Virgilio

Debemos usar el tiempo como una herramienta, no como un sofá.[2]

John Fitzgerald Kennedy

Podemos recordar claramente la primera vez que una pareja nos pidió consejo acerca de su relación. Llevaban dieciséis años de casados y tenían dos hijos. El esposo, un exitoso hombre de negocios en el punto más alto de su carrera, nos llamó con desesperación para decir que su esposa estaba por dejarlo. Llegaron juntos a nuestra casa luciendo ligeramente incómodos. Los recibimos con la misma sensación de incomodidad, preguntándonos si tendríamos algo que decir que pudiera servir de ayuda.

Comenzamos realizando preguntas acerca de las áreas en donde consideraban que las cosas habían salido mal. Ambos describieron con gran habilidad su versión particular de los acontecimientos ocurridos durante los meses y años previos. Ninguno permitía que el otro terminara lo que estaba diciendo. Luego de diez minutos resultaba muy claro que estaban más interesados en atacarse mutuamente que en contestar nuestras preguntas. Su matrimonio parecía un ovillo de hilo tan enmarañado que hubiera sido más fácil desechar y comprar algo distinto que proceder a desatar cada nudo con paciencia. Afortunadamente estuvieron dispuestos a realizar un esfuerzo para permanecer juntos.

Consideramos que debían ocurrir dos cambios si querían seguir adelante
e intentar enmendar su relación. Primero, debían pasar mucho más tiempo
juntos. Segundo, debían emplear dicho tiempo en forma eficaz. Y por ello
les sugerimos, con mucha delicadeza, que cada día separaran treinta minutos
para hablar juntos. Cada uno permitiría que el otro hablara acerca de sus
sentimientos durante no menos de cinco minutos sin interrumpir. También
los animamos a que planificaran separar una noche por semana para salir de
paseo tal como lo hacían antes de contraer matrimonio.

Dos semanas después abrimos la puerta de nuestro hogar a dos
personas cambiadas, distintas. Habían dado los primeros pasos hacia la
comprensión mutua. Estábamos muy emocionados al ver la manera en que
un matrimonio podía experimentar cambios cuando la pareja dejaba de
ser reactiva y comenzaba a ser proactiva, así como también cuando ambos
estaban dispuestos a separar tiempo disponible en forma exclusiva para ellos.

Tiempo juntos

Privar a un matrimonio de pasar tiempo juntos es igual a privar a una
persona del aire o a una planta del agua. Algunas plantas pueden sobrevivir
más que otras pero en su momento se marchitarán y morirán.

Rob Parsons, director ejecutivo de *Care for the Family* (en español:
"Cuidado para la familia"), describe lo que él mismo denomina como "la
gran ilusión":

> Uno puede llevar adelante varios programas e involucrarse
> en muchas actividades en la vida, pero no es posible realizar
> todo al cien por ciento sin que alguien pague un precio. [...]
> Tenemos tantas excusas. La principal es que tratamos de
> convencernos de que llegará el día en que nuestros calendarios
> tendrán un ritmo más lento. Nos decimos a nosotros mismos:
> "Cuando la casa esté decorada, cuando obtenga mi ascenso
> laboral, cuando apruebe aquellos exámenes... entonces tendré

más tiempo". En cada ocasión nos vemos en la necesidad de decir: "No ahora, querida...", afirmando en nuestro interior que eso está bien porque el tiempo cuando tendremos menos actividades está cada vez más cerca. Pero lo mejor que podemos hacer es darnos cuenta, aquí y ahora, que dicho momento es una ilusión que nunca llega. Sea cual fuere nuestra situación, todos tenemos el potencial de colmar nuestro tiempo de actividades y compromisos. Por eso nos vemos ante la necesidad de *hacer tiempo* para las cosas que consideramos importantes. Y debemos hacerlo ahora.[3]

Anna Murdoch atribuyó el quiebre de su matrimonio con Rupert al error de no reservar tiempo el uno para el otro. En una entrevista que concedió en 1988 al publicar su segunda novela titulada *Family Business* (en español: "Negocio familiar"), comentó lo siguiente sobre su obra: "Necesitaba hacer algo con mi tiempo. Tengo un esposo muy ocupado y mis hijos no me necesitan tanto. Comencé a escribir para llenar el vacío dejado por la soledad"[4]. Un amigo de los Murdoch comentó: "Estoy convencido de que Anna se cansó de que él trabajara tanto y por ello está diciendo: 'Esta no es la manera en que quiero pasar el resto de nuestro matrimonio'. Creo que está tratando de que él aminore el ritmo... Rupert está totalmente entregado a su trabajo. Si uno está involucrado con negocios en EE.UU., el Reino Unido, el Lejano Oriente y Australia, significa que debe pasar todo el tiempo en el teléfono".[5]

Rupert Murdoch mismo, en una entrevista con su biógrafo William Shawcross en 1999, expresó motivos similares cuando se le preguntó por la razón del quiebre de su relación matrimonial:

> Viajaba muchísimo, estaba muy obsesionado con mi empresa y tal vez me mostraba más desconsiderado de lo normal, en un momento en el que nuestros hijos crecían y nuestra casa se convertía repentinamente en un nido vacío. El hogar familiar

de pronto se volvió un espacio para dos personas sin el interés
que tenían en común, el cual se ha dispersado alrededor del
mundo. Aquellas son las razones subyacentes por las que nos
separamos.[6]

En un contraste absoluto, el ex Beatle Paul McCartney y su difunta
esposa Linda eran muy especiales con respecto a separar tiempo para estar
juntos, y esto a pesar de las presiones que conlleva la fama. Hunter Davies,
su amigo y biógrafo, señaló que Paul decidió que había dos cosas que eran
más importantes para él: estar con su familia y desarrollar su música.

> Paul estaba dispuesto a volver al punto de partida, comenzar
> donde había empezado, tocar en auditorios pequeños, de
> colegios y universidades. Me impactó cuán maduro, listo
> y adulto era como para darse cuenta de ello y obrar en
> consecuencia. Y así fue como nació la banda *Wings*, uniendo
> sus dos pasiones en la vida. De ese modo podría llevar a Linda
> y los hijos de gira junto a él alrededor del país, durmiendo en
> caravanas si fuera necesario.
>
> Naturalmente los críticos fueron muy rudos con
> Linda al criticar sus habilidades musicales o la ausencia
> de ellas, así como mostrarse sarcásticos con Paul, diciendo
> cuán estúpido era por llevarla consigo. *Wings* no era muy
> brillante al comienzo, pero con el tiempo fueron mejorando,
> aprendiendo y desarrollando los talentos juntos. Tal como lo
> hicieron en su vida matrimonial.[7]

Pasar tiempo con la gente que más nos importa no sucede por casualidad.
Se requiere una decisión deliberada y determinada. Antes de casarse, la
mayoría de los esposos y las esposas se las ingenian para pasar juntos cada
minuto disponible. Gary Chapman, un consejero matrimonial, describe muy
bien esta situación:

En su punto más alto, la experiencia de estar "enamorados" es eufórica. Nos obsesionamos emocionalmente por la otra persona. Vamos a dormir pensando en el otro. Cuando nos levantamos, dicha persona es el primer pensamiento en nuestra mente. Anhelamos estar juntos. [...] Cuando nos tomamos de la mano parece como si nuestra sangre fluyera del uno hacia el otro. [...] Nuestro error es pensar que esto durará para siempre.[8]

Se nos ha hecho creer que si realmente estamos enamorados dichas emociones nunca desaparecerán. Las investigaciones psicológicas, sin embargo, indican que aquel estado emocional solo dura un promedio de dos años. Luego de eso una pareja no puede seguir basando su relación solo en sus sentimientos. Deben *decidir* amarse mutuamente.

Una vez que estamos casados el tiempo que dedicamos para estar juntos puede dejar rápidamente de ser una prioridad. Es muy fácil pensar que debido a que vivimos bajo el mismo techo ya no necesitamos coordinar nuestros calendarios; podemos comenzar a dar por sentada la presencia del otro. Pero estamos convencidos de que las parejas *casadas* necesitan continuar planificando tiempos especiales para estar juntos. El esfuerzo que invirtieron para verse cuando ambos se enamoraron, la anticipación, el entusiasmo, la variedad de ocasiones y lugares todo ello debe agregarse al placer. Si en la vida matrimonial continuamos haciendo tiempo para nuestro cónyuge el romance logrará mantenerse vivo, así como también tendremos la posibilidad de comunicarnos en forma eficaz y profundizar la comprensión mutua. La regularidad y la naturaleza de este tiempo que pasemos juntos generarán el tejido que mantendrá unida nuestra relación a través del tiempo.

En nuestro propio matrimonio hemos procurado establecer una norma de momentos fijos para compartir juntos como pareja. Las posibilidades y la actividad que funcione variarán de pareja a pareja, pero estamos convencidos de que sin dicho parámetro hubiéramos fracasado en cuanto a pasar suficiente tiempo juntos. Cuando la gente nos pregunta acerca de lo que una pareja podría hacer para mantener vivo su matrimonio y lograr que su amor continúe creciendo a lo largo de los años, nuestra respuesta suele ser esta:

Planifiquen tener un tiempo habitual cada semana en el que puedan pasar tiempo juntos al menos durante dos horas.

Como en varios países no existe una palabra equivalente a la expresión "tener una cita" o "salir", empleamos el término *tiempo de pareja* cuando nos referimos a dicha actividad durante el Curso para Matrimonios. Este tiempo está diseñado para ser distinto a las demás horas que pasamos juntos durante el resto de la semana. Una noche en casa fácilmente puede convertirse en otra noche típica en la que paguemos cuentas, reparemos la manecilla de la puerta o planchemos la ropa. Estas actividades domésticas aburridas son una parte inevitable de la vida matrimonial, pero si solo nos reunimos en torno al resumen de nuestra cuenta bancaria o la caja de herramientas, la comunicación significativa terminará por sofocarse y nuestro amor sufrirá las consecuencias.

El tiempo juntos que se planifica cuidadosamente reenciende el romance en un matrimonio. No se requiere una organización abrumadora: velas sobre la mesa, música de fondo, comida a domicilio (para darle un respiro a la cocinera) y el contestador automático activado es todo lo que se necesita. Estos momentos deben ser divertidos y memorables. Podríamos ir al cine o a un restaurante. Es la ocasión para tomarse de las manos, disfrutar al hacer cosas juntos y, sobre todo, hablar. Es momento de compartir nuestros anhelos y temores, emociones y preocupaciones, luchas y logros. Compartir juntos de este modo hace que la intimidad se desarrolle. Es simple pero muy poderoso.

Obviamente sabemos que mantener este tiempo mutuo no resulta fácil. Hay obstáculos que se interponen en nuestro camino: calendarios y compromisos laborales sobre los que tenemos poco control, llevar a los niños de una actividad a otra o una presión auto infligida de que "siempre hay algo más que requiere nuestra atención". Un sentido de agotamiento nos domina al final del día y la opción más fácil es sentarnos juntos frente al televisor y estar mentalmente distantes.

La experiencia nos ha mostrado que mantener nuestro tiempo semanal juntos requiere que hagamos los siguientes tres compromisos. El primero es *planificar dicho tiempo*. Tanto el esposo como la esposa deben revisar sus calendarios para encontrar la mejor ocasión cada semana. Esto dependerá de si tenemos hijos o no, la edad que ellos tengan, si nuestro trabajo es en casa o en otro lugar. Necesitamos considerar lo que mejor se ajuste a nuestra realidad. En nuestro caso, ahora que nuestros hijos son mayores y en virtud de nuestros trabajos particulares, hemos descubierto que un almuerzo de dos horas suele ser el mejor tiempo para nosotros. Lo añadimos a nuestros calendarios cotidianos, una vez a la semana, y le asignamos la misma importancia que le otorgamos a una invitación que hayamos recibido o una cita que hayamos establecido. Debido a que nuestra vida suele ser muy ajetreada, solemos planificar nuestro tiempo semanal con tres meses de anticipación, colocando el nombre de cada uno de nosotros en nuestros calendarios una vez por semana, como si se tratara de cualquier otro compromiso.

Este concepto de planificar tiempo juntos con nuestro esposo o nuestra esposa puede parecer artificial. Sin embargo, es lo primero que puede desaparecer poco a poco de una relación de pareja. No nos proponemos deliberadamente ser negligentes hacia el otro. En cambio, las rutinas de la vida cotidiana son las que roban el tiempo que solíamos compartir en el pasado.

El segundo compromiso es hacer que este tiempo juntos sea una *prioridad*. Esto significa reconocer la importancia que este tiene por encima de las otras cosas buenas que podríamos hacer con nuestro tiempo libre, como visitar a los parientes, entretenernos en casa, ir a una fiesta, ver un partido de fútbol con amigos o ir a las reuniones de la iglesia. Hacer que este tiempo juntos sea una prioridad principal es una indicación poderosa de nuestro amor.

El tercer compromiso es *proteger el tiempo juntos*. Las interrupciones pueden destruir nuestro tiempo de pareja. El teléfono puede ser un gran distractor. Algunos de nosotros no podemos evitar atender los llamados, a otros les resulta difícil no hablar durante cierto tiempo. Si caemos en algunas de estas categorías deberíamos considerar comprar un contestador automático o desconectar el teléfono.

Para otras personas el televisor resulta ser el principal intruso en su relación. La televisión muy fácilmente puede consumir varias horas de nuestra atención durante cada semana, tiempo valioso que podríamos emplear en la conversación con nuestro cónyuge. En su libro *Marriage and its Modern Crisis* (en español: "El matrimonio y su crisis moderna") Alan Storkey señala: "...el poder de la televisión como un elemento aislante de las relaciones en el hogar sin dudas es enorme y su impacto en el tiempo matrimonial resulta devastador. La televisión promueve la cultura de la gratificación individual".[9] Si el televisor resulta un problema, haga algo al respecto. Quítelo del cuarto de estar o haga que su casa sea una "zona libre de televisión".

Tratamos de llevar a cabo nuestro tiempo semanal en un sitio donde otras personas no nos interrumpan. Las necesidades de la familia y los amigos son importantes, pero nada tiene más valor que la necesidad de invertir tiempo en nuestro matrimonio.

Cuanto más ocupados estemos más importante y más conveniente se vuelve este tiempo compartido en pareja. En ocasiones uno de nosotros o ambos experimentamos distracciones provenientes de otras demandas que intentaron ejercer presión en nuestra agenda, pero la tentación de cancelar nuestro tiempo juntos es mucho más fácil de resistir cuando estamos convencidos de los beneficios que este conlleva en el largo plazo. Por supuesto, hemos tenido semanas cuando resultó imposible disponer de dicho espacio, pero hemos descubierto que pasar dos semanas sin tener la oportunidad de relajarnos juntos y comunicarnos apropiadamente suele ser demasiado tiempo para la vida matrimonial. Pronto descubrimos que estamos un poco más distantes y también de mal humor. Cuando hemos compartido tiempo juntos, experimentamos un sentido de bienestar: la semana resulta más balanceada, tenemos menos tensiones acerca de las demandas de la vida y nos relacionamos mejor entre nosotros y con nuestros hijos.

Un día juntos

Cada cuatro o seis meses planificamos un día lejos de casa, solo para nosotros dos. Es un tiempo para hablar de aquellas cosas sobre las que no tenemos el tiempo ni la energía suficientes como para conversar durante nuestra vida cotidiana. Es un tiempo para mirar atrás a fin de evaluar qué funciona bien y qué requiere nuestra atención, además de evaluar nuestra situación financiera, mirar hacia adelante en cuanto a nuestros objetivos relacionados al futuro y soñar con nuevas ideas para nuestro matrimonio y nuestra vida familiar.

Separar un tiempo especial cada algunos meses ayuda a prevenir un atraso en el tratamiento de estos asuntos mayores. Estos días se han vuelto divertidos y especiales para nosotros. Al considerar que vivimos en la ciudad, procuramos retirarnos a algún sitio en las afueras, preferentemente una zona campestre. Salimos a caminar y almorzar juntos, concediéndonos mucho tiempo para hablar. En ocasiones hemos puesto por escrito planes y metas que nos sirvieran como referencia durante los siguientes meses.

Vacaciones

Hemos descubierto la necesidad de considerar cuidadosamente cómo y dónde pasar nuestras vacaciones, tomando en cuenta nuestras diferentes necesidades y preferencias. Es demasiado fácil pensar que solo "iremos con la corriente", ver lo que ocurre o aceptar la primera invitación que nos llegue para viajar junto a otras personas. Hemos tenido vacaciones sobre las cuales fallamos en cuanto a planificar adecuadamente y a nuestro regreso nos dimos cuenta de que necesitábamos unas vacaciones a fin de recuperarnos. El propósito principal de unas vacaciones es divertirnos y pasar tiempo juntos lejos de nuestra rutina habitual. Hemos comprobado que pasar vacaciones con amigos, o amigos de nuestros hijos, o parientes ha resultado maravilloso en una *porción determinada* de tiempo, pero no durante todo el tiempo.

Mini lunas de miel

Una vez al año, compartir como pareja dos o tres días lejos de casa sin nuestros hijos ha tenido un sorprendente efecto revitalizador en nuestra relación. Para las parejas con niños pequeños puede resultar difícil organizar estas "mini lunas de miel," pero merece la pena intentarlo. Si usted no tiene una familia que pueda cuidar a sus niños, ¿ha considerado la posibilidad de dejarlos con amigos que tengan niños de la misma edad?

Si salir de viaje resultare demasiado costoso a nivel financiero, podrían quedarse en casa (pero sin sus hijos) y hacer algo completamente diferente. Como una alternativa podríamos sugerir intercambiar casas con amigos o familiares que viven en otra parte del país. Consideramos este tiempo como una "mini luna de miel" cada año. Los beneficios obtenidos pagarán con creces el esfuerzo que demande organizar dicho tiempo juntos.

Tiempo aparte

Al enfatizar la necesidad de pasar tiempo juntos, la mayoría de los esposos y las esposas pasarán una determinada cantidad de tiempo separados. Algunos amigos nuestros, que llevaban varios años de matrimonio feliz, recordaron que él, el esposo, tuvo que salir de viaje durante una semana al poco tiempo de casarse. Todos se lamentaron por la pobre esposa abandonada. Ella, sin embargo, estaba encantada. Podía dormir apropiadamente de nuevo. Las complejidades de compartir una cama con miembros adicionales pateando de tanto en tanto, junto a "otra actividad" nocturna, la habían dejado exhausta. Una semana de recuperación era exactamente lo que necesitaba.

En aquellos matrimonios donde el tiempo de separación sea una necesidad, debe llevarse a cabo con el acuerdo genuino y libremente aceptado por parte de ambos cónyuges. Una sobredosis de "fines de semana de soltero" o "despedidas de soltera" no resultarán benéficas para la vida matrimonial y toda invitación de este tipo debe considerarse en común y con mucho cuidado. Es mejor decepcionar a un amigo que dañar nuestro matrimonio.

Algunas amistades de nuestros días de solteros podrían profundizarse si el esposo y la esposa disfrutaran de la relación. Pero no será posible mantener todas las amistades. Aquellas que en cualquier modo constituyan una amenaza para el matrimonio deben dejarse de lado, particularmente si existe el riesgo de enamoramiento físico. En este sentido debemos ser fieles a nuestros votos matrimoniales: "olvidar a todos los demás, ser fieles a él/ella durante el resto de mi vida". Esto es parte del nuevo comienzo que involucra la relación matrimonial.

Esto no significa que debamos hacer todo juntos. No debemos tratar de forzar a que nuestro cónyuge se convierta en alguien idéntico a nosotros en cada aspecto. Puede haber acontecimientos sociales, actividades de iglesia, eventos en la comunidad, el trabajo o invitaciones relacionadas a actividades de esparcimiento sobre las que tengamos una percepción distinta. Esto podría tener mucho que ver con el tipo de personalidad o la habilidad que tengamos en un área determinada o nuestro nivel de confianza personal. Por supuesto, nuestra prioridad es encontrar actividades que ambos disfrutemos, pero habrá algunos intereses que las parejas no compartan.

> Muchas parejas tienen problemas con este aspecto del matrimonio. Se sienten abandonados cuando su esposa quiere pasar un tiempo aparte. En realidad, los cónyuges necesitan pasar algún tiempo aparte, lo que les hace dimensionar la necesidad de estar juntos otra vez. Los cónyuges que viven una relación matrimonial saludable cuidan el tiempo de su esposa o esposo y son defensores de los intereses que cada uno tenga.[10]

Hay cuatro preguntas a considerar, particularmente si tenemos hijos pequeños:

- ¿Se conceden ambos cónyuges algunas ocasiones para desarrollar sus intereses particulares e individuales?
- Nuestros intereses personales, ¿causan un resentimiento mutuo o estamos sinceramente complacidos en concedernos este tiempo individual?

- ¿Cada uno de nosotros procura en primer lugar liberar al otro en vez de retener tiempo para nosotros mismos?
- ¿Estamos dispuestos a renunciar a nuestro interés individual si las circunstancias familiares así lo requirieran?

Si la actitud del esposo y de la esposa es correcta, perseguir intereses separadamente puede prevenir que una relación se convierta en algo uni-dimensional o claustrofóbico, trayendo refrigerio, estímulo, nuevos pensamientos y nuevas anécdotas dentro de la vida matrimonial. Algunos intereses, sin embargo, deberán reducirse o abandonarse si ocasionaran un distanciamiento entre nosotros o generaran una tensión en nuestro matrimonio.

Sila   Una de las pasiones de Nicky es navegar. Cuando nos conocimos en el sudoeste de Irlanda me di cuenta de ello de inmediato y siempre era la primera en ofrecerme como voluntaria para acompañarlo durante las dos semanas de carreras de embarcaciones en el mes de agosto. Algunos años más tarde descubrimos que dicha actividad y los bebés eran totalmente incompatibles. Después de mucha tensión, resentimiento crónico y algún que otro momento agonizante, decidimos que llevar a nuestra familia de vacaciones, con nuestros hijos con edades menores a los ocho años, durante las dos semanas que duraba la competición causaría más conflicto que beneficios.

Como resultado, por muchos años hicimos que nuestras vacaciones coincidieran con tres o cuatro días de la competición para darle a Nicky la posibilidad de participar en algunas carreras y entonces tener el resto del tiempo libre para pasarlo juntos como familia. Ahora nuestros hijos son navegantes apasionados y me veo compitiendo con ellos para ser parte de la tripulación de Nicky.

Estar en contacto

El proceso de amalgamar dos vidas en una puede lograrse únicamente
si desarrollamos un parámetro regular de revelar mutuamente nuestros
mundos separados. En ocasiones esto puede requerir un gran esfuerzo pero
nuestros distintos aportes a lo largo de la vida establecerán una reserva de
experiencias compartidas y un nivel de comprensión mutua que nos unirá
cada vez más.

Normalmente comenzamos cada día hablando acerca de nuestros planes
así como sobre cualquier aspecto potencial de tensión o ansiedad, y entonces
oramos por el otro antes de salir de casa (en el Apéndice 4 describimos con
más detalle la manera en que lo hacemos). Estos pocos minutos han debido
ajustarse a las realidades cambiantes de la vida familiar. Cuando nuestros
niños eran pequeños hablábamos y orábamos (¡con algo de dificultad!) antes
de levantarnos de la cama. Cuando crecieron lo hacíamos tan pronto salían
rumbo a la escuela.

Hay enormes beneficios si estamos en contacto mutuo acerca de las
minucias cotidianas de nuestra vida. Cuando pasamos una o dos noches
separados, intentamos permanecer en contacto llamándonos por teléfono
al menos una vez al día. Esto nos permite ser parte del "mundo" del otro y
tiene un efecto profundo en nuestra comprensión de lo que esté viviendo.
También resulta de ayuda para ponernos al día cuando volvemos a estar
juntos.

Al llegar la noche, el día puede concluir súbitamente: uno de nosotros
caer dormido en el sofá y el otro arrastrarse a la cama solo. Por el bien de
nuestra relación, y a pesar de nuestro cansancio, generalmente intentamos
conectarnos mutuamente al final del día mientras nos preparamos para
acostarnos o cuando uno de nosotros se cepilla los dientes en el baño. Luego
de veinticinco años de matrimonio, cierta esposa describió la última hora
del día con estas palabras: "Es la guinda del pastel de nuestro matrimonio: la
conclusión de la jornada y el momento de compartir algunos recuerdos de lo
que vivimos durante el día".

Sección 1: Establecer cimientos sólidos
Conclusión

En el corazón de un matrimonio sólido reside una amistad sólida. Incluso las buenas amistades se disuelven a menos que se nutran y sostengan en forma positiva. Un patrón continuo que nos lleve a pasar tiempo juntos en forma cotidiana, semanal y anual es la primera inversión necesaria para lograr que nuestra amistad se mantenga en crecimiento, al tiempo que provea un cimiento firme para un matrimonio sólido.

Nuestro tiempo semanal como matrimonio ha sido una maravillosa inversión y se ha vuelto la manera más importante de permanecer conectados en una mayor intimidad, manteniendo vivo el romance. El tiempo que se planifica, prioriza y protege contrarresta la ilusión de que "el día cuando habrá más tiempo" llegará alguna vez. A menudo recordamos las palabras de Rob Parsons: "...debemos hacer tiempo para las cosas que consideramos más importantes y debemos hacerlo ahora".[11]

Primera regla de oro del matrimonio

Asegúrense de hacer tiempo para compartir y divertirse como pareja.

El arte de la comunicación

Capítulo 3
Cómo hablar de manera más eficaz

Lo único realmente esencial es continuar la conversación que hayan iniciado.[1]

Mike Mason

Daba la impresión de que William y Sarah tenían todo lo que necesitaban para ser felices. Él desempeñaba un rol ejecutivo en una prestigiosa entidad bancaria. Vivían confortablemente en la zona sur de Londres. Tenían dos hijos maravillosos. Y acababan de renovar una casa vacacional de ensueño en Francia. Pero hacia finales de 2005 su matrimonio se tornó una pesadilla.

William y Sarah se habían conocido en la universidad y luego de un tiempo contrajeron matrimonio, en 1978. Pronto tuvieron dos hijos y se volvieron miembros activos de su iglesia local. Pero batallaban por ser felices. William recuerda: "Debía enseñar en la escuela nocturna para tratar de aumentar nuestros ingresos. Allí fue cuando probablemente comenzaron a surgir las primeras grietas. Discutíamos muchísimo y no compartíamos con el otro lo que sentíamos".

De forma gradual dejaron de asistir a la iglesia y sus discusiones aumentaron. Cuando se peleaban, William tenía explosiones emocionales, a veces tormentosas, que culminaban con portazos. Él señala al respecto: "Solía terminar gritando mientras Sarah guardaba un silencio sepulcral.

Esto me molestaba aun más y la discusión podía extenderse durante horas, incluso días. A menudo, yo expresaba un extenso monólogo que concluía diciendo algo así como: '¡Y eso prueba que no me amas!'. Suponía que la falta de respuesta de Sarah constituía una evidencia directa de que no le importaba lo que yo había dicho ni tampoco mi persona".

Cuando se enojaba, la tendencia natural de Sarah era callarse y aislarse, dejando a William en un silencio agudo y helado. Ella comentó sobre el tema: "Nuestras familias son totalmente distintas. Todos en la familia de William eran muy volátiles y acostumbraban gritar, mientras que en la mía éramos más bien callados. No compartíamos nuestros problemas, por lo que no conversábamos realmente acerca de nada. Sabía que algo andaba mal pero no podía expresarlo con palabras. No me gustaba ninguna clase de conflicto".

William comenzó una nueva carrera en la banca. Eso trajo alivio a la presión financiera pero también lo alejó de su hogar durante muchos días. Cuando estaban en casa ambos pasaban más tiempo con los hijos que entre ellos como matrimonio.

William escribe: "Dejé de tratar de ser romántico". Ambos tuvieron relaciones extramaritales en busca de emoción y una escapada romántica. Pero dichas aventuras solo lograron traer más decepción. "Me sentía muy mal", señala William, "No lo disfrutaba para nada... todos pierden con una aventura". Sarah coincide: "La persona con quien salía era muy halagadora pero me di cuenta de que no la conocía realmente. No había una comunicación genuina y no era la clase de hombre con quien hubiera querido estar durante toda mi vida".

Cuando sus dos hijos dejaron el hogar, William y Sarah llegaron a un punto crítico. En octubre de 2005 Sarah regresó de las vacaciones de verano en Francia sabiendo que no podría seguir así por mucho tiempo. Le dijo a William: "No estoy segura de amarte ni de que alguna vez te haya amado". Esas palabras hirieron el corazón de William. Él adquirió un libro sobre el divorcio, comenzó a leerlo y realizó consultas con un abogado especializado en divorcios.

Pero Sarah no estaba totalmente lista para renunciar a su matrimonio.

Animados por su hermana a comenzar a asistir a una iglesia local juntos, William y Sarah empezaron a redescubrir su fe cristiana. Una pareja que conocían se inscribió para asistir al Curso para Matrimonios y los invitó a que se sumaran. William aceptó a regañadientes, pensando: "Ya no hay salida. Es obvio que Sarah no me ama. Pero al menos esto será una prueba de que intenté hacer algo".

Sarah comenta: "Comenzamos el curso. Era muy bella la manera en que todo estaba dispuesto. Compartimos una comida y dialogamos. No podíamos discutir porque estábamos en público, pero al tener música de fondo sabíamos que nuestras conversaciones serían privadas. Era un espacio seguro para que pudiéramos ser capaces de hablar sobre nuestros asuntos".

William recuerda: "El curso cambió absolutamente todo y pude darme cuenta de que mi forma de pensar era muy deficiente. Mi conclusión acerca de que yo no le importaba a Sarah era totalmente incorrecta. Lo cierto es que sencillamente se mostraba de ese modo debido a mis explosiones emocionales. En su momento llegó la sesión acerca del perdón. Nos habíamos herido mutuamente a través de los años. Cuando comenzamos a identificar dichas ocasiones y nos pedimos perdón, significó una experiencia muy poderosa. Durante otra sesión se nos pidió que pusiéramos por escrito ocasiones significativas cuando nos hubiéramos sentido amados por el otro. Pensé: 'Mi hoja quedará en blanco'. Pero al comenzar a escribir vinieron a mi mente muchos recuerdos de momentos en los que nos apoyamos mutuamente y compartimos ocasiones especiales. Cuando comparamos nuestras notas tuve que contener las lágrimas porque me di cuenta de que Sarah me amaba y que siempre lo había hecho".

"Antes del curso yo pensaba que era un buen comunicador. ¡Después de todo era un profesional! Había administrado las comunicaciones internas en mi trabajo, por lo que pensaba que nuestros problemas comunicacionales eran culpa de Sarah. Durante el curso aprendí a escuchar: oír y no culpar; oír y no tratar de resolver los problemas; oír y no desdeñar a mi esposa. Y, por primera vez en años, Sarah encontró el espacio para pronunciar las palabras que yo tanto anhelaba oír. Escuché y descubrí cuánto me amaba Sarah, cuánto se

preocupaba por mí y cuánto quería ser mi esposa por siempre. El curso salvó
nuestro matrimonio, de lo que estoy muy seguro. Pero hizo algo más que eso:
me enseñó qué significa la buena comunicación, la cual simplemente se centra
en escuchar".

Sarah dijo más adelante: "Me di cuenta de que no me comprendía a
mí misma y que no podía esperar que William leyera mi mente. Debía
esforzarme por entenderme a fin de poder explicarle a William lo que
necesitaba. Ahora sabemos cómo hablarnos y escucharnos mutuamente.
Todavía siento que en ocasiones me aíslo si sé que debemos enfrentar un
asunto, pero sé que William escuchará y que por encima de todo somos un
equipo cuando enfrentamos retos y desafíos".

"Además, al acercarnos nuevamente a Dios pudimos comprobar de qué
forma nos ha unido como pareja. Ahora sé cuánto me ama Dios y que Él
me ha perdonado, lo que significa que podemos perdonarnos mutuamente
y que todo está entrelazado. Ahora sabemos que tendremos nuestros 'altos'
y 'bajos' y que no dejará de haber discusiones entre nosotros, pero al final
del día podemos perdonarnos y pedir disculpas. Somos muchísimo más
fuertes en nuestra relación de lo que alguna vez hayamos sido. Estamos muy
entusiasmados con respecto a nuestro futuro juntos".

Lo que ocurrió en cuanto a las dificultades en la comunicación en
el matrimonio de William y Sarah también se aplica a la realidad de
muchos matrimonios. Comunicarse no es solo intercambiar información
sino que literalmente significa poner en común nuestros pensamientos y
sentimientos. De esta forma logramos conocernos mutuamente.

Aunque Winston y Clementine Churchill pasaron gran parte de sus
cincuenta y seis años de matrimonio separados debido a las demandas de la
política y las dos guerras mundiales, continuamente se comunicaban mediante
cartas, notas, telegramas y memorandos, textos de los que aún se conservan
más de 1700 copias.[2] Mantuvieron el hábito de compartir con el otro todo lo
que pensaban y sentían. Esta comunicación constante debe haber contribuido
a fortalecer el amor muto que disfrutaron durante toda su vida.

En los mejores matrimonios no hay secretos entre el esposo y la esposa. En una reciente serie de televisión acerca de la reina Victoria, se representó una conversación entre la reina y su primer ministro, Lord Melbourne. La reina buscaba consejos acerca de si debía hablar con su nuevo esposo, el príncipe Alberto, acerca de los asuntos de Estado con los que él, como alemán, estaría en desacuerdo. La respuesta de Lord Melbourne fue muy sabia: "En el matrimonio los desacuerdos no son tan peligrosos como los secretos. Los secretos cultivan la desconfianza".

Por supuesto, puede que necesitemos aprender cómo comunicarnos entre nosotros. Un artículo del periódico *The Mail on Sunday* describió la disolución del matrimonio de cierta celebridad con la siguiente cita textual del marido: "Cuando asistimos a terapia matrimonial me impactó darme cuenta de que nunca habíamos hablado en realidad. Escuché a mi esposa hablar con a una persona totalmente extraña acerca de sentimientos que yo no sabía que existían. Y me escuché a mí mismo haciendo lo mismo. Solo podíamos comunicarnos por medio de un extraño".[3]

El profesor John Gottman, quien lleva adelante el Laboratorio de Investigación Familiar en la Universidad de Washington y ha analizado las relaciones matrimoniales durante más de treinta años, observa lo siguiente:

> Lo que suele ocurrir es que una persona se extiende hacia la otra para obtener su interés y esto falla rotundamente. El problema básico es la conectividad emocional... la gente pide a su cónyuge: "Muéstrame que me amas". Muchas personas viven en un desierto emocional. Esa es la razón por la que están tan necesitadas.[4]

Hablar

La importancia de la conversación
Robert Louis Stevenson describió al matrimonio de la siguiente manera:

El matrimonio es una extensa conversación accidentada
por las disputas. Dos personas adaptan más y más sus
nociones para encajar con las de su cónyuge y en un proceso
del tiempo, sin el sonido de la trompeta, se conducen
mutuamente dentro de nuevos mundos de pensamiento.[5]

Algunos años atrás, cuando nuestros hijos eran pequeños, los dejamos
al cuidado de sus abuelos durante tres días a fin de pasar tiempo a solas
como pareja. Nos hospedamos en un pequeño hotel en las tierras altas de
Escocia. Habíamos anhelado tener ese tiempo juntos, para disponer de más
momentos para conversar. Arribamos al hotel en la noche, desempacamos y
nos dirigimos hacia el restaurante.

Estaba lleno de otras parejas, la mayoría de las cuales llevaba alrededor
de veinticinco años o más de vida matrimonial. Sin embargo, aparte del
sonido de los cuchillos y tenedores en los platos, había un silencio total en
el ambiente. Se nos asignó una mesa en la mitad del salón y nos sentamos lo
más juntos que pudimos, hablando en susurros para no ser escuchados por
los demás.

Estamos seguros de que si aquellas parejas hubieran estado allí junto
a otros amigos o incluso si hubieran estado en una fiesta con personas
totalmente extrañas, no se habrían quedado en silencio durante la cena.
Hubieran hecho el esfuerzo de iniciar una conversación. La tragedia para
muchos esposos y esposas es que fallan en reconocer que su *mayor esfuerzo*
debería hacerse en relación a su cónyuge.

Por supuesto, a menos que planifiquemos un tiempo de pareja,
usualmente nos veremos uno al otro en los peores momentos: la primera cosa
en la mañana cuando estemos medianamente despiertos o la última durante
la noche, cuando nos caigamos rendidos por el sueño. El televisor o los
periódicos ocupan el lugar del diálogo. La conversación entonces consiste en
poco más que pedidos funcionales: "¿Podrías llevar mi abrigo a la tintorería?"
o un simple intercambio de información: "La mujer que vive enfrente acaba
de tener un niño".

Hacer el esfuerzo

Si nunca nos hubiéramos animado a hablar con quien hoy es nuestra esposa o nuestro esposo, probablemente no estaríamos casados. Las relaciones crecen cuando invertimos esfuerzo en ellas. Una mujer que estuvo a punto de caer en una relación extramarital nos contó por qué se sintió atraída por otro hombre: "Me resultaba tan interesante, realizándome preguntas y todo eso".

Muchas parejas invierten sus jornadas cotidianas de diferentes formas. Recientemente hablamos con un hombre de negocios de Australia. Tiene un trabajo frenético y pasa la mayor parte de su tiempo hablando por su celular. El teléfono suena tan pronto se sube a su automóvil cada mañana y no deja de sonar a lo largo del día hasta que lo apaga al aproximarse a su casa durante su regreso.

Su esposa, que solía tener un calendario laboral igual de exigente, ahora es un ama de casa de tiempo completo que concede especial cuidado a sus tres hijos menores de cinco años de edad. Apenas escucha que se abre la puerta y su marido está de regreso, está desesperada por hablar con un adulto y anhela tener una conversación estimulante durante la cena. Cuando ingresa al santuario de su hogar, todo lo que *él* quiere es estar solo y descansar. Ambos saben que deben hacer un esfuerzo supremo a fin de ser sensibles a las necesidades del otro.

Otra pareja que conocemos ha ingeniado una estrategia para lidiar con esta situación. Tan pronto como el esposo sale de su oficina comienza a pensar en el tiempo que le corresponde asignar a su esposa. Por ello, durante el viaje de regreso a casa empieza a pensar acerca de ella y la manera en que habrá transcurrido su día, preparándose así para encontrarse nuevamente con ella y compartir las últimas horas del día juntos. Ella hace lo mismo al anticiparse a su regreso. Dicho esfuerzo mutuo conduce fácilmente a la conversación y raramente puede fallar a la hora de que una pareja esté más cerca y profundice su amistad.

Otras situaciones demandan un grado similar de esfuerzo: por ejemplo, una enfermera que trabaja en un centro oncológico y está casada con un hombre que trabaja en el banco. Cada uno tendrá que esforzarse mucho para entender las presiones del otro y respetar su trabajo. El esposo o la esposa de alguien que se desempeña como maestro de escuela puede necesitar ser extremadamente paciente durante el final de un semestre pues una parte considerable de cada noche se invierte en la preparación de lecciones y exámenes, lo que da menos tiempo para la conversación y la relajación compartida. Asimismo, las presiones serán distintas durante el tiempo de vacaciones al considerar que el maestro o la maestra disfruta de un día adicional para descansar mientras el cónyuge debe enfrentar la realidad de volver al trabajo.

Incrementar nuestros temas de conversación

Algunas parejas se encuentran ante la realidad de tener pocos temas sobre los cuales conversar. En este caso puede que necesiten incrementar la cantidad de intereses en común. Las experiencias compartidas naturalmente conducen a la conversación estimulante. Una amiga nuestra nos contó acerca de los intereses que sus padres han compartido durante los últimos cuarenta años:

> Cuando mamá conoció a papá, nunca había utilizado un par de binoculares y su conocimiento acerca de las aves no pasaba de poder distinguir un gorrión de otra ave. Es muy conmovedor ver su increíble conocimiento ornitológico a la edad de sesenta y cinco años. Se interesó en ello porque amaba a papá y esta era la pasión que él tenía. Han recorrido miles de kilómetros juntos en busca de las aves a lo largo de sus más de cuarenta años de matrimonio.
>
> Papá no es ni remotamente una persona con experiencia en el arte y una noche en la ópera o el teatro no hubiera sido parte de su elección cuando era joven. Pero eso es lo que apasiona a mamá. A lo largo de los años, él ha escogido acompañarla y hacer lo mejor de su parte para mostrar interés. En ocasiones él llega a casa habiendo disfrutado genuinamente de una representación teatral o una ópera,

pero en otras ocasiones se queda dormido. A menudo, cuando regresa a casa ni siquiera puede recordar el título de la obra ni nada de lo que haya ocurrido durante la misma, y mayormente transcurre la velada observando los mecanismos del escenario y los detalles de la escenografía.

A veces se requerirá una decisión consciente de mostrar un interés en aquello que nuestro cónyuge disfruta realizar. Esto puede significar hacer nuevamente lo que hacíamos cuando nos conocimos o puede requerir que encontremos una nueva actividad que nos atraiga a ambos por igual. La lista de posibilidades es interminable y podría incluir: practicar un nuevo deporte, rediseñar la casa, hacer jardinería, ir a un mercado de pulgas, visitar lugares poco familiares (con un mapa de la zona), mirar deportes, ir al teatro o el cine, salir a caminar todos los días, escuchar música.

Luego podemos dialogar sobre nuestras reacciones diferentes. Debemos extraer los pensamientos y sentimientos de nuestro cónyuge, qué le gustó o no le resultó de agrado, qué le gustaría hacer la próxima vez, etc.

Utilizar los tiempos de comida

El significado original de la palabra *compañerismo* es *comer el pan juntos*. El comediante y reportero de viajes, Michael Palin, comentó luego de su recorrido alrededor del mundo:

En cada país que visité, desde el polo norte al polo sur, compartir la comida significa una actividad social importante, lo cual debería ser siempre así. Una comida que se comparte constituye el mejor espacio para darles aire a los pesares y celebrar los placeres que todavía no se han generado.

Durante los tiempos bíblicos, las comidas constituían una oportunidad para desarrollar amistades. Quizá esto subyazca en la elección de las palabras de Jesús cuando describe su deseo de tener una relación personal con nosotros: "Mira que estoy a la puerta y llamo. Si alguno oye mi voz y abre la puerta, entraré, y cenaré con él, y él conmigo" (Apocalipsis 3.20).

Comer juntos siempre se ha valorado como una forma de reunir a la familia y esto solo ha pasado a un segundo plano en Occidente durante la segunda parte del siglo veinte. El peligro de las comidas preparadas y los hornos de microondas es que permiten que la gente coma rápido y en forma separada. En algunas regiones de los EE.UU. esto ha llegado tan lejos que algunas casas se diseñan sin disponer de un lugar físico en donde compartir la comida, pero sí con un espacio para ubicar el televisor dentro de cada dormitorio. Esto constituye una gran pérdida. Una pareja nos comentó: "Los tiempos de comida son una de las ocasiones más importantes para nuestra conversación. Sin importar si comemos algo preparado en casa o elaborado en un restaurante, preparar la mesa y sentarnos a comer juntos sin interrupciones ni distracciones siempre resulta muy beneficioso".

Hablar acerca de nuestros sentimientos

Varios años atrás recibimos una carta muy triste enviada por una mujer cuya vida matrimonial apenas tenía menos de un año. Escribió: "Ante el resto del mundo aparentamos ser una feliz pareja recién casada. Mi esposo se coloca una 'máscara' cuando estamos con otras personas. Pero unas pocas semanas después de nuestra boda me sentí muy decepcionada. Pensaba que seríamos capaces de hablar acerca de todo, pero nunca me cuenta cuáles son sus sentimientos".

En nuestra cultura, los hombres tienen más dificultades para mostrar emoción que las mujeres. Ciertamente en el pasado, y en alguna medida también hoy en día, se esperaba que los hombres guardaran para sí mismos sus sentimientos al tiempo que se alentaba a que las mujeres compartieran los suyos con sus amigas y familiares. Una amiga nuestra dijo con respecto al quiebre de su matrimonio: "Nuestro matrimonio colapsó porque fallamos en cuanto a compartir nuestros verdaderos sentimientos el uno con el otro. Comencé a confiar en mis hermanas y amigas cercanas en lugar de confiar en mi esposo. Esto empezó (al principio de manera sutil) a abrir una brecha entre nosotros".

Algunas personas se consideran a sí mismas como un "tipo de gente no emocional". Pero las emociones son una parte fundamental del ser humano y debemos aprender a hablar acerca de nuestros sentimientos si procuramos comunicarnos con eficacia en nuestro matrimonio y seguir conectados. Una mujer que realizó hace poco el Curso para Matrimonios respondió lo siguiente ante la pregunta sobre qué aspecto disfrutó más acerca del curso: "Mi esposo tiene que comunicarme sus pensamientos y sentimientos. Hay muchas cosas adorables sobre las que él piensa pero nunca las expresa en palabras". Preguntarle a nuestro esposo o nuestra esposa en momentos apropiados "¿Cómo te sientes?" puede contribuir a que hable con mayor libertad. Si aprendemos a expresar nuestros sentimientos cuando nos sentimos bien se incrementarán nuestras chances de que seamos capaces de hacer lo mismo cuando estemos bajo presión.

A lo largo de la vida matrimonial todos solemos experimentar épocas marcadas por las dificultades, como infortunios financieros, enfermedades severas, accidentes automovilísticos, problemas con un hijo adolescente, pérdida de un embarazo, duelo. El manejo de una crisis puede fortalecer o dividir a un matrimonio. La muerte de un hijo, en particular, ejerce una tensión enorme en una relación y la tasa de divorcio entre dichas parejas es significativamente mayor que el promedio. En momentos de duelo o tristeza tendemos con facilidad a negar nuestros sentimientos, aislarnos de nuestro cónyuge o sumergirnos en nuestro trabajo. Pero una parte esencial de afrontar dichas experiencias como pareja es verbalizar nuestros sentimientos, sin importar cuán dolorosos pudieran ser, permitiendo que cada uno reaccione en forma diferente y enfrentar juntos el dolor.

Cierta revista publicó un artículo titulado "¿Entienden los hombres la intimidad?". A lo largo del texto se citan las siguientes palabras de una esposa llamada Alison: "James confía en que yo me encargue de todo lo relacionado a los sentimientos en nuestra relación... Él es inglés y de carácter aislado. Cuando tenía ocho años de edad sus padres lo enviaron a un internado. Si eso le ocurre a un niño pequeño, pronto aprende que tener emociones hará que su vida resulte más difícil".

Luego de que Alison sufriera un aborto espontáneo comenzaron a distanciarse. Alison señaló al respecto: "Me hacía bien hablar acerca de la tragedia, pero James suprimía sus sentimientos. Lidió con lo que le ocurría en su interior convirtiéndose en una persona muy crítica hacia mí, enojándose incluso por el menor detalle. Entonces una noche, cuando estábamos acostados en nuestra cama, descubrí que él también estaba sufriendo depresión desde hacía varias semanas. '¿Por qué no me dijiste que te sentías así?', le pregunté".[6]

La comunicación profunda requiere que expongamos nuestro ser interior y nos hagamos vulnerables el uno con el otro. Si fallamos en comunicar las emociones dolorosas y complejas, tratando de sobrellevarlas por nuestra cuenta, nos alejaremos.

Un marido que transcurrió cierto tiempo separado de su esposa, nos escribió lo siguiente: "Si tuviera que identificar un motivo para nuestra separación, diría que se trató de la comunicación ineficaz. Recuerdo muy bien lo fácil que era caer en una situación en la que se expresaran muchas palabras pero no se dijera nada en realidad. Con respecto a esto la sabiduría popular enfatiza la importancia de apartar tiempo de calidad en medio de calendarios y agendas agitados. Pero esto, en mi experiencia, solo delimita el espacio. La comunicación implica revelar todas las partes de nuestra vida, en mi caso las partes en las que estoy muy bien entrenado para mantener ocultas. Esto requiere, por lo menos de mi parte, mucho más que tiempo. Demanda valentía".

Para aquellos de nosotros que nos sentimos incapaces de *reconocer* (o, aun más, *hablar*) acerca de nuestros sentimientos, es importante saber que es posible cambiar. Una buena manera de empezar es poner por escrito tres o cuatro cosas (de menor o mayor importancia) que nos hayan ocurrido durante el transcurso de un día normal. Junto a cada uno de estos acontecimientos deberíamos registrar la forma en que nos sentimos. He aquí un ejemplo:

> Tomé el tren (me sentí aburrido/alerta/cansado), realicé una llamada telefónica (me sentí enojado/animado/ansioso), fui al banco (me sentí avergonzado/calmo/preocupado), me reuní con mi esposo/esposa (me sentí feliz/tenso/ entusiasmado).

Si no estamos acostumbrados a hacerlo, comenzar a articular estas emociones demandará valentía de nuestra parte. En vistas de que nos sentiremos vulnerables y pondremos nuestra realidad en evidencia, debemos asegurarnos de que nuestra esposa o nuestro esposo no nos rechace, ni se enoje ni nos culpe por aquellas cosas que revelemos.

Escoger el momento apropiado

Aunque es importante que no guardemos secretos en el matrimonio y que seamos capaces de expresar nuestros sentimientos, no siempre es adecuado decir en forma inmediata aquello que estemos pensando. Debemos considerar cuidadosamente el efecto que pueden tener nuestras palabras. Hay un proverbio en la Biblia que dice: "Como naranjas de oro con incrustaciones de plata son las palabras dichas a tiempo" (Proverbios 25.11). Refrenar lo que quisiéramos decir hasta encontrar un momento más apropiado es parte del costo del amor. Esto puede implicar que aguardemos hasta que ninguno de nosotros esté demasiado cansado o preocupado y tengamos tiempo para hablar del asunto en cuestión.

Expresar afecto

Así como debemos ser sabios en cuanto a postergar el tratamiento de temas sensibles, no hay ningún momento que sea adecuado o inadecuado para hablar acerca de los sentimientos *positivos* que cada uno tiene con respecto al otro. Y hacerlo muy frecuentemente ejerce un poderoso efecto en la vida matrimonial, como relata Frank Muir:

> En lo que se refiere a Pol y mi persona, estar enamorados ciertamente ha derivado en algo mucho más duradero: amor. Y el amor es una relación *afectiva* mucho más profunda, de dar y recibir, que estar "enamorados".
>
> Polly y yo confirmamos cada noche los sentimientos que nos tenemos mientras oramos por el resto de la familia, el perro dálmata de Sal (llamado Dotty) y nuestro gato Cinto (llamado así por la montaña más alta de Córcega, un nombre muy sensible para un gato abisinio), por lo que si una periodista de una revista femenina me llamara hoy y me preguntara cuán a menudo le he dicho a mi esposa que la amo, respondería (luego de efectuar una cuenta rápida con la calculadora para verificar la cifra) que aproximadamente unas 16 822 veces. Y que en cada ocasión digo la absoluta verdad.[7]

Capítulo 4
Cómo escuchar de forma más eficaz

Dos personas pueden vivir durante años bajo el mismo techo y dialogar entre ellas, pero aun así nunca llegar a conocerse.[1]

Mary Catterwood

Nuestro cónyuge nos habla acerca de cómo transcurrió su jornada. Estamos allí, mirando la televisión o leyendo el periódico, y expresamos un gruñido de vez en cuando. Entonces suena el teléfono. Es uno de nuestros amigos. Dejamos de lado el periódico y escuchamos cada palabra con atención. Nuestro cónyuge escucha cómo respondemos animadamente, mientras mostramos interés ávido, simpatía profunda o deleite entusiasta durante la conversación con la otra persona. Hay largos silencios mientras reflexionamos sobre lo que dice nuestro amigo. Nos dirigimos a nuestro esposo o nuestra esposa para pedirle que baje el volumen del televisor y nos sentamos en una silla con nuestra espalda inclinada, dándole toda la atención al teléfono.

"Esa voz suena familiar"

La mayoría de nosotros es perfectamente capaz de escuchar, pero a menudo somos negligentes en cuanto a hacerlo con la persona que vemos todos los días y cuya voz escuchamos con mayor frecuencia. Es fácil pensar que la parte más importante de la comunicación es *hablar:* poder articular las palabras, ser buenos narradores de historias, tener un conocimiento que nos permita dar información apropiada y contar con opiniones sólidas para manifestar. La Biblia reta y desafía con firmeza esta visión, dándole un énfasis mucho mayor a la necesidad de escuchar.

El libro de Proverbios nos dice lo siguiente: "Es necio y vergonzoso responder antes de escuchar" (Proverbios 18.13). Pero, ¿cuántos de nosotros hacemos justamente eso? En el Nuevo Testamento, el apóstol Santiago nos urge de forma similar: "Mis queridos hermanos, tengan presente esto: Todos deben estar listos para escuchar, y ser lentos para hablar y para enojarse" (Santiago 1.19). Quizá sea la razón por la que Dios nos creó con dos oídos y una boca, de modo que podamos aprender a escuchar el doble de lo que hablamos. Cuando vivimos de acuerdo al consejo de Santiago, todas nuestras relaciones funcionan mejor.

Como seres humanos, uno de nuestros grandes anhelos es que nos escuchen y comprendan. Esto satisface la necesidad fundamental que todos tenemos: no estar solos. La ONG llamada "Los Samaritanos" lanzó en cierta ocasión una campaña publicitaria con un póster ilustrando una gran oreja y una frase debajo que decía: "Abierto las 24 horas". Dicha organización existe para brindar ayuda al escuchar a cualquiera que necesite hablar en cualquier momento del día. Algunas personas recurren a consejeros, psicólogos o terapeutas simplemente para asegurarse de que al menos alguien las escuche por alrededor de una hora. Pero ciertamente no deberíamos necesitar pagar para que alguien nos escuche.

El peligro en la vida matrimonial es llegar al punto en que no nos importe escuchar, sea por pereza o porque pensemos que ya sabemos lo que nuestro cónyuge dirá. Fácilmente caemos en malos hábitos como interrumpir, desconectarnos o terminar las oraciones del otro. En palabras de un consejero:

El don de ser buenos oidores, un don que requiere práctica continua, es quizá el don más sanador que una persona puede poseer, porque permite que la otra persona *sea* ella misma, la resguarde en un lugar seguro, no la juzgue ni le dé sermones y comunica apoyo en un nivel más profundo que mediante las palabras.[2]

Escuchar es una forma poderosa de mostrar que nos valoramos mutuamente. Y también tiene su precio: demanda esfuerzo escuchar a nuestro esposo o nuestra esposa mientras expresa sus sentimientos o manifiesta sus opiniones.

Muchos de nosotros no somos buenos oidores, como deberíamos ser. Pero es importante notar que una mejora en la forma en que escuchemos a nuestro cónyuge implicará una mejora en nuestro matrimonio. Los siguientes cinco perfiles nos han servido de ayuda para reconocer en qué aspectos fallamos.[3] (¡Uno de nosotros pudo identificarse con los cinco!)

Cinco perfiles de un oidor mediocre

El dador de consejos

En lugar de proponerse tener empatía con su cónyuge, el *dador de consejos* quiere resolver el problema sugiriendo rápidamente: "Esto es lo que deberías hacer". Llevada a un extremo y si no logra advertirse, dicha actitud tiene el potencial de destruir un matrimonio:

Conocí a Patrick cuando él tenía cuarenta y tres años y había estado casado durante diecisiete años. Lo recuerdo porque sus primeras palabras fueron muy dramáticas. Se sentó en la silla de cuero de mi oficina y luego de presentarse brevemente se inclinó hacia adelante y dijo con gran emoción: "Dr. Chapman, he sido un necio, un verdadero necio".

"¿Qué te condujo a pensar de ese modo?", pregunté.

"He estado casado durante diecisiete años", respondió, "y mi esposa se acaba de marchar del hogar. Ahora me doy cuenta lo necio que he sido".

Repetí mi pregunta inicial: "¿De qué manera has sido un necio?"

"Mi esposa llegaba del trabajo y me contaba los problemas que había tenido en su oficina. Yo la escuchaba y entonces le decía lo que consideraba que debía hacer. Siempre le daba consejos. Le decía que debía confrontar el problema. 'Los problemas no desaparecen. Debes hablar con la gente implicada o con tu supervisor. Tienes que enfrentar los problemas'.

"Al día siguiente, al regresar a casa, me contaba los mismos problemas. Entonces le preguntaba si había hecho lo que le sugerí el día anterior. Sacudía su cabeza y me decía que no. Entonces repetía mi consejo. Le decía que esa era la manera de hacer frente a la situación. Volvía a casa el día siguiente y me contaba los mismos problemas. Nuevamente le preguntaba si había obrado de la forma sugerida por mí. Sacudía su cabeza y contestaba que no.

"Después de cuatro noches en que dicha situación se repetía, me enojaba muchísimo. Le decía que no esperara de mi parte ningún apoyo si no estaba dispuesta a llevar a cabo el consejo que le daba...

"Entonces me aislaba y seguía con mis asuntos. ¡Qué necio era!", dijo, "¡Qué necio! Ahora comprendo que ella no quería mi consejo cuando me contaba acerca de sus luchas y batallas en el trabajo. Simplemente quería mi empatía, que la escuchara, le diera mi atención, le hiciera saber que yo podría entender el dolor, la tensión y la presión que vivía. Quería saber que yo la amaba y que estaba junto a ella. No quería consejos; simplemente quería saber que yo la entendía. Pero nunca intenté comprender. Estaba demasiado ocupado dando consejos".[4]

El interruptor

En lugar de escuchar cuando alguien hable, fácilmente podríamos pensar acerca de lo que diremos a continuación. El aclamado autor Stephen Covey señala:

> La mayoría de la gente no escucha con la intención de comprender. Lo hace con la intención de dar su opinión y respuesta. Está hablando o preparándose para hablar. Está... leyendo su autobiografía en la vida de las demás personas.[5]

Hace algunos años, durante unas vacaciones familiares, nuestros hijos practicaron esquí acuático y hablaban con muchísimo entusiasmo acerca de sus logros. Un hombre que estaba cerca se unió a la conversación. Tan pronto supo del tema comenzó a llenarlos de historias de sus propias proezas y las de sus hijos con el esquí acuático, así como de la velocidad de la embarcación, el precio de su traje de neopreno, etc. Nuestros hijos, aunque eran muy jóvenes en aquel entonces, lo recuerdan perfectamente hoy en día. Aquel hombre estropeó una tarde muy feliz por su incapacidad de escuchar y su tendencia a interrumpir con su propia autobiografía.

Una persona escucha durante un promedio de diecisiete segundos antes
de interrumpir. A veces esto se convierte en un hábito del que los cónyuges
ni siquiera son conscientes de practicarlo entre ellos. Esto implicará un
riesgo mayor para el cónyuge que cuente con mayor facilidad para hablar.
Algunas personas elaboran lo que piensan a medida que hablan, mientras
que otras primero deben definir lo que piensan para luego poder expresarse.
En estos casos puede ser necesaria una acción definida de moderación para
no concluir las oraciones del otro o responder con aquello que pensamos
que dirá. Debemos aprender a esperar y escuchar, pues el *interruptor*
puede desalentar que su cónyuge se exprese más allá de los datos mínimos
requeridos para la vida cotidiana.

El reafirmador

El *reafirmador* es la persona que reacciona en forma prematura, antes de que
concluya la oración, con comentarios tales como: "Seguramente no es tan
malo como piensas", o "Estoy seguro de que será para bien", o "Mañana
te sentirás mucho mejor". Los reafirmadores prohíben cualquier expresión
genuina de sentimientos, sea ansiedad, decepción o dolor, porque a menudo
sienten la necesidad de reafirmar que no hay mayores problemas y que su vida
puede seguir adelante sin interrupciones.

"En cierta ocasión también me
sentí así, pero estarás bien"

El razonador

El *razonador,* en lugar de procurar escuchar, se concentra en explicar por qué
nos sentimos de tal o cual modo. En respuesta a la expresión: "Tuve un día
terrible", alguien así responderá: "No hay duda de que es el resultado de una

combinación de factores; el tiempo climático no ayuda, estás bajo mucha presión en el trabajo y además probablemente estés preocupado por nuestras finanzas".

El desviador

Algunas personas, en lugar de hacer algún comentario sobre el asunto en cuestión, lleva la conversación por una tangente, usualmente hacia un tema que les resulte de interés. Dicen: "Esto me recuerda de la vez que..." y así disipan o desvían el diálogo.

Todos nos podemos convertir en buenos oidores pero debemos estar dispuestos a reconocer en qué aspectos fallamos para entonces aprender nuevas habilidades. Los siguientes lineamientos pueden parecer artificiales y forzados al principio, pero son esenciales para ejercer una buena escucha. Nos han servido de ayuda para mejorar nuestra propia forma de comunicarnos a lo largo de los años.

Aprender a escuchar

Prestar nuestra atención plena

Recientemente vimos un filme acerca de una hija adolescente que se rebela contra los valores de sus padres. En una de las primeras escenas la hija quiere hablar con su padre acerca de algunos temas que son de su preocupación.

Él, por su parte, está desesperado por terminar de preparar un escrito y continúa con su trabajo en la computadora mientras ella intenta reunir el coraje para verbalizar sus preocupaciones. Su padre nunca quita la mirada de la pantalla de su computadora y luego de algunos minutos la hija decide no decir nada. La falla del padre en cuanto a escuchar tiene consecuencias devastadoras en la vida de su hija.

En contraste, una mujer escribió lo siguiente acerca de su padre:

> Siempre estuve muy orgullosa de él, con el alto cargo que
> tenía en el gobierno de la India. Todavía puedo verlo, vestido

en forma impecable, ajustando su turbante frente al espejo antes de dirigirse a su oficina. Los ojos amigables debajo de unas cejas tupidas, la sonrisa amable, los rasgos angulosos y la nariz aguileña. Uno de mis recuerdos más preciados es verlo trabajar en su estudio.[...] A menudo, cuando era niña, había ocasiones en que tenía preguntas que realizarle. Entonces me acercaba a la puerta de su oficina y lo miraba fijamente, titubeando en cuanto a interrumpirlo. Entonces me miraba.

Dejando de lado su bolígrafo, se reclinaba en su silla y decía: "¿Keecha?". Lentamente yo entraba al estudio con mi cabeza baja. Él entonces sonreía y colocaba una silla junto a la suya. "Ven, querida, siéntate aquí". Entonces, colocando su brazo sobre mis hombros, me acercaba hasta él. "Ahora, mi pequeña Keecha", preguntaba con amabilidad, "¿qué puedo hacer por ti?". Siempre era así con mi papá. Nunca le molestaba que yo lo interrumpiera. Cuando fuera que yo tuviera una pregunta o un problema, sin importar cuán ocupado estaba, dejaba de lado lo que estaba haciendo para darme su atención plena.[6]

Un padre mostró que estaba escuchando. El otro no. En el matrimonio, así como en la crianza de los hijos, prestar nuestra atención plena logra comunicar amor.

Los estudios en cuanto a la comunicación revelan que menos del diez por ciento de lo que deseamos comunicar involucra las palabras que empleamos. El tono de la voz con el que hablamos implica aproximadamente un cuarenta por ciento y nuestro lenguaje corporal el cincuenta por ciento restante. Esto resulta significativo tanto a la hora de escuchar como en el momento de hablar.

La proximidad física facilita la comunicación: tener una conversación de un dormitorio al otro gritando no resulta eficaz. Si nuestro cónyuge necesita decirnos algo que le ha causado enojo, sentarse a su lado, colocar el brazo alrededor de su hombro y sobre todo mirar a sus ojos mostrará interés en su persona y lo que le esté sucediendo. El contacto visual transmite el siguiente mensaje: "Tengo interés en lo que estás diciendo y te doy mi atención indivisa".

Hacer frente a la distracción

Sila   Me resulta muy difícil darle mi atención plena a Nicky si tengo tareas pendientes que realizar. Nicky puede sentarse tranquilamente en medio del caos o estar limpiando y sostener una conversación profunda al mismo tiempo. Yo solo puedo pensar en recoger las sobras del desayuno, poner la casa en orden o colocar la ropa sucia dentro de la máquina lavadora. Soy consciente de no estar concentrándome en lo que dice Nicky y por lo tanto me resulta mejor decir: "¿Podrías darme unos diez minutos para ordenar todo?". A veces, sin embargo, no hay tiempo para ello y demanda un gran esfuerzo de mi parte dejar de hacer lo que estaba realizando, mirarlo y darle mi atención plena.

De igual modo es muy difícil escuchar a alguien cuando hay mucho ruido de fondo.

Nicky   Si hay un televisor encendido en el salón, me resulta prácticamente imposible concentrarme en lo que alguien esté diciéndome. De igual modo me distraigo fácilmente si está en marcha otra conversación en el mismo lugar o tengo cerca un periódico cuya portada presenta un titular llamativo.

Un obstáculo mayor que el televisor o el periódico para que logremos escuchar es, en forma inconsciente, nuestra tendencia a dialogar escuchándonos a *nosotros mismos*. Es como si hubiera un televisor encendido dentro de nosotros que continuamente distrae nuestra atención. Las palabras de la otra persona activan pensamientos y recuerdos de nuestra propia experiencia.

Si nuestro esposo dice: "Hoy dialogué con Chris; acaba de perder a su madre", de forma instantánea comenzamos a pensar acerca de cómo nos sentimos cuando falleció uno de nuestros padres. Si nuestra esposa dice: "Mientras conducía de regreso a casa las flores del vecindario se veían maravillosas..." nuestra mente se llena de pensamientos pesimistas acerca de las tareas pendientes que tenemos en cuanto al cuidado del jardín. De ese modo nuestros pensamientos y recuerdos obstruyen nuestra capacidad de escuchar y lo que digamos a continuación puede tener muy poco que ver con el tema de conversación de nuestro cónyuge.

Puede ser difícil no sostener una conversación paralela en nuestra cabeza, en especial si estamos ocupados y nuestra mente está llena de cosas. Nuestro objetivo debería ser dejar de lado nuestro punto de vista y tratar de comprender lo que nuestro cónyuge esté diciendo. Stephen Covey subraya el impacto que esto tiene:

> Si tuviera que resumir en una oración el principio singular más importante que aprendí en el campo de las relaciones interpersonales, sería el siguiente: *primero procurar entender, luego ser entendido.*[7]

Llamativamente el signo del idioma chino para expresar la acción de escuchar incluye símbolos para los ojos, el corazón y la mente, tanto como para el oído.

Mostrar un interés

Si estamos determinados a mostrar interés en lo que otra persona diga, escucharemos con atención; de otro modo probablemente nos distraeremos con facilidad. Una mujer nos contó acerca de sus visitas a su madre. Quería aprovechar la oportunidad para hablar sobre temas importantes, el significado de la vida y otras cosas más. Su madre, sin embargo, disfrutaba charlar sobre temas más triviales como el precio de las papas, el perro del vecino o un programa reciente de televisión. La hija rápidamente dejaba de escuchar, considerando que su madre tenía una vida muy aburrida.

Pero cierto día se dio cuenta, en forma repentina, de que esa *era* la vida de su madre. Esto le produjo un impacto. Recuerda: "Me dije a mí misma que mi madre siempre estaba interesada en todo lo que yo hacía y de pronto comprendí que no había sido muy generosa en mi relación con ella. De modo que efectué un esfuerzo consciente de interesarme y escuchar, lo que ha implicado una enorme diferencia en nuestra relación".

Inevitablemente la gente tiene distintos intereses. Hacer el esfuerzo de escuchar lo que resulta de interés para los demás es una forma irresistible de mostrar nuestro amor. El autor y orador Dale Carnegie escribe acerca de la habilidad de ser buenos conversadores:

> Para ser una persona interesante, muestre interés real en los demás. Realice preguntas que las otras personas disfrutarán responder.[8]

La escucha inteligente

Revivir y describir en detalle alguna herida interior o un problema de

muchos años puede ser muy difícil. Es más fácil dar vueltas en torno al asunto o aludir al mismo mediante el humor. A veces resulta necesario escuchar *detrás* de las palabras de la otra persona para detectar una realidad oculta. Un buen oidor tendrá la valentía de ayudar a la otra persona para que manifieste lo que en verdad le ocurre mediante preguntas amables efectuadas en el momento adecuado.

Cada cónyuge debe darse el tiempo suficiente para hablar. Con frecuencia somos conscientes a medias de la razón por la cual nos sentimos de un modo determinado. Manifestar nuestro dolor nos capacita a comenzar a ver las cosas en su justa dimensión. No le tema a los silencios. A algunas personas el silencio les permite organizar sus pensamientos. Esperar calladamente mostrará nuestro interés.

Escuchar sin críticas

La comunicación florece mediante la mutua aceptación y se marchita a través de la crítica. Debemos ser capaces de escuchar sin estar a la defensiva y sin entrometernos. Si podemos desentrañar lo que nuestro cónyuge siente estaremos a mitad de camino de alcanzar la resolución ante una situación difícil. Como señaló una esposa: "Aprendí a reconocer las señales no verbales de mi esposo. Y ahora trato de escuchar no solo sus palabras sino cómo las expresa; oír sus sentimientos en lugar de estar a la defensiva".

Solemos hablar con nuestro cónyuge cuando nos sentimos emocionalmente vulnerables. Nuestras palabras pueden resultar confusas y contradictorias. Tal vez cambiamos de parecer mientras nos expresamos. La persona que escucha comete un gran (y cruel) error si comienza a señalar errores en la situación que manifiesta su cónyuge o en la manera en que piensa al respecto.

Reconocer los sentimientos de nuestro cónyuge

Repetir con nuestras propias palabras lo que nuestro cónyuge haya dicho es muy útil, en particular cuando se expresan sentimientos profundos. Esto hace posible que nuestro esposo o nuestra esposa sepa que estamos en la misma sintonía y que hemos comprendido adecuadamente su situación.

Por ejemplo, una esposa dice: "Los niños me han vuelto loca; no han dejado de llorar y discutir todo el día". En lugar de sugerir de inmediato una solución, su esposo podría reconocer sus sentimientos con la siguiente expresión: "Debe haber sido realmente difícil para ti".

O un esposo dice: "No logro ver la manera en que llegaremos a fin de mes. No puedo ganar más dinero. Estoy muy preocupado por esto". Su esposa puede mostrar que prestó atención a sus sentimientos diciendo: "Lamento mucho que estés tan preocupado. Hablemos al respecto".

O una esposa dice: "Realmente me hizo enojar que de repente me contaras sobre la posibilidad de un nuevo trabajo. Si tenemos que mudarnos, odio la idea de perder contacto con nuestros amigos". De nuevo, su esposo debe mostrar que escuchó y comprende lo que ella siente, tal vez respondiendo: "No me di cuenta de que estarías tan preocupada con respecto a perder contacto con nuestros amigos". Usar sus palabras exactas será una indicación de que hemos escuchado.

Reconocer de esta manera los sentimientos de nuestro cónyuge puede parecer artificial y poco natural al principio, pero es una poderosa herramienta a fin de aprender a escuchar y desarrollar la intimidad emocional.

Nicky Pocos meses atrás un líder abandonó uno de nuestros cursos. Aunque mi calendario estaba repleto de compromisos durante la tarde y la noche, no tuve otra alternativa que aceptar dirigir el grupo durante cuatro sesiones. Cuando se lo conté a Sila esperaba simpatía de su parte en vistas del compromiso adicional de tiempo y trabajo. En cambio, Sila se mostró contrariada y poco razonable, o al menos así me pareció a mí.

Unas semanas después comenzó a decirme cuán enojada estaba de que hubiera ocupado algunas de nuestras noches libres sin dialogar primero con ella. Lleno de autocompasión, empecé a defender mi decisión. Más tarde comprendí que necesitaba escuchar a Sila y entender sus sentimientos. Estaba herida. Sentía que la gente que participaba del curso era más importante para mí que nuestra familia.

En situaciones similares el objetivo de escuchar es comprender y aceptar los sentimientos de nuestro cónyuge, no juzgar si está en lo cierto o no.

El impacto que genera escuchar

Aprender a escucharnos de este modo, sin intentar cambiar al otro ni dar consejos a menos que lo pida, puede transformar nuestro matrimonio por completo. Muchas parejas que participaron en el Curso para Matrimonios han comentado acerca del cambio que esta experiencia ha obrado en su relación:

- "Mejoramos la manera en que nos escuchamos y no sentimos que debemos echarnos la culpa por esto o por aquello".
- "Aprendí a escuchar lo que mi esposa realmente necesita decir".
- "Nos ayudó a escucharnos mutuamente con oídos llenos de compasión".
- "Pudimos optimizar la manera en que nos escuchamos. Dejamos que el otro termine de hablar antes de comentar o dar una respuesta".
- "Aprendí a escuchar con nuevos oídos; las pequeñas cosas son muy importantes".

Conclusión

Diane Vaughan, una socióloga que trabaja en la universidad de Oxford (Reino Unido), pasó diez años investigando las razones por las que se produce la separación matrimonial. Como parte de sus conclusiones, escribió lo siguiente:

> Todo comienza cuando uno de los cónyuges siente disgusto en cuanto al estado de su vida matrimonial. Al principio intenta ocultar dicho descontento, aparentando como si no existiera o imaginando que pronto se esfumará. Pero en cambio crece cada día más y luego de algún tiempo la persona intentará comunicar dicho descontento a su pareja, usualmente a través de pistas o quejas vagas que *casi siempre son ignoradas o pasan desapercibidas*.[9]

En otras palabras sus diez años de investigación revelaron que, en casi todo matrimonio que termina en separación, existe una falla en cuanto a la comunicación.

En la vida matrimonial no hay ningún sustituto para el diálogo eficaz y la escucha atenta. Dos individuos con pensamientos y sentimientos separados llegan a ser uno. La comunicación es el puente que conecta a uno con el otro, porque no podemos leer la mente de nuestro cónyuge ni ver dentro de su corazón. Si fallamos en cuanto a comunicarnos, levantamos el puente y nos retiramos a nuestro castillo solitario. Pero al escoger comunicarnos extendemos el puente e invitamos al otro a ingresar. Permitimos que cada uno de nosotros acceda a los lugares secretos de nuestra vida.

Segunda regla de oro del matrimonio

Procuren hablar y escucharse mutuamente.

Amor en acción

Capítulo 5
Las cinco expresiones del amor

Es posible dar sin amar, pero es imposible amar sin dar.

Autor anónimo

Se le pidió a un grupo de niños que diera su opinión acerca del por qué la gente se enamora. Una niña de nueve años respondió: "Nadie sabe muy bien el motivo, pero escuché que tiene algo que ver con la manera en que hueles. Esa es la razón por la que las fragancias y los desodorantes son tan populares". Un niño de ocho años de edad tenía una teoría diferente: "Creo que se espera que te atraviese una flecha o algo así, pero el resto de la historia se supone que no sea tan doloroso". Gary, de siete años, estaba convencido de que tiene que ver con algo más que la apariencia personal: "No siempre es cómo te ves. Mírame. Soy muy apuesto y aún no se presentó nadie que quisiera casarse conmigo".

Algunos adultos caminan igualmente a tientas en lo relacionado a la verdadera naturaleza del amor. Crecieron pensando que el amor es principalmente una emoción sobre la que tenemos poco control, creencia que se refuerza mediante las letras de muchas canciones populares. Cuando eran adolescentes, nuestros hijos descubrieron (para su gran sorpresa) las siguientes frases en algunos de nuestros discos de la década del 60:

Antes de que terminara el baile
Supe que estaba enamorado de ti
y
No sabía qué hacer
Por lo que susurré: "Te amo".

El enamoramiento, que puede activarse con la misma facilidad por la apariencia física así como mediante un conocimiento real de la otra persona y que es probable que desaparezca tan rápida y misteriosamente como surgió, se retrata a menudo como la suma total de amor. La comprensión popular acerca del amor ha quedado reducida en gran manera a los sentimientos.

Pero hay otra clase de amor que llega de forma deliberada y se cultiva durante un período de tiempo. En la novela *La mandolina del capitán Corelli*, escrita por Louis de Berniere, el Dr. Iannis realiza ante su hija una descripción de la clase de amor que perdura:

> El amor no es quedarse sin aliento, no es excitación ni decirse promesas de pasión eterna. Tampoco es el deseo de tener relaciones sexuales cada segundo o minuto del día, no es permanecer despierta por la noche imaginando que él besa cada parte de tu cuerpo. No, no te ruborices, te estoy diciendo algunas verdades. Eso es solo "enamorarse", lo que cualquier tonto puede hacer. El amor en sí mismo es lo que queda cuando el enamoramiento se ha extinguido. Tu madre y yo lo tuvimos, teníamos raíces que crecían hacia el otro debajo de la superficie, y cuando todas las hermosas flores terminaron cayéndose de nuestras ramas, nos encontramos siendo un solo árbol y no dos.[1]

Algunas personas contraen matrimonio sobre la base del enamoramiento. Piensan que los sentimientos fuertes de atracción mutua serán suficientes para que su matrimonio sobreviva. Sin embargo, de forma eventual e inevitable, el enamoramiento se desgasta y entonces, si no hay una comprensión de la forma de generar un amor que se desarrolle con el tiempo, sus raíces no llegarán a entrelazarse y su matrimonio se marchitará.

El amor cristiano, tal como está descrito en el Nuevo Testamento, no es tanto un sustantivo abstracto como un verbo activo. El amor involucra acción, hacer algo. Implica salir de uno mismo para satisfacer las necesidades del otro, a menudo a costas de uno mismo. En el matrimonio esto puede significar lavar la vajilla por amor a nuestro cónyuge cuando podríamos estar viendo televisión. Puede implicar sentarse a dialogar con nuestro esposo o nuestra esposa cuando podríamos estar realizando algo relativo al trabajo.

"Quiero dejar que retires el papel de protección del tarro de café".

Puede traducirse en abrazos a nuestro cónyuge cuando sabemos que tuvo un día difícil. Solo *esta* clase de amor es capaz de sustentar una relación matrimonial a lo largo de los años, haciendo que madure y se profundice.

En la práctica hay cinco formas mediante las cuales podemos mostrar amor a nuestro esposo o nuestra esposa en forma activa:

1. Palabras amorosas
2. Acciones amables
3. Tiempo de calidad

4. Regalos considerados

5. Afecto físico

Estas formas de poner en acción el amor se denominan *Los cinco lenguajes del amor* en el excelente libro homónimo escrito por Gary Chapman, en el cual utiliza la metáfora del lenguaje o idioma para examinar las maneras diferentes en las que podemos comunicar y entender el amor.[2] Su trabajo durante muchos años como consejero matrimonial le ayudó a entender que tal como todos tenemos un idioma natal que nos resulta fácil verbalizar y entender, del mismo modo cada uno tiene un *lenguaje del amor* mediante el cual entendemos el amor con mayor facilidad.

Los cinco lenguajes son modos relevantes de mostrar amor, ¿pero cuál es el principal? Un esposo puede llenar de *regalos* a su esposa, pero ella tal vez necesite en primer lugar y por sobre todo escuchar de su parte palabras amables a fin de sentirse amada. Una esposa quizá se esfuerce muchísimo como ama de casa pensando en su esposo, pero este podría necesitar *afecto físico* a fin de sentir su amor.

La mayor necesidad que todos compartimos es saber que somos personas amadas, que somos importantes para alguien, que somos especiales para los demás. Por lo tanto debemos preguntarnos: "¿Qué es lo que hace que mi cónyuge se sienta más amado?". Podemos descubrirlo a través de la conversación y mediante una observación deliberada y cuidadosa. Una amiga nuestra que había estado casada por muchos años señala que para tener un matrimonio feliz, un esposo y una esposa deben "estudiarse mutuamente". Al hacerlo descubrimos información importante y a veces inesperada.

Aunque durante la luna de miel puede haber muchas maneras románticas de mostrar amor con un mínimo uso de las palabras, sería casi imposible sobrellevar la vida cotidiana sin ser capaces de hablar el mismo idioma. El amor cotidiano será imposible si nunca intentamos descubrir y aprender el lenguaje del amor principal de nuestro cónyuge (y posiblemente su segundo y tercer lenguaje también).

Nicky   He llegado a la conclusión de que el tiempo y el contacto físico transmiten poderosamente mi amor a Sila, mientras que las palabras y las acciones son más importantes en relación a mí. Por lo que sería desastroso para nuestra relación si solo diera tiempo y contacto a mi computadora pero no a Sila, o si ella mostrara amor a través de sus palabras y acciones a nuestros hijos, pero no a mí.

Una vez que descubrimos qué hace que nuestro cónyuge sienta nuestro amor, debemos decidir actuar en consecuencia. Al principio puede parecer

"Si solo hubiera sabido antes que te gustaba esto, Mildred"

poco natural, como cuando aprendemos un idioma extranjero, y requerirá tiempo, determinación y una gran cantidad de paciencia. Algunos crecieron en hogares donde había poca o ninguna demostración de afecto físico y no darán en forma natural y espontánea este tipo de amor a su cónyuge. Pero esta expresión de amor puede aprenderse. Y será esencial hacerlo si fuere la manera en que nuestro cónyuge se siente amado. Otros no escucharon palabras amorosas de afirmación durante su crianza. En dicha situación, si esto fuere particularmente importante para su cónyuge, deberá practicar esta forma de mostrar amor. Al hacerlo dicho lenguaje se volverá cada vez más fluido.

Nos referimos en detalle a estas cinco expresiones de amor porque sabemos a partir de nuestra propia experiencia que en su simplicidad es un principio profundo y de largo alcance que cualquier pareja puede utilizar para el fortalecimiento y el bienestar de su relación. Una gran cantidad de parejas que conocemos siguen "enamoradas" aun muchos años después de que el enamoramiento inicial se haya desgastado, y esto debido a que miles de veces cada año muestran amor a su cónyuge de la manera en que este lo comprende mejor.

Algunas parejas nunca descubren qué hace que su cónyuge se sienta amado. Tal vez se estudien mutuamente pero con la intención errónea: buscan criticar en lugar de descubrir las necesidades del otro. En un relato breve titulado *The Eyes of Love* (en español, "Los ojos del amor"), leemos acerca de una pareja norteamericana (Kenneth y Shannon) que están en su automóvil conduciendo a casa luego de una fiesta familiar.

Antes de poder suprimirlo, su enojo se incrementa como una especie de calor en los huesos de su cara. "Bien, ¿qué sucede?", dice él...

Ella no responde enseguida. "Esto cansada", dice sin voltear el rostro hacia él.

"No, realmente", dice él. "Quiero escuchar. Vamos, dime qué te ocurre".

Ahora ella voltea su rostro. "Te lo dije esta mañana. No me gusta escuchar las mismas historias una y otra vez".

"No son siempre las mismas", dice él, sintiéndose excesivamente enojado.

"Oh, por supuesto que sí... Tu madre se merece una condecoración".

"Me gustan las historias. A mamá le gustan. A todo el mundo le agrada oírlas. Tu padre y tus hermanas también".

"Una y otra vez", murmura ella, mirando hacia otro lado. "Solo quiero irme a dormir".

"¿Sabes cuál es el problema?", dice él. "Eres una persona

crítica. Ese es el verdadero problema. Todo es materia de crítica y evaluación para ti. Incluso yo. En especial mi persona".

"¿Tú?", dice ella.

"Sí", responde él. "Yo. Porque no se trata de mi padre. Se trata de nosotros".

De acuerdo a Kenneth, ella consideró el encuentro familiar y la narración de historias por parte de su padre de la misma forma en que lo consideraba a él en su rol de esposo: como una crítica. La conversación continúa:

Se queda callado por unos momentos, pero el enojo todavía sigue dentro de él. "¿Sabes cuál es el problema contigo?", dice. "No ves nada con amor. Solo ves con tu *cerebro*".

"Lo que digas...", responde ella.

"Todo está encerrado en tu cerebro", dice él, dando una larga pitada al cigarrillo y luego colocándolo en el cenicero.

Enciende el vehículo. "¿Conoces a la gente que vive detrás de nuestra casa?", pregunta él. El momento se ha vuelto casi filosófico para él.

Ella lo mira fijamente con sus ojos humedecidos y recién ahora él se siente poderoso y feliz.

"¿Los conoces?", inquiere él.

"Por supuesto que sí".

"Bien, el otro día los estuve observando. La manera en que él cuida el jardín, ¿correcto?. Todo el verano bromeamos acerca de este vecino. Fuimos muy *listos* al hablar de su obsesión con las malezas y el mantenimiento del césped".

"Supongo que es realmente importante hablar ahora de estas personas...", dice ella.

"Quiero decirte algo que necesitas escuchar", dice Kenneth.

"No quiero escuchar esto ahora", responde ella. "Todo el día estuve escuchando hablar. Estoy cansada de hablar".

Y Kenneth comienza a gritar. "¡Solo diré esto y luego me callaré por el resto del año si es lo que tú quieres!"

Ella no dice nada.

"Te estoy hablando acerca de estas personas. El hombre caminaba el otro día por el vecindario con una bolsa de plástico en una mano, levantando los deshechos de su perro. ¿Me sigues? Y su esposa podaba los arbustos. Estaba podando uno de sus arbustos y por unos segundos me pareció que podía sentir lo que ella pensaba. No había ninguna expresión en su rostro, pero yo fui tan listo, como somos nosotros, tú sabes, Shannon. Fui tan listo que supe lo que ella pensaba. Fui tan perspicaz en relación a estas personas que ni siquiera conocemos. Esta gente sobre la cual somos tan burlones al referirnos a su vida".

"Tú eres quien bromea acerca de ellos", dice Shannon.

"Déjame terminar", dice él. "Vi que la mujer del tipo lo miró desde el otro lado de la yarda y fue como si pudiera escuchar las palabras en su mente: 'Otra vez recoge los deshechos del perro. No puedo aguantar esto un minuto más'. ¿Sabes? Pero eso no era lo que ella pensaba realmente. Porque caminó hasta donde él se encontraba y lo ayudó, de hecho señaló un par de lugares que no había advertido. Y luego ambos entraron a su casa rodeándose con sus brazos y con los deshechos del perro dentro de una bolsa en la otra mano. ¿Te das cuenta de lo que estoy queriendo decir, Shannon? Esa mujer lo miraba con amor. No vio lo que yo observé, no había ninguna crítica en eso".

Finalmente Kenneth y Shannon dejan de discutir.

La pelea concluye. Hasta aquí llegaron. Ella se extiende y toca su antebrazo con un apretón afectuoso. Él toma su mano y también le da un apretón. Entonces vuelve a colocar ambas manos sobre el volante. Su apartamento aparece ante su vista, bajando la calle hacia la izquierda. Él se voltea hacia la derecha para ver a su esposa aquí, en la luz tenue, y entonces vuelve a mirar rápidamente el camino. Le sobreviene una especie de temor: que en el pequeño instante que duró su mirada una parte de él percibió la desagradable expresión de la boca de ella, el cincelado de una curva demasiado aguda de su mandíbula (la peor apariencia de su esposa) como si él fuera un extraño, alguien incapaz de imaginar lo que cualquier otra persona, otro hombre, otros hombres, alguien como él, podía ver en ella para amar.[3]

Cuando concluye el relato comprendemos que a diferencia de la pareja que vive detrás de su casa, Kenneth y Shannon se han vuelto personas críticas el uno hacia el otro. Cosechamos lo que sembramos. "No ves nada con amor", dijo Kenneth. Pero él mismo no la consideraba a ella con amor. En un mundo lleno de críticas, se necesita que esposos y esposas nos estudiemos mutuamente, y no con una mirada crítica sino con ojos de amor, buscando aquello que nuestro cónyuge necesita para sentirse amado y especial.

Durante los próximos dos capítulos describiremos cada una de las cinco expresiones de amor. Al hacerlo, efectúe las tres preguntas siguientes:

- ¿Expreso amor de este modo en forma habitual?
- ¿Cuán importante es esta expresión de amor para que mi esposo o mi esposa se sienta una persona amada?
- ¿Cuán importante es esta expresión de amor para mí?

"Debías haber sentido que yo quería mayonesa, mantequilla de maní y anchoas"

Es fácil pretender que nuestro cónyuge sepa instintivamente cuáles son nuestras necesidades y luego sentirnos heridos cuando fallen en cuanto a satisfacerlas. Todos tendemos a expresar amor en la forma en que nos gusta recibirlo. A pesar de nuestras buenas intenciones, esto no funcionará si nuestro cónyuge tiene necesidades diferentes a las nuestras.

Podemos dejar que nuestro matrimonio se deshaga. O podemos aprovechar la oportunidad para tener el mejor matrimonio posible. Si queremos tener un verdadero sentido de intimidad y un disfrute genuino como pareja, debemos estudiarnos mutuamente con ojos de amor y luego usar nuestra vida en forma adecuada (nuestras palabras, nuestras acciones, nuestro tiempo, nuestro dinero y nuestro cuerpo) a fin de comunicar amor en forma eficaz.

Capítulo 6
Palabras y acciones

Panal de miel son las palabras amables: endulzan la vida y dan salud al cuerpo.

Proverbios 16.24

Donde falte el amor, siembra amor y muy pronto cosecharás amor.

San Juan de la Cruz

Palabras amorosas

El juego de rimas: "Palos y piedras podrán quebrar mis huesos pero las palabras nunca pueden herirme", solo es cierto en un sentido físico. Con frecuencia la Biblia nos recuerda acerca del poder de nuestras palabras: "En la lengua hay poder de vida y muerte..." (Proverbios 18.21).

Distintos estudios han demostrado que las palabras pueden afectar la conducta y la capacidad en un grado significativo. Si los niños escuchan que se les dice que no son capaces para las matemáticas, son propensos a tener resultados mediocres en dicha materia. A la inversa, si se les dice que su escritura creativa es brillante, son proclives a convertirse de la noche a la mañana en novelistas en potencia. La gente vivirá a la altura de las expectativas que se tuviere de ella.

Esto tiene implicaciones enormes para la forma en que nos hablamos dentro del matrimonio. Debemos cultivar el amor, la amabilidad y el respeto en nuestro tono, evitando caer en el hábito de menoscabar al otro. Debemos contribuir a la edificación de nuestro esposo o nuestra esposa tanto en el hogar como en público. Es muy destructivo para nuestro cónyuge ser el punto principal de nuestras bromas.

"Eres un GENIO en todas las tareas domésticas..."

La forma de lograr que cada uno se sienta amado a través de la manera en que hablemos consiste en la afirmación mutua. Esto incluirá de qué modo expresamos nuestros cumplidos, cómo decimos "gracias", de qué forma alentamos, cómo mostramos gentileza y de qué manera hacemos pedidos. Fallar en cuanto a realizar estas cosas con habilidad y gracia puede hacer que nuestro cónyuge se abra ante la tentación de otras personas. El siguiente extracto de un poema, escrito hace cien años por Ella Wheeler Wilcox, es la explicación de una esposa (aunque no su excusa) por tener un romance fuera del matrimonio:

Cada día nuestra vida,
Esa que en un principio había sido una sola,
Parecía distanciarse cada vez más.
Muerto quedó el viejo romance entre el hombre y la doncella.
Tu charla giraba en torno a la política y los negocios.
Tu trabajo, tu club, la alocada búsqueda del oro
Siempre absorto en tus pensamientos. Tu beso forzado
Se sentía frío sobre mis labios.

La vida perdió su gusto, su emoción
Hasta un fatídico día cuando la tierra pareció demasiado aburrida
Pero repentinamente empezó a brillar y parecer más hermosa.
Hablé un poco, y él escuchó muchísimo;
Había atención en sus ojos y una nota singular
De camaradería en el suave tono de su voz.
¡Ya no me sentía sola!
Había un interés amable en su donaire;
Habló acerca del modo en que había peinado mi cabello,
Y elogió el vestido que llevaba puesto.
Parecía que habían transcurrido más de mil años
Desde que alguien me apreciara de tal manera.
Si mi oído hubiera estado habituado año tras año a los cumplidos,
Si te hubiera escuchado hablar como este hombre habló,
Seguramente no hubiera sido tan débil.[1]

Existen muchas maneras distintas de utilizar las palabras para que los
cónyuges puedan comunicar su amor entre sí.

Decir cumplidos

La gente que nunca estuvo habituada a recibir cumplidos y palabras de aliento
durante su crianza probablemente no acepte recibir dichas manifestaciones
con facilidad, ni tampoco expresarlas. Pero es posible aprender. Los cumplidos
y los elogios centran su atención en aquello que admiramos y apreciamos
en nuestro cónyuge. Muchos de nosotros guardamos dichos pensamientos
en nuestra mente, pensando que son demasiado triviales o superfluos como
para verbalizarlos debido a que consideramos que nuestra pareja ya sabe que
la amamos. Sin embargo, durante la boda se suele hablar acerca de cuidarse
mutuamente. Expresar cumplidos y elogios es una buena forma de cuidar a
nuestro cónyuge y es algo que todos podemos aprender a hacer. Intente algo
simple y directo como lo siguiente:

"Te ves muy bien con ese traje".

"Coordinaste la reunión de forma brillante".

"Me encanta la forma en que siempre piensas lo que hay que decir".

Expresar gratitud

La gratitud confiere valor y mérito a alguien. Al compartir juntos cada día fácilmente pasamos por alto la gran cantidad de cosas que nuestro cónyuge hace por nosotros. Algunas son pequeñas y comunes, otras muestran gran cuidado y demandan gran esfuerzo.

"Gracias por sacar la basura a la calle" o "Gracias por llevar mis pantalones a la tintorería" suena trivial, pero es importante efectuar un reconocimiento de los pequeños actos de amor. "Estoy tan agradecida de que recordaras el cumpleaños de mi madre" es una expresión que manifiesta aprecio por algo que fácilmente podría darse por sentado. "Gracias por ser tan brillante durante la fiesta de cumpleaños de Tom; no podría haber manejado todo sin tu ayuda" es una expresión que demuestra gratitud por la participación del otro.

Dar aliento

Otra manera en que podemos usar las palabras en forma positiva es mediante el aliento, esto es, inspirar *ánimo* mutuamente. Todos nosotros tenemos aspectos de nuestra vida donde nos sentimos inseguros: nos falta ánimo. Está dentro de nuestras posibilidades dar el aliento que capacitará a que nuestro esposo o nuestra esposa alcance su potencial. A la inversa, si criticamos, nuestras palabras tienen el poder de robar a nuestro cónyuge su valía personal y su confianza propia. Cuando alentamos y animamos, nos estamos diciendo mutuamente: "Creo en ti".

Sila Desde que nos casamos, han habido varios aspectos de mi vida en los que el aliento de Nicky me sirvió de estímulo para hacer cosas que de otra manera no hubiera realizado. Considerando mi rol como madre de tiempo completo, sus palabras siempre han hecho una gran diferencia, dándome la confianza y la autoestima necesarias particularmente al tener en cuenta que el papel de la maternidad está muy devaluado en nuestros días.

Mostrar consideración

Las palabras que son de consideración hacia otra persona ayudan a levantar el ánimo, mientras que las palabras irreflexivas y fuera de lugar causan mucho daño en una relación.

"OTRA VEZ olvidaste nuestro aniversario".

Sila   En nuestro propio matrimonio he tenido que aprender a ser cuidadosa con mis palabras. Me gusta hablar de las cosas apenas ocurrieron, y cuando recién nos casamos no me daba cuenta de que debía aprender a escoger un mejor momento para expresarle a Nicky mi opinión, particularmente cuando él se encontraba en una situación de vulnerabilidad.

Me llevó algún tiempo comprender que el almuerzo dominical no es el momento indicado para darle mi análisis de su sermón ni del programa de la reunión en la iglesia que acaba de dirigir. He descubierto que siempre es mejor esperar hasta el día siguiente, cuando él tiene una mayor capacidad para ser objetivo.

Incluso entonces debo escoger mis palabras con cuidado.

No estoy promoviendo un falso lisonjeo pero puede requerir un esfuerzo consciente asegurarnos de que nuestras palabras sean de aliento, amables y de afirmación, y que servirán para edificar a nuestro cónyuge. A través del tiempo he llegado a comprender cuán importantes son estas palabras para Nicky. Para él, las palabras de afirmación son la forma ideal mediante la cual siente mi amor. Esto le proporciona una base de confianza que afecta positivamente los demás aspectos de su vida.

Efectuar pedidos

En la vida matrimonial hay un mundo de diferencia entre demandar cosas y hacer pedidos. Cuando le pedimos algo a nuestro esposo o nuestra esposa estamos afirmando su valor y sus capacidades. Si hacemos demandas, nos volvemos intolerantes y tiranos en nuestra propia casa, a menudo sin darnos cuenta de ello. La clase de persona con la que no es fácil ni placentero vivir. Nos podemos volver demandantes cuando comenzamos a dar a nuestro cónyuge (y sus dones y capacidades) por sentado.

Sila   Nicky es muy práctico y tiene la capacidad de arreglar cualquier cosa que deba ser reparada en nuestra casa. Aun así hay ocasiones en las que puedo ser complaciente al respecto. Me escucho a mí misma decir: "Todavía no reparaste la rueda que se pinchó, ¿verdad? Mañana necesito usar mi bicicleta". Una mejor forma de decirlo sería la siguiente: "Nicky, ¿podrías reparar la rueda pinchada de mi bicicleta antes de mañana?". Un pedido como este genera la posibilidad de que él exprese su amor por mí al responder positivamente a ello. Las demandas excluyen esa posibilidad.

Si la afirmación verbal es muy importante para su cónyuge y hace tiempo que no recibe algo así, probablemente sienta desánimo. Escuchar nuevamente palabras positivas de parte de usted será como encontrar un oasis en el desierto. A medida que aprendamos a edificar a nuestro cónyuge con las palabras, alcanzaremos un nuevo nivel de amor e intimidad en nuestro matrimonio. Las palabras que usemos tendrán el poder de renovar nuestro amor en forma cotidiana. La crítica y la autocompasión constituyen divisores poderosos. Las palabras de afirmación son unificadoras de gran impacto.

Acciones amables

El apóstol Pablo describe la bondad y la amabilidad como características principales del amor. Mostramos amabilidad a nuestro esposo o nuestra esposa cuando nos prestamos servicio mutuo de maneras prácticas. Dentro de un matrimonio esto puede adoptar distintas formas: preparar una taza de café, sacar la basura, limpiar los cristales del automóvil, preparar un pastel favorito, planchar una camisa. Por supuesto, podemos llegar a dar por sentado las actividades rutinarias pero, cuando se hacen con buena disposición, logran expresar amor en forma constante. Sin embargo, son las acciones prácticas "no rutinarias" de servicio las que comunican amor con mayor fuerza a las personas para quienes dichos actos constituyan una de las maneras de sentirse amadas.

Nicky Puedo recordar muchas ocasiones en las que Sila realizó cosas por mí sin que yo las esperara, por ejemplo: preparar la maleta y empacar cuando me encontraba bajo presión frente a un viaje inesperado, llevarme a mi estudio una taza de té y algunas galletas cuando estaba luchando con la preparación de una charla. Con frecuencia la crisis ha sido auto infligida al tomar demasiados compromisos y me sentía muy amado a través de la consideración de Sila.

Luego de muchos años de matrimonio, sigo sorprendiéndome y deleitándome por todo lo que Sila hace por mí, sean acciones rutinarias o no. A veces me pregunto por qué motivo lo hace. Y la única respuesta que siempre viene a mi mente es: ¡porque me ama!

En la novela *La mandolina del capitán Corelli*, el Dr. Iannis logra sanar la sordera de un anciano llamado Stamatis al remover un guisante seco que estaba en su oído desde su infancia. Stamatis regresa al consultorio y le pide al médico que vuelva a insertar el guisante pues no soporta las quejas constantes de su esposa. El Dr. Iannis se rehúsa pero sugiere una alternativa. Recomienda una cura para las quejas de su esposa:

> "Mi consejo es que sea amable con ella".
>
> Stamatis lo miró perplejo. Le parecía una línea de acción tan inconcebible que jamás había considerado la posibilidad de imaginársela. "Doctor…", protestó, pero no encontró las palabras.
>
> "Usted entre la leña antes de que ella se lo pida y llévele una flor cada vez que vuelva del sembrado. Si hace frío póngale un chal sobre los hombros y si hace calor llévele un vaso de agua fresca. Es sencillo…"
>
> "Entonces ¿no va a ponerme otra vez el… eeeh…, cucurbitáceo y beligerante internamiento olfatorio? [refiriéndose al guisante seco]
>
> "Claro que no. Violaría el juramento hipocrático. Eso no se puede hacer. Por cierto, fue Hipócrates el que dijo 'los remedios extremos son los más apropiados para la enfermedad extrema'".
>
> Stamatis parecía alicaído. "¿Eso lo dijo Hipócrates? Entonces ¿he de ser amable con ella?"
>
> El doctor asintió paternalmente y Stamatis se encasquetó el sombrero. Observó al anciano desde su ventana. Stamatis salió a la calle y empezó a andar. Al momento se detuvo y miró una pequeña flor morada que había en el terraplén. Se agachó para recogerla, pero de pronto se enderezó. Miró en derredor para asegurarse de que nadie lo espiara.

Se ajustó el cinturón como quien se apresta para la lucha, lanzó una fiera mirada a la flor y giró sobre los talones. Echó a andar otra vez, pero se detuvo. Como un ladronzuelo en acción, Stamatis retrocedió a toda prisa, arrancó la flor por el tallo, la escondió en su chaqueta y se alejó con un aire afectadamente despreocupado y casual.

El doctor se asomó a la ventana y, por el sencillo pero malicioso placer de presenciar su engorro y su vergüenza, le gritó: "¡Bravo, Stamatis!".[2]

Un matrimonio sólido está compuesto por un esposo y una esposa que procuran oportunidades para servirse mutuamente y expresar su aprecio por lo que el otro haga. Cuando la vida se torna frenética para ambos cónyuges, pensamos en forma instintiva: "¿Por qué no me está ayudando?". Pero si en lugar de eso nuestra pareja preguntara: "¿Qué puedo hacer para ayudarte?" o realizara de manera espontánea la tarea que más nos desagrade efectuar, eso será sin lugar a dudas "amor en acción".

Una amiga describe el efecto que producen en ella tales acciones de amor sacrificial:

Mi esposo a menudo debe ir al trabajo muy temprano en la mañana, antes de que los niños y yo nos despertemos. Con mucha frecuencia, cuando nos levantamos y bajamos hacia la cocina para desayunar, encontramos el lavavajillas vacío, la mesa preparada para el desayuno y algunas pequeñas sorpresas para cada niño (nada demasiado grande), como por ejemplo un dulce o un chocolate sobre uno de los platos. Cuando esto ocurre, casi puedo sentir la calidez física en mi corazón mientras ingreso a la cocina, y los tres sentimos que el día comienza con "el pie derecho" (ocasionalmente el estado anímico dura todo el desayuno). El siguiente reto es sentirme alegre cuando esto no sucede. ¡Con cuánta facilidad damos por sentado la presencia y los gestos del otro!

Capítulo 7
Tiempo, regalos y contacto físico

Sabes muy bien que el amor es, por sobre todo, el regalo de la entrega personal.[1]

Jean Anouilh

Tiempo de calidad

Algunos amigos nuestros viajaban desde Australia hacia Londres, de regreso a su hogar. Su vuelo había experimentado demoras en el trayecto previo por lo que tuvieron que pasar varias horas juntos en el aeropuerto de Honk Kong, leyendo periódicos y revistas e intentando entretener a su pequeña hija. Luego tuvieron que pasar doce horas más sentados uno al lado del otro en el avión.

Camino a casa desde el aeropuerto de Londres, el hombre le dijo a su mujer: "Durante los últimos tiempos olvidé tener nuestro tiempo de pareja. Debemos ponerlo en nuestro calendario". Su esposa estaba sorprendida. "¿Qué quieres decir?", preguntó. "¡Acabamos de estar juntos las últimas dieciséis horas!" Pero su esposo necesitaba más. Quería disponer de un tiempo y lugar en el que él y su esposa pudieran darse la atención plena sin ninguna distracción ni preocupación alguna sobre el momento en que saldría el avión o el horario en que llegarían a su casa.

Los esposos y las esposas necesitan pasar tiempo juntos con regularidad, tal como señalamos en el Capítulo 2. Pero para algunos, este tiempo de calidad constituye algo más: su *lenguaje del amor* principal. En tal caso, las ansias por estar juntos es más que proximidad física; es una necesidad apremiante, una verdadera hambre de atención total y centralizada.

Nicky   Para Sila, el entorno y la actividad pasan a un segundo plano cuando comparto tiempo con ella, hablando y escuchando, intercambiando ideas y compartiendo anhelos y temores. Tales momentos habituales que pasamos juntos le permiten enfrentar las presiones en su vida en vistas de que cuenta con la confianza del amor en nuestro matrimonio. Descubrí que el valor de nuestro tiempo semanal juntos se duplica muchísimo si coordino una salida a algún sitio donde no nos encontremos con nadie que conozcamos.

En el Capítulo 2 mencionamos la planificación que realizamos cada año en cuanto a salir de la ciudad nosotros dos solos para compartir dos o tres noches. Los últimos dos años fuimos a París. Pasamos tiempo explorando la ciudad, visitando galerías de arte y comiendo en pequeñas cafeterías. Esos dos o tres días han sido muy románticos y llenos de diversión. Pero para Sila tienen un efecto enorme en la manera en que se siente amada. Durante varios días después de nuestro regreso nada tiene el poder de atenuar su sensación de alegría y bienestar. Paulatinamente llegué a comprender que estos recesos son una de las mejores inversiones que pude hacer en nuestro matrimonio.

La Biblia nos dice: "...lleven una vida de amor, así como Cristo nos amó y se entregó por nosotros..." (Efesios 5.2). La mayoría de nosotros no recibirá el llamado a dar la vida por el otro en forma física, pero sí podemos demostrar nuestro amor por nuestro esposo o nuestra esposa al ceder nuestro tiempo en forma habitual para su bienestar.

Esto puede implicar sentarse juntos luego del trabajo durante media hora o una hora a fin de escuchar qué tal transcurrió el día. Puede significar levantarse más temprano para pasar tiempo juntos en la mañana. Puede involucrar dejar de lado la rutina cotidiana para compartir juntos el almuerzo. Puede implicar hacer arreglos para el cuidado de los niños a fin de tener tiempo de pareja solos. El amor en acción requiere esfuerzo y sacrificio, pero las recompensas sobrepasan por lejos el costo.

Regalos considerados

Dar regalos es una expresión fundamental de amor que trasciende todas las barreras culturales. Son símbolos visuales que tienen un poderoso valor emocional. Estos símbolos son tan importantes para algunos de nosotros que sin ellos cuestionaríamos si en alguna medida somos realmente amados. La persona que tenga una buena predisposición a *dar* regalos probablemente le encante *recibirlos*. Si esto fuera cierto en relación a nuestro cónyuge, tendremos que poner en práctica este arte.

De las cinco expresiones de amor, esta es la más fácil de aprender. Sin embargo, tal vez debamos cambiar nuestra actitud hacia el dinero. Si somos *gastadores* por naturaleza, no resultará difícil hacerlo. Pero si somos naturalmente *personas que ahorran,* quizá luchemos contra la idea de gastar dinero como una expresión de amor. No nos referimos aquí a la diferencia entre ser generosos y ser tacaños.

Sila   Nicky es una de las personas más generosas que conozco, pero es un ahorrador nato. Debido a que no le resulta fácil gastar dinero en cosas que no considera esenciales, sé que le cuesta comprar tales cosas para mí. Sin embargo, ha descubierto que los regalos son otra manera de inversión. Para mí, los regalos no son la expresión más importante del amor, pero cuando Nicky viene a casa de manera espontánea (sin que sea mi cumpleaños o nuestro aniversario) con flores o chocolates, me hace consciente otra vez del amor que me tiene y sé que estuvo pensando en mí.

Merece la pena considerar algunas sugerencias acerca de comprar regalos:

Conseguí esto en la Galería Nacional de Arte.

Los regalos no tienen por qué ser costosos, pero sí tener valor. Por ejemplo, una flor que tomemos del jardín y la entreguemos junto a una nota manuscrita puede expresar amor en forma tan poderosa como un ramo de rosas comprado en una tienda.

No esperar las ocasiones especiales. Los obsequios inesperados y espontáneos proveen una cantidad enorme de alegría, haciendo que el destinatario de dichos regalos se sienta especial y amado. Un presente puede alentar a alguien durante tiempos de dificultades, como cuando uno de nosotros se sienta mal, esté bajo presión o experimente una temporada difícil en el trabajo. A la inversa, si nuestro esposo o nuestra esposa hizo algo que nos ayudó en forma particular, un regalo puede mostrar que no dimos por sentado dicha acción.

Descubrir qué es lo que particularmente su cónyuge le gusta recibir. Merece la pena notar qué regalos nuestro esposo o nuestra esposa ha disfrutado recibir durante los años, tanto de nuestra parte como de otras personas. Si salimos de paseo juntos, podríamos tomar nota mentalmente de algo que haya señalado en el escaparate de alguna tienda.

Sila   Durante los años que llevamos juntos nos gusta coleccionar porcelana china de toda clase de tamaños y diseños. Recuerdo una ocasión cuando Nicky me regaló un par de tazas grandes de desayuno hechas de porcelana de color azul y blanco, las cuales llegaron a ser muy especiales. Las relaciono con un desayuno prolongado de placer un domingo por la mañana. Cada vez que las utilizamos constituyen un recordatorio del cuidado y la consideración de Nicky al escogerlas como obsequio para mí.

Existe una infinidad de posibilidades. La clave para ser un buen dador de regalos es esta: el obsequio debe ser algo que la otra persona disfrute, ¡no lo que quisiéramos tener nosotros!

"Se me ocurrió que te gustaría tener un nuevo parachoques, Janet".

Es fácil descartar esta expresión de amor como si se tratara de algo materialista o superficial. Pero todos somos distintos. Un esposo para quien los regalos no significan demasiado logró reconocer, luego de varios años de matrimonio, que sí eran importantes para su esposa a fin de que se sintiera apreciada y amada. Al principio le prestó poca o ninguna atención a la forma en que presentaba o envolvía los obsequios. Ahora comprende que la consideración y el cuidado que invierte en la presentación es tan importante para su esposa como el regalo en sí.

Si nuestro cónyuge demandara una sortija de diamantes o un automóvil deportivo cada semana probablemente sería correcto cuestionarnos sus motivaciones. No deberíamos querer comprar a nuestro cónyuge con regalos como un sustituto de pasar tiempo juntos o dialogar acerca de las dificultades. El tiempo y la consideración que conlleva la elección de un regalo hacen de este un verdadero don. Si lo damos en forma adecuada, el valor de un obsequio excederá grandemente su costo.

Afecto físico

> Muchas parejas que desean fervientemente un abrazo prolongado o un revolcón en la cama tienen que conformarse con una nueva cocina u otras vacaciones en las Bahamas.[2]

Recibir amor mediante el contacto físico constituye una necesidad básica para cada persona. Los bebés necesitan demostraciones de afecto físico para un desarrollo saludable. Las imágenes de los orfanatos en Rumania y China proveen mucha evidencia trágica de que esto es así. La Madre Teresa comprendió claramente la importancia del contacto físico. Donde fuera que se encontrara con gente, se trataran de bebés, niños o ancianos agonizando por enfermedades incurables, los tocaba, abrazaba y acariciaba. Ella sabía que el contacto a menudo puede comunicar amor con mayor eficacia que las palabras.

El afecto físico es un poderoso comunicador en relación al amor matrimonial y no solo como un preludio al momento de hacer el amor. Como señaló un escritor: "Tocar mi cuerpo es tocarme a mí. Aislarte de mi cuerpo es distanciarte emocionalmente de mí"[3]. Para quienes se sienten amados a través del contacto, los abrazos pueden aliviar todos los problemas de la semana, mientras que la falta de estos causa aislamiento, soledad y un profundo sentido de rechazo. Si crecimos en una familia donde faltaba el afecto físico, es casi seguro que debamos aprender a practicar la demostración del amor de esta manera. Y es importante entender que si uno de nosotros ha sufrido la negación del afecto físico mientras que el otro cónyuge no, esto podría causar cierta incomodidad al principio. ¡Pero persevere!

En el matrimonio, el toque de amor puede realizarse de distintas maneras: tomarse de las manos, pasar un brazo alrededor de los hombros o la cintura, un beso, un abrazo, el roce del cuerpo al pasar, un masaje en la espalda, así como la variedad y riqueza de estimularse mutuamente como preludio a hacer el amor.

Sila   Me encanta tomar de la mano a Nicky cuando caminamos juntos. Aunque soy consciente de que hay determinadas situaciones en las que él no lo haría en forma natural, ha aprendido que cierta vergüenza de su parte merece la pena a fin de tener una esposa que se sienta amada.

También sabe, luego de años de experiencia, que si estoy ansiosa o preocupada, lo mejor que puede hacer es tomarme en sus brazos, abrazarme, sostenerme con firmeza y besarme tiernamente, ¡momento en el que mis preocupaciones se evaporan!

Tanto el contacto no sexual como el sexual tienen su lugar, pero deberíamos reconocer que los hombres y las mujeres generalmente funcionan diferente en este aspecto. Para la mayoría de las mujeres, gran parte de su deseo de contacto físico procede de su necesidad de afecto más que de sexo. En contraste, los hombres a menudo consideran el contacto físico como parte del juego sexual preliminar y logran estimularse rápidamente por el mismo.

Estas formas diferentes de reaccionar pueden volverse un círculo vicioso. Si una esposa no obtiene suficiente afecto, con frecuencia se negará sexualmente ante su esposo. Y si un esposo no recibe suficiente sexo, lo último que siente es saberse querido. Muy a menudo el resultado es un estancamiento. Aquí es donde, con frecuencia, la relación sexual comienza a menguar. Debemos reconocer qué sucede, hablar al respecto y luego ponernos de acuerdo en la manera de ayudarnos mutuamente a quebrar este patrón peligroso.

En algunas parejas existe una delgada línea entre su deseo sexual y su anhelo de obtener afecto físico. No resulta fácil separar ambas realidades.

Matt y Penny, una pareja que participó del Curso para Matrimonios, experimentaban una gran tensión luego de que naciera su segundo hijo. Penny no estaba interesada en el sexo, mientras que Matt se frustraba e intentaba persuadirla. Ella dejó absolutamente de tocarlo en caso de que considerara su contacto como una invitación a hacer el amor. Cuanto más quería él tener sexo, menos aceptaba ella, y cuanto menos lo aceptaba, más lo deseaba él. Y entonces transitaban juntos en un espiral descendente hacia la desdicha. Como el contacto físico es la manera principal en la que él se siente amado, durante aquel tiempo se sentía desestimado y no querido.

Mientras tanto Penny se sentía herida y enojada, e interpretaba su persistencia como insensibilidad, considerando que su esposo estaba ignorando el trastorno emocional que ella sentía. El resultado fue que quedaron encerrados en un ciclo en el que se dañaban y culpaban mutuamente, sin tener ninguna clase de contacto físico.

En un momento determinado, gracias al consejo de unos amigos, Matt le pidió disculpas a Penny por colocar sus necesidades por encima de las suyas y ella lo perdonó. Luego se resignó sexualmente durante un período de aproximadamente dos meses. Para Penny esto constituyó una señal importante de que el pedido de disculpas de su esposo era real a la vez que esto concedía tiempo para que las heridas sanaran. Como resultado ella comenzó a abrirse nuevamente hacia él. Con las líneas de comunicación restablecidas, podían acercarse y comenzar a tocarse mutuamente otra vez sin el temor de la incomprensión. Pronto ella pudo aceptar los avances de Matt e incluso hacer algunos ella misma.

Si el afecto físico fuera la expresión más importante de amor para nuestro cónyuge, abrazarlo y contenerlo durante los momentos de crisis le comunicará cuán importante es para nosotros. Cuando la crisis pase, se recordarán los toques tiernos y amables que hayamos dado.

Sección 3: Amor en acción
Conclusión

E n la vida matrimonial pocas cosas importan tanto como descubrir qué hace que nuestro cónyuge se sienta amado y entonces hacer el esfuerzo de amarlo de esa forma, recordando que sus necesidades pueden cambiar con el tiempo y bajo distintas circunstancias. En lugar de intentar cambiar a nuestra pareja, debemos aceptar sus necesidades y aprender a comunicar amor de forma adecuada.

Merece la pena señalar que en los Evangelios vemos a Jesús mostrar amor de las cinco maneras: a través de palabras, acciones, tiempo, regalos y contacto físico. Expresó *palabras* de afirmación a sus discípulos, diciendo: "Los he llamado amigos... Ustedes no me eligieron, yo los escogí...". Los sirvió con *acciones* prácticas, lavando sus pies cuando ninguno había reparado en el hecho de efectuar esa tarea servil y desagradable. Pasó *tiempo* con ellos, llevándolos a lugares tranquilos lejos de las multitudes. Les dio *regalos,* entre ellos el mayor y más supremo: el don del Espíritu Santo. Y mostró su amor a muchas personas mediante el *contacto físico,* tomando a los niños en sus brazos, colocando sus manos sobre el leproso y permitiendo que una prostituta secara sus pies con su cabello. Y durante la última cena, dijo a sus discípulos: "...que se amen los unos a los otros, como yo los he amado" (Juan 15.12). Primero y ante todo debemos cumplir este mandamiento con nuestro cónyuge, mostrando amor de la forma en que brindaremos la seguridad de que es importante y especial para nosotros.

¿Sabe cuál es el *lenguaje del amor* principal de su cónyuge? ¿Y el suyo propio? El punto de partida es conversar juntos acerca de lo que cada uno haga o no en relación a que el otro se sienta más amado o más ignorado.

¡No baje los brazos! Esta acción podrá conducirle a un descubrimiento sorprendente acerca de su cónyuge.

Tercera regla de oro del matrimonio

Estudien las maneras que hacen que cada uno se sienta amado.

Resolución de conflictos

Capítulo 8
Valorar nuestras diferencias

En los papeles, Pol y yo somos razonablemente incompatibles, ingrediente tan importante en una buena relación de compañerismo.[1]

Frank Muir

"El cambio no se produce sin inconvenientes, aun de lo peor hacia lo mejor."[2]

Richard Hooker

Nicky Recuerdo vívidamente cuando tenía siete años de edad y practicaba la carrera de las "tres piernas" durante el día deportivo en nuestra escuela. Varias semanas antes del evento salía a caminar con mi pierna izquierda atada con un pañuelo rojo a la pierna derecha de mi amigo. Para empezar, ¡era una agonía!. Nuestras zancadas tenían distintas longitudes; olvidábamos todo el tiempo con qué pierna habíamos acordado comenzar; nos caíamos al pavimento; el pañuelo raspaba nuestros tobillos y discutíamos acaloradamente. Sin embargo, para el día deportivo pudimos correr juntos casi con tanta rapidez como lo hacíamos en forma individual. ¡Y ganamos la competencia!

El matrimonio es un poco parecido a una carrera de "tres piernas" y podría sorprender que en ocasiones no preferiríamos correr en solitario, por nuestra cuenta. De acuerdo a Paul Tournier, autor de *Marriage Difficulties* (en español: "Dificultades matrimoniales"), "los desacuerdos con completamente normales. De hecho, son algo bueno. Los que logran el éxito en su matrimonio son quienes enfrentan y superan sus problemas juntos".[3]

Una investigación acerca de las causas principales de las discusiones entre las parejas británicas reveló que el dinero está al tope de la lista, seguido por los hábitos personales (la dejadez y el desorden, particularmente), los hijos, el trabajo hogareño, el sexo, los padres y los amigos. El periódico *The Times,* al informar sobre dicha investigación dos días antes del Día de San Valentín, señaló: "La forma más común de discusión es un enojo acalorado seguido por una ausencia total de comunicación...". Desde el punto de vista de un consejero matrimonial, "la manera en que un matrimonio maneja sus discusiones es el indicador clave más importante acerca de si su relación tendrá éxito o no".[4]

El matrimonio involucra a dos personas con trasfondos, personalidades, deseos, puntos de vista y prioridades diferentes, que se juntan en la relación más íntima posible durante el resto de su vida. A esto se le añade el egoísmo inherente de la naturaleza humana: el deseo de hacer las cosas "a mi manera", mantener "mis derechos", hacer valer "mi opinión", perseguir "mis intereses".

Una mujer que llevaba seis meses de casada comentó que se había sorprendido más en su matrimonio por las cosas que aprendió con respecto a sí misma que acerca de su esposo. Dijo: "Fue como tener un espejo frente a mi rostro y ver cuán egoísta era yo en realidad". De todas las alegrías que conlleva la intimidad matrimonial, nuestra libertad de hacer lo que queramos se ve seriamente reducida.

"Podríamos jugar baloncesto en el campo de fútbol".

Sila   Recuerdo como si fuera hoy una discusión que tuvimos entre nosotros. Nuestra primera hija tenía seis meses de edad, residíamos en Japón y un amigo soltero que vivía a más de trescientos kilómetros de distancia nos invitó a su casa durante el fin de semana.

Se trataba de alguien muy divertido con mucha energía y cada vez que lo visitábamos preparaba todo tipo de eventos durante la mañana, el almuerzo, la merienda y la cena, ¡invitando amigos para cada ocasión!

El miércoles anterior a nuestro viaje le expresé a Nicky mi ansiedad acerca del asunto debido a que me sentía exhausta por atender un bebé de seis meses. Además, la perspectiva de tener que socializar aquel fin de semana con mi hija a cuestas me abrumaba. Nicky se mostró reacio. Al haber aceptado la invitación y saber que se habían concertado varios encuentros con motivo de nuestra visita, era "obligatorio" ir.

Ambos sosteníamos con firmeza el propio punto de vista. Al no lograr convencer a Nicky con mis palabras y comprobar que él no parecía considerar cuán cansada me encontraba, me enojé muchísimo.

Desafortunadamente para Nicky justo era la temporada de manzanas en Japón y acabábamos de comprar gran cantidad de ellas. Estaban arregladas en forma piramidal dentro de una canasta y, comenzando desde la parte superior, empecé a lanzarlas una por una en dirección hacia él a través de la habitación.

De alguna forma se las arregló para evitar sufrir heridas, agachándose detrás del sofá hasta que la canasta quedara vacía. Me alegra decir que estos han sido los únicos objetos que alguna vez haya arrojado contra Nicky, aunque con mucha facilidad puedo lanzar palabras cuando me enojo. La conclusión de la historia vendrá más adelante en esta sección.

Los desacuerdos y los conflictos edifican o destruyen un matrimonio. Cuando un esposo y una esposa se determinan a imponer su propia manera y hacer todo lo posible para cambiar la forma de pensar del cónyuge, el resultado suele ser una especie de guerra de trincheras. Cavamos para defender nuestra propia postura, protegiéndonos al mantener al otro a raya y ocasionalmente lanzar una ofensiva. Tal vez pueda parecer que uno de nosotros haya ganado una de las escaramuzas, pero en realidad ambos perdimos porque hay cientos de metros de tierra no ocupada entre nosotros, llena de "alambre de púas" y comentarios "de púas", bombas sin explotar y temas no resueltos. El conflicto ha destruido nuestra intimidad.

Los desacuerdos pueden, sin embargo, ayudar al crecimiento cuando ambos cónyuges se preparan para enfrentarlos juntos. La resolución puede, por supuesto, requerir cambios personales profundos. La carrera de "tres piernas" implica que ambos cónyuges adapten sus zancadas a las del otro. El reformador cristiano, Martín Lutero, señaló que existen dos formas de volverse menos egoístas y más parecidos a Jesucristo. La primera consiste en entrar a un monasterio, ¡la segunda embarcarse en la vida matrimonial!

Lo que sigue a continuación es el primer paso hacia la resolución eficaz de los conflictos.

Reconocer nuestras diferencias

La singularidad tiene que ver directamente con los conflictos pero también conlleva emoción, color y variedad. Si tuviéramos los mismos puntos de vista acerca de cada cosa, el matrimonio sería muy aburrido. Pero consiste principalmente en un trabajo de equipo. Y en los equipos más eficaces la gente contribuye con sus dones, temperamentos y percepciones diferentes para el beneficio de todos. Un equipo de fútbol resulta ineficaz si los once jugadores desempeñan el rol de defensores. Una empresa no funcionará exitosamente si cada miembro es un visionario y nadie muestra interés en atender los detalles del trabajo cotidiano.

En la sección anterior observamos una diferencia en común: la forma en que cada uno de nosotros se siente amado. Habrá muchas otras diferencias en nuestro enfoque acerca de la vida, particularmente al considerar que los opuestos suelen atraerse mutuamente. Inconscientemente sentimos atracción hacia alguien que nos haga sentir completos, que tenga las cualidades que nosotros no tenemos.

Por lo general, al comienzo de nuestra relación nos adaptamos mutuamente. Muchas parejas ni siquiera son conscientes de sus diferencias fundamentales. El apasionamiento ocasiona que seamos muy tolerantes y adaptemos nuestra conducta para encajar con la del cónyuge. Luego, cuando la "etapa de luna de miel" concluye, esas mismas diferencias que nos atrajeron pueden volverse las cosas irritantes que causen conflicto.

Durante esta etapa la adaptación mutua se reemplaza por el intento de eliminar las diferencias. Tratamos de forzar a nuestro cónyuge para que piense y se comporte como nosotros. Si nos gusta planificar por anticipado, esperamos que la otra persona también lo haga. Si colocamos nuestra ropa en el clóset cada noche, tenemos la expectativa de que nuestro cónyuge haga lo mismo. Si presionamos la pasta dental desde la base del tubo, queremos que nuestra pareja obre igual. Hacemos demandas; manipulamos; nos volvemos irritables y expresamos nuestra insatisfacción. Todo esto extingue inevitablemente la intimidad. Con tristeza, muchas parejas concluyen que no son compatibles. Pero esto no suele ser verdad. Las diferencias pueden ser complementarias y obrar a nuestro favor. Debemos movernos del intento de eliminación de dichas diferencias a un aprecio deliberado de nuestra diversidad.

Monty Don, un horticultor, diseñador de alhajas y columnista, escribe acerca de las diferentes formas en que él y su esposa, Sarah, se relacionan con la jardinería:

> Si uno cuida de un jardín junto a otra persona, en parte constituye una celebración de la igualdad que ambos tienen, del mismo modo en que uno disfruta la misma comida o se ríe de las mismas cosas. Pero de igual modo es una

celebración de las diferencias. Solo al permitir que el otro te lleve hacia donde no hubieras ido por tu cuenta es que el jardín se vuelve más grande que la suma de sus partes. En la práctica, esto significa que aunque nunca le impongamos al otro nuestras voluntades horticultoras, a menudo discrepamos profundamente acerca de lo que deberíamos hacer y plantar. Por naturaleza soy impetuoso e impaciente y me gusta llevar a la práctica una idea a pesar de que esté en ciernes. Sarah en cambio considera todas las posibilidades y arriba a una conclusión de la cual está segura que es correcta. Prefiere no hacer nada antes que realizar algo erróneo. Nos espantamos y admiramos mutuamente en igual medida. Pero es una buena mezcla y (como habrán podido adivinar) una parte importante de nuestro matrimonio.[5]

Nuestras personalidades diferentes

Lo que sigue a continuación es una descripción de cinco categorías de diferentes tipos de personalidad. En cada categoría todos tenemos preferencias que pueden ser leves o extremas. Donde fueren extremas, nos resultará fácil vernos reflejados; donde fueren leves, solo podremos reconocer dicho aspecto en contraste con nuestro cónyuge. Al considerar las cinco categorías, pregúntese a qué tipo de personalidad usted y su cónyuge pertenecen. En las áreas donde difieran, deberán considerar si esas diferencias causan conflicto o un mayor aprecio mutuo.

Primera categoría: extrovertidos o introvertidos

Esta primera categoría se relaciona con nuestra fuente de energía. Los extrovertidos obtienen energía de su interacción con los demás. Quieren pasar gran parte de su tiempo con otros y resulta evidente durante una celebración. Hablar es importante al permitirles organizar y clarificar sus pensamientos. De hecho, gran parte de lo que dicen no son otra cosa que pensamientos expresados en voz alta. Las personas extrovertidas disfrutan la soledad de vez en cuando, pero demasiado tiempo a solas las agota emocionalmente. Necesitan recibir estímulos del mundo exterior para recargar sus baterías.

Los introvertidos, en cambio, obtienen su energía de la reflexión tranquila. Su enfoque natural está centrado en el mundo interior de los pensamientos y las ideas. Pueden ser cálidos, amigables y atentos, pero demasiada interacción social los agota y necesitan tiempo a solas para recuperarse. Por lo general prefieren unos pocos amigos cercanos a tener muchas relaciones y a menudo optan por una noche en casa en lugar de asistir a una fiesta. Tienden a ser personas tranquilas y organizar sus pensamientos antes de hablar.

Los introvertidos quizá valoren la facilidad que tienen los extrovertidos de relacionarse con muchas personas diferentes, mientras que los extrovertidos tal vez aprecien la reflexión serena de los introvertidos.

Segunda categoría: lógicos o intuitivos

Esta categoría implica la manera en que consideramos el mundo que nos rodea. Quienes tienen una preferencia por la lógica emplean sus cinco sentidos para reunir información. Quieren hechos y datos concretos. Observan el pasado y aprenden mediante la experiencia. Les urge la claridad y prefieren asuntos de importancia práctica para realizar conjeturas. Muestran interés en los detalles y resuelven problemas mediante un delicado análisis de los hechos. Los demás quizá los describan como metódicos, pragmáticos y enfocados en el aquí y el ahora.

Las personas que son intuitivas prefieren las ideas antes que los hechos. Son más innovadoras y prácticas. Contemplan el cuadro general en lugar de los detalles. Les encanta especular acerca de lo que podría ser y tienden a concentrarse en el futuro. A menudo resuelven problemas mediante pálpitos y corazonadas y fácilmente saltarán de una actividad a otra. Son vistos como gente imaginativa y no convencional.

El primer tipo de personalidad podría considerarse como "detallista" mientras que el segundo podría describirse como alguien que tiene "la cabeza en las nubes". Pero todo proyecto requiere ambas personalidades. La persona más intuitiva es atraída a la visión, las ideas y las metas; la persona más lógica se concentra en los aspectos prácticos, el detalle y el plan de acción.

Tercera categoría: orientados a las tareas u orientados a la gente
Esta categoría determina la forma en que tomamos decisiones basados en la información que recibimos. Quienes son personas más "orientadas a las tareas" son claras en cuanto a sus metas y objetivos. Las motiva la eficiencia, la justicia y la verdad. En los negocios, la productividad y las ganancias resultan prioritarias. Cuando se le da un objetivo claro, la persona orientada a las tareas se mueve con rapidez y de una forma ordenada hacia la consecución de sus logros.

En aquellos que son más "orientados a la gente", el corazón gobierna sobre la mente y las relaciones están por encima de las metas. Son personas cuyos sentimientos son profundos y les resulta fácil mostrar empatía con lo que los demás puedan sentir. Sus decisiones se basan en la manera en que estas afectarán a los demás. Tienden a excusarse en lugar de culpar y a menudo verán "grises" donde las personas orientadas a las tareas verán "blanco" o "negro".

Quienes son más orientados a la gente probablemente admiren la resolución de perseguir una visión que suelen tener quienes están más orientados a las tareas, mientras que estos últimos tal vez valoren la capacidad de los primeros para generar un ambiente de tolerancia, aliento y atención de los demás. Un equipo eficaz requiere ambas personalidades.

Cuarta categoría: estructurados o flexibles
Esta categoría se refiere a si nos gusta realizar planes con anticipación o si tendemos a ser espontáneos. Quienes prefieren una vida estructurada deciden con facilidad el curso de acción y entonces lo siguen al pie de la letra. Quienes prefieren ser flexibles optan por mantener sus opciones abiertas todo el tiempo que fuere posible en caso de recibir nueva información, un mejor ofrecimiento o una oferta más económica.

Los que disfrutan las estructuras son buenos en cuanto a establecer prioridades. Tienden a ser bien organizados. Les encanta cumplir antes de las fechas límites pero no son buenos con respecto al manejo de imprevistos.

Los que prefieren ser flexibles tienden a ir con la corriente. Les gusta la libertad y la espontaneidad, y vacilan en cuanto a finalizar los planes. Se muestran relajados y despreocupados en cuanto al tiempo exacto de los eventos pues se confían en que las cosas probablemente cambiarán para mejor. A veces pierden una oportunidad al demorar una decisión. Sin embargo, son buenos para ajustarse a los acontecimientos inesperados y en ocasiones encontrarán éxito donde otros vean fracaso.

Quinta categoría: iniciadores o seguidores

Esta categoría trata acerca de si naturalmente preferimos liderar o seguir. Los iniciadores disfrutan tener nuevas ideas, toman decisiones con facilidad y no muestran temor al cambio. Les gusta estar a cargo y servir como líderes. Los seguidores prefieren que otros tomen la iniciativa. Escuchan cuidadosamente y vacilan con respecto a expresar sus opiniones. Prefieren evitar la confrontación y están preparados para adaptar sus propias preferencias para mantener la armonía.

A fin de obtener el balance justo de liderazgo y seguimiento, se deben evitar dos peligros. Los iniciadores pueden fallar en cuanto a consultar a su cónyuge. Los seguidores quizá deleguen toda responsabilidad acerca de las decisiones conjuntas a su esposo o esposa. Ninguna de las dos tendencias es saludable en un matrimonio debido a que cada cónyuge debería tenerse en cuenta con respecto a todas las decisiones que afecten a la pareja. Merece la pena recordar que "liderazgo" no significa dominar, controlar o imponer nuestros planes. Ni tampoco "seguimiento" significa seguir pasivamente o no ser tenidos en cuenta. A fin de funcionar eficazmente como equipo, el iniciador sugiere e implementa mientras que el seguidor alienta y asiste.

Los matrimonios funcionan mejor cuando cada cónyuge inicia en algunas áreas y sigue y apoya a su esposo o esposa en otras.

Sacar provecho de nuestras diferencias

Identificarnos con estas categorías no significa negar nuestra singularidad. Cada tipo de personalidad diferente contiene una variedad enorme. Nuestras reacciones típicas no implican que no podamos desarrollar características del extremo opuesto del espectro. Estos rasgos no sugieren que la persona orientada a las tareas no se interese en las relaciones ni que la persona orientada a la gente carezca de metas, ni tampoco infieren que el introvertido no pueda disfrutar de una fiesta ni el extrovertido de una caminata solitaria por el campo. Las preferencias son, sin embargo, fundamentales para nuestros enfoques distintos acerca de la vida.

El primer paso es reconocer nuestras diferencias. El segundo es aceptar que no hay tal cosa como "manera correcta" o "manera incorrecta". Nuestra forma instintiva de pensar no es mejor ni peor que la de nuestro cónyuge. Simplemente es distinta. Cada preferencia hace una valiosa contribución, aunque esté limitada por sí misma. Si nos referimos a nuestra propia forma de conducta como "normal" y la conducta de los demás como "defectuosa", no seremos proclives a desarrollar un matrimonio íntimo.

El tercer paso es creer que nuestros enfoques diferentes pueden ser complementarios. Un matrimonio se fortalece muchísimo cuando nos concentramos en lo que admiramos de la personalidad del otro en lugar de fijarnos en las cosas que nos irritan.

Para Bill y Lynne Hybels, líderes de una de las iglesias más grandes de los EE.UU., discernir las diferencias en sus personalidades transformó su relación, pasando de la irritación y la frustración a la comprensión y el aprecio mutuos. Bill escribe acerca de Lynne:

> Lynne era más estructurada y organizada que yo. En cuanto a mí, prefería un enfoque más espontáneo de la vida, con una filosofía tipo "hágalo-a-medida-que-avance". Me parecía encantadora su inclinación por planificar... pero luego de varios años de matrimonio, mi fascinación se volvió

frustración. Comencé a resentir esas mismas cualidades que
en un principio me atrajeron de su persona. [...] Allí estaba
el tema de la estructura. Ella simplemente no podía vivir
con signos de interrogación. ¡Siempre quería conocer el plan
por anticipado! Dónde ir de vacaciones, cuándo saldríamos
y cuándo regresaríamos a casa, etc. [...] Ahora he regresado
al punto de partida en cuanto a tener un profundo aprecio
por las diferencias que existen entre nosotros.

En vistas de que Lynne es introvertida, nuestro hogar
es un sitio seguro y tranquilo. Es un refugio. Mi vida está
repleta de gente. [...] Necesito una esposa que sepa cómo
mantener la vida en orden. Gracias a la preferencia de Lynne
por la estructura, tenemos un hogar organizado. Tenemos
ropa limpia, una dieta saludable, un presupuesto que
funciona, dos hijos que saben de qué manera comportarse
y cómo finalizar sus tareas. Y debo admitir que algunas de
nuestras aventuras se han potenciado por su planificación
considerada.

Muchas veces me vi tentado a tomar un martillo y un
cincel y remodelar a Lynne como una réplica de mi persona.
Incluso lo intenté en alguna ocasión que otra. Gracias a Dios
no tuve éxito. Ahora comprendo que es suficiente con una
persona como yo en nuestro hogar.[6]

Lynne cuenta parte de la misma historia pero desde su perspectiva:

De Bill he aprendido a aflojar un poco en relación a
la estructura. Por lo general todavía prefiero planificar
por anticipado y mantener una rutina ordenada, pero
he descubierto que salpicar la rutina con un poco de
espontaneidad aquí y allá puede añadir diversión a la vida
y optimizar las relaciones. Esto es particularmente cierto

en cuanto a la crianza de nuestros hijos. Algunos de los mejores instantes que he compartido con mis hijos han sido acontecimientos del tipo "viviendo-el-momento", ocasiones que probablemente me hubiera perdido sin la influencia del enfoque de la vida tipo "hágalo-a-medida-que-avance".[7]

En el ejercicio que se encuentra al final del capítulo enumeramos algunos de los aspectos donde un esposo y una esposa pueden tener enfoques muy distintos. Frente a cada tema, decidan cuán lejos cada uno de ustedes se sitúa en relación a la línea. Luego consideren en qué aspectos difieren y pregúntense si eso causa conflicto. Al final del ejercicio se provee un espacio para indicar otras áreas en donde pudieran existir diferencias entre ustedes.

Dialogar acerca de las diferencias en cuanto al dinero

Con cada tema del ejercicio es fácil suponer que *mi manera* es la *mejor* y así criticar a mi esposo o mi esposa por pensar diferente. En ningún otro aspecto resulta tan evidente como en el asunto del dinero. El ahorrador natural suele culpar al gastador natural y supone que toda la virtud se halla en su manera de ser.

Nicky Sila y yo nos embarcamos en la vida matrimonial con actitudes muy diferentes con respecto al dinero. Esto reflejaba nuestras personalidades, aunque probablemente nuestros padres hayan contribuido a modelar nuestras perspectivas.

Hay tres posibilidades acerca del dinero: ahorrarlo, gastarlo o darlo. No hemos tenido problemas para acordar cuánto y cuándo deberíamos dar. Con las otras dos opciones, somos polos opuestos. A Sila le resulta mejor *gastar*, mientras que yo prefiero ahorrar (recuerdo que cuando era niño ahorraba las antiguas monedas de seis peniques. ¡En su momento descubrí que esas monedas no tenían más valor legal y que mi alcancía repleta de ellas carecía de valor!).

Cuando recién nos casamos yo trabajaba como empleado mientras Sila continuaba sus estudios. Cada mes le daba a Sila una cantidad determinada de dinero para los gastos de la casa. Esperaba que ella evitara que estuviéramos en rojo. Pero esperaba en vano. Yo siempre guardaba lo suficiente como para cubrir lo que faltara, pero me sentía frustrado por la incapacidad aparente de Sila para controlar cuánto gastaba, mientras que ella se sentía culpable de todo el asunto. Ambos pensábamos que yo era mucho mejor en relación al dinero porque no gastaba con la misma facilidad con que ella lo hacía.

De pronto me di cuenta, luego de quince años de vida matrimonial, que estaba muy equivocado. Comprendí que somos mejores en diferentes aspectos. A ella le resulta mejor lo relacionado a gastar: sabe determinar qué necesitamos cada semana, así como realizar compras para ocasiones especiales y tener sorpresas para la familia y obsequios para otras personas. Por mi parte, en cambio, soy mejor en cuanto a ahorrar. No me preocupa definir cuánto tenemos o no tenemos. Administro nuestros ahorros y me aseguro de pagar las cuentas.

Desde que entendimos que nuestras tendencias diferentes son complementarias, dejé de resentirme y el dinero dejó de ser una fuente de tensión. Al dialogar acerca de cuánto deberíamos asignar para las distintas necesidades mensuales, hemos sido capaces de identificar las áreas donde cada uno de nosotros puede ayudar al otro. Sila me ha ayudado a no ser demasiado cauto y usar el dinero con mayor liberalidad para el beneficio de los demás y de nosotros mismos. Para su dinero semanal de bolsillo, nuestros hijos solían tener un penique por cada año de su edad: seis peniques cuando tenían seis, ocho cuando tenían ocho y así. No veía problema alguno hasta que Sila señaló que diez peniques no le enseñarían a nuestra hija de diez años cómo administrar sensiblemente el dinero. ¡Ahora me alegro de que Sila, con el fuerte respaldo de los niños, me persuadiera a cambiar mi mentalidad!

Por otra parte, me gusta pensar que he ayudado a que Sila llevara un registro de sus gastos y permaneciera dentro de nuestro presupuesto. Ahora, en lugar de guardar algo de dinero cada mes con la vana esperanza de que podamos ahorrarlo para emergencias, le doy a Sila todo lo que hemos acordado gastar durante el mes y ella lo utiliza para lo que considera necesario.

Sila   La disciplina de elaborar un presupuesto no me resulta natural. El hecho de que no soy buena con los cálculos ciertamente tiene algo que ver con ello. No me describiría como una persona extravagante ni tampoco alguien que disfrute demasiado ir de compras. Sin embargo, compro la mayoría de lo que necesitamos como familia para vivir y cosas adicionales para diversión o para efectuar regalos. En el conjunto, realizo la mayor parte de los gastos mientras que Nicky hace la mayor parte del ahorro. Esto ocurre sin que lo planifiquemos.

Al principio, cada mes me sentía culpable por el sobregiro (aunque estaba convencida de que no podía lograr utilizar menos dinero) y Nicky sentía frustración de que yo no pudiera hacer nada al respecto. Como Nicky era extremadamente compasivo, enfrentamos nuestras diferencias algunos años después de casarnos.

En su momento tuvimos una conversación honesta

y sincera acerca de nuestros sentimientos y qué hacer con respecto a la situación. Nuestros roles han sido mayormente los mismos desde entonces, pero con la ayuda de Nicky he comenzado a planificar por anticipado y, más importante aún, decirle cuando considero que podríamos llegar a necesitar gastar de más. Ahora comprendo que es mejor exponer abiertamente esta realidad en lugar de esperar que el problema se resuelva de algún modo por sí solo.

En el pasado yo no entendía el dinero, me daba temor y era reacia a dialogar sobre ello. Reconocer mi debilidad y ser capaz de hablar acerca de la situación ha significado una gran diferencia en cómo me siento al respecto.

Considerando que las finanzas son una de las mayores fuentes de discusión en los matrimonios, cada pareja deberá conversar acerca de la manera en que utilizarán el dinero. Esto suena absurdamente obvio pero es muy llamativo que muy pocos de nosotros lo hagamos.

A menudo las parejas tienen distintas prioridades de gastos, por lo que resulta importante planificar con anticipación y estar de acuerdo en cuanto a destinar una determinada cantidad para cada área. Mantener el dinero en distintas cuentas puede ayudar: una cuenta conjunta para gastos de la casa, las cuentas y los artículos de primera necesidad, y cuentas separadas para adquirir obsequios y realizar otros gastos no prioritarios. De esta forma cada cónyuge tendrá algo de espacio para tomar sus propias decisiones.

Si nos resultara difícil evitar gastar de más, deberíamos utilizar dinero en efectivo y evitar las tarjetas de crédito (si uno de los cónyuges tuviera serios problemas financieros o estuviera muy endeudado, lo mejor es buscar ayuda en forma urgente. En las últimas páginas incluimos referencias de organizaciones que proveen orientación al respecto). Si, por otra parte, reconociéramos que somos demasiado cautos con el dinero, entonces nos beneficiaremos al acordar designar una determinada cantidad para gastar en ocio, regalos, entretenimiento, caridad, etc.

En los casos en que uno de los cónyuges trabaje mientras que el otro se quede en casa, es fácil que quien gane el dinero diga: "Trabajo duro para ganar el dinero y todo lo que haces es gastarlo". Por supuesto que el cónyuge que no recibe un "salario" bien puede estar trabajando en todo lo relacionado al hogar. En este escenario fácilmente puede surgir un malentendido acerca del día a día de cada uno. "Todo lo que haces es quedarte aquí en casa todo el día", puede llegar a ser contrarrestado con: "Todo lo que haces es salir para tener bonitas comidas de negocios".

El matrimonio debe basarse en la comprensión de que todo lo que tenemos, incluyendo nuestros sueldos o salarios, pertenece a ambos. Tanto el esposo como la esposa deberían ser conscientes de su verdadera posición financiera. Si uno de los cónyuges ocultara su nivel de ingresos o el valor de sus ahorros o la cantidad de sus deudas, puede ocasionar serios problemas, y esto no solo con relación a los gastos sino también con respecto a los sentimientos de decepción y traición. Debemos definir *juntos* de qué manera emplearemos nuestro dinero. Puede ser de mucho valor establecer un límite en cuanto a lo que cada uno de nosotros puede gastar en elementos o actividades sin consultarle al otro.

Una pareja nos contó de qué modo discutían con regularidad acerca de la forma en que gastaban su dinero. La esposa no sabía cuánto dinero tenía él, y así y todo su marido la reprendía habitualmente por gastar de más. Dos años atrás definieron un presupuesto detallado, decidiendo juntos cómo debían gastar su dinero y asegurándose de que sus gastos fueran equitativos con sus ingresos. Mientras que previamente él llevaba el registro de sus cuentas (de una forma bastante irregular), entonces acordaron que ella estaba mejor equipada para desempeñar dicho rol. Desde aquel momento no han tenido ni una disputa acerca del dinero.

Conversar con respecto a las finanzas puede unirnos más como pareja, pero la ausencia de diálogo, los malentendidos y el resentimiento nos separarán. Para ayudar a tomar decisiones fundamentadas, incluimos un Apéndice acerca de cómo elaborar un presupuesto. El mismo proceso de hacerlo juntos hará que como pareja conversemos sobre nuestros temores y nuestras frustraciones con relación al dinero. Y nos ayudará a organizar nuestras respectivas fortalezas y debilidades.

Mantener el sentido del humor

Las diferencias entre nosotros pueden causar conflicto o dar color a la relación. Apreciar nuestras diferencias significa continuar disfrutando la singularidad del otro. Cuando comienzan a salir, la mayoría de las parejas hacen de la risa y la diversión un aspecto muy importante de su relación. Se divierten por aquellos aspectos de la personalidad y la conducta del otro que son tan diferentes de los propios y, a medida que su relación crece, con frecuencia empiezan a reírse de estos rasgos individuales del carácter. Tales "burlas" optimizan con el tiempo su disfrute y aprecio mutuos.

Esto es lo opuesto a las burlas crueles, esas que procuran exponer y humillar. Son las bromas amables y afectivas las que expresan una intimidad profunda en el matrimonio: nuestras risas mutuas delimitan el territorio exclusivo de nuestra relación, un lugar privado de bromas, recuerdos graciosos compartidos y toda una vida de humor recíproco. Todo esto previene que nos tomemos a nosotros mismos con demasiada seriedad y evita que nuestra relación se vuelva intensa y pesada.

Durante su investigación al entrevistar cincuenta parejas felizmente casadas y procurar descubrir los factores comunes que hacen que un matrimonio perdure, Judith Wallerstein identificó el humor como un ingrediente clave:

> Una y otra vez, los integrantes de estos matrimonios felices dijeron que la risa ha sido uno de los lazos más importantes entre ellos. Muchos usaron la palabra "gracioso" para describir a su cónyuge. Pero al decir "humor" y "gracioso" estas parejas expresaban algo más profundo que los últimos chistes en boga. Se referían a una forma íntima de relacionarse entre ellos, bromas espontáneas y de bajo perfil que los mantuvieron conectados entre sí.[8]

Continuar disfrutando nuestras diferencias y bromearse mutuamente con amabilidad y ternura mantendrá la risa y el humor vivos en nuestro matrimonio. Es lo opuesto a dar al otro por sentado y ayudará a poner gran parte de las pequeñas preocupaciones de la vida en perspectiva. Cuando se le preguntó a Joan Erikson cuál consideraba el factor más importante en mantener su matrimonio de sesenta años de duración con el psicoanalista Erik Erikson, respondió sin vacilar: "El sentido del humor. Sin humor, ¿qué nos queda? El humor es lo que mantiene todo en su lugar".[9]

Prepararse para cambiar

Aunque no podamos cambiar nuestra propia personalidad básica ni la de nuestro cónyuge, podemos cambiar nuestros hábitos y nuestra conducta. De hecho, el matrimonio requiere que lo hagamos a fin de que nuestros pasos coincidan. No es bueno decir: "Esta es mi manera de ser, así soy yo". Con respecto a tratar nuestras diferencias hay un principio simple pero importante para tener un matrimonio feliz:

Podemos cambiar nosotros; *no podemos* cambiar al otro.

Los ajustes deben continuar a lo largo de la vida matrimonial. Richard Selzer, cirujano, describe lo que esto podría significar:

Me detengo junto a la cama donde yace una joven mujer, con su rostro después de la operación, con la boca torcida por la parálisis. Un pequeño sector del nervio facial, el de los músculos de su boca, sufrió daños. Ella quedará así de ahora en más. Como cirujano he procurado cuidar con fervor religioso el contorno de su rostro, puedo asegurarlo. Sin embargo, para remover el tumor en su mejilla tuve que cortar un pequeño nervio.

Su joven esposo se encuentra en la sala. Está allí, de pie, en el lado opuesto de la cama. Juntos parecen habitar en la lámpara de noche, aislados de mí, en privado. "¿Quiénes son ellos?", me pregunto. "Él y esta boca torcida que acabo de hacer, que se contemplan y tocan mutuamente con tanta avidez".

La joven mujer habla: "¿Mi boca siempre quedará así", pregunta. "Sí", respondo. "Esto se debe a que debimos cortar el nervio". Ella inclina la cabeza y se queda en silencio, pero el joven hombre sonríe. "Me gusta", dice. "Es linda". De repente comprendo quién es él... y dirijo mi mirada hacia el suelo. Uno no es tan valiente cuando se encuentra con un dios. Y sin preocupación alguna lo veo inclinarse para besar su boca torcida y yo, tan cerca de ellos, puedo ver cómo tuerce sus labios para acomodarse a los de ella, para mostrar que todavía pueden besarse. Y recuerdo que en tiempos remotos los dioses aparecían como mortales. Contengo mi aliento y contemplo maravillado.[10]

Cuando un esposo o una esposa se dispone a recibir de brazos abiertos la inconveniencia del cambio, el matrimonio tiene la posibilidad de avanzar. Cuando ambos escogen abrazar la adversidad juntos, un matrimonio que hasta entonces ha sido estático y atascado encuentra un horizonte nuevo y atractivo.

Nancy, cuyo matrimonio con Ric se salvó al borde del desastre, describió la comprensión más importante que adquirió de la experiencia:

...una relación no funcionará si uno trata de hacer que alguien se ajuste a la propia manera de pensar. Hacer que un matrimonio funcione no consiste en tolerar las diferencias con nuestro cónyuge; se trata de apreciarlas y atesorarlas.[11]

Indiquen con su letra inicial el lugar en la línea donde les parezca que sus preferencias son distintas.

Por ejemplo: (N = Nicky; S = Sila)

Dinero   Gastar   __S_____N_____ Ahorrar

Puntualidad   Tener tiempo
                            de sobra   S_____N Llegar con el tiempo
                                                                                justo

ASUNTO:

Vestimenta   Casual   _____ Formal

Desacuerdos Perder los estribos _____ Mantener la paz

Vacaciones   Buscar aventura _____ Procurar descanso

Dinero   Gastar   _____ Ahorrar

Gente   Pasar tiempo
                            con otros _____ Pasar tiempo
                                                                            a solas

Planificación Hacer planes y
                            ajustarse a ellos _____ Ser espontáneos
                                                                                        e ir con la
                                                                                        corriente

Puntualidad   Tener tiempo
                            de sobra _____ Llegar con el
                                                                            tiempo justo

Relajación   Salir de paseo _____ Quedarse en casa

Dormir Ir temprano a la cama _____ Ir tarde a la cama

Deportes   Entusiasmo _____ Desinterés

Teléfono Hablar por largo rato _____ Solo para hacer arreglos

Orden   Mantener todo
                          en orden y bajo control _____ Relajarse y vivir
                                                                                                en un caos

TV   Mantenerla encendida _____ Descartarla

OTROS ASUNTOS: _____

                                                    _____

Capítulo 9
Enfocarse en el asunto

Habla cuando estés enojado y dirás el mejor discurso del que siempre te arrepentirás.

Anónimo

En "El amor en los tiempos del cólera", Gabriel García Márquez describe un matrimonio que se desintegra en torno a una barra de jabón. El marido siente que su esposa le ha fallado en gran manera al olvidar reemplazar el jabón y comenta, en un tono acusador: "Hace como una semana que me estoy bañando sin jabón". Ella niega rotundamente el error, por lo que durante los siguientes siete meses duermen en cuartos separados y comen en silencio. "Aun cuando ya eran viejos y apacibles", escribe Márquez, "se cuidaban de evocarlo, porque las heridas apenas cicatrizadas volvían a sangrar como si fueran de ayer".[1]

Cuando surge el conflicto es demasiado fácil dar paso al mal humor y el silencio y, en simultáneo, erigir un muro que se vuelve más grueso cada hora, día, semana, mes e incluso cada año. En forma alternada, comenzamos a atacar todos los frentes (por "mar", "tierra" y "aire"), en un intento de debilitar la posición de nuestro cónyuge y persuadirlo para que se rinda. Esto puede levar al abuso verbal o incluso físico mientras tratamos de forzar a que nuestro cónyuge se torne hacia nuestro punto de vista. Sea cual fuere nuestra tendencia, los siguientes consejos nos han servido de ayuda para enfrentar nuestro punto de conflicto al enfocarnos en el asunto en lugar de atacarnos mutuamente. El objetivo es prevenir áreas específicas de desacuerdo que afecten nuestra relación por completo.

Negociar nuestras diferencias

Habrá ocasiones en cada matrimonio cuando los distintos enfoques requerirán diálogo y discusión.

Nicky   Una de las diferencias entre Sila y yo es el tiempo que destinamos cuando debemos viajar en tren o avión. En el caso de Sila, le encanta llegar con el tiempo suficiente como para tomar, si fuera necesario, el tren o el vuelo anterior. Por mi parte, prefiero darle al tren o el avión una "posibilidad deportiva" y arribar lo más cerca posible del momento de partir. De otro modo me parece que se pierde tiempo valioso que podría usarse productivamente en otra cosa. Para Sila, el tiempo transcurrido en una estación o un aeropuerto puede aprovecharse para disfrutar de una conversación amena, observar a la gente o leer una revista.

Durante muchos años no conversamos acerca de los motivos de nuestras distintas preferencias, pero éramos conscientes de que algunos de los momentos más tensionantes de nuestra vida matrimonial siempre precedían cada viaje. Claramente debíamos realizar algunos cambios.

" Pero el vuelo sale mañana al mediodía, Sila"

Cuando nuestra conducta es incompatible, ¿qué hacemos? Hay cuatro opciones principales: atacar, rendirse, transigir o negociar. Algunas personas atacan en un intento de forzar a su cónyuge para que adopte su manera de pensar. Eso no funcionará. Las reacciones más comunes a los intentos de coerción son estar a la defensiva y afirmarnos en nuestra postura o cooperar externamente pero hervir de furia por dentro.

Otros se rinden: dejan que su cónyuge haga lo que mejor le parezca y nunca expresan un punto de vista. Pero esto tampoco es saludable y no producirá un compañerismo dinámico.

Algunos transigen, es decir, intentan llegar a un acuerdo al obrar sobre la base de cumplir la mitad del trato: "Cederé un poco si prometes que también darás un poco". La dificultad con esto es que nuestra conducta se vuelve condicional a la respuesta de nuestro cónyuge. Cuando consideramos al matrimonio como un "toma y daca" en proporciones iguales, fácilmente nos concentraremos en lo que demos y lo que nuestro esposo o esposa tome. Ambos tenemos nuestra propia percepción de dónde se sitúa la mitad del proceso. Si sentimos que nuestro cónyuge no hace su parte, dejamos de hacer la nuestra.

La cuarta (y mejor) manera es negociar acerca de nuestras diferencias. Esto requiere que ambos nos preparemos para movernos hacia el otro. A diferencia de atacar, que está "centrado-en-mí", o rendirse, que insalubremente está "centrado-en-ti", o transigir, que también está "centrado-en-mí", la negociación está "centrada-en-nosotros". Ambos nos preguntamos: "¿Cuál es la mejor solución para nosotros, juntos?". A veces un esposo dirá: "Necesito cambiar". En ocasiones una esposa dirá: "Necesito hacer las cosas en forma diferente". Por lo general ambos necesitamos realizar ajustes.

Nicky A veces logramos reducir la tensión antes de un viaje al conversar con anticipación acerca del momento en que deberíamos salir, concediendo una cantidad razonable de tiempo y libertad de acción para evitar un atasco. Por lo general lucho con mi instinto que me dice que es una pérdida de tiempo llegar temprano y Sila a veces debe ajustar su deseo de tener tanto tiempo disponible de modo que no tengamos un período excesivo de espera.

La negociación es una habilidad que puede practicarse y aprenderse al decidir adherirnos a ciertos principios básicos.

Encontrar el mejor momento

Una encuesta realizada por la publicación *Relate* reveló que "la mitad de las discusiones entre los cónyuges ocurre durante la noche y un cuarto de los entrevistados admitió discutir en los momentos más tensionantes previos a una ocasión especial".[2] Algunos amigos íntimos nos compartieron una regla simple pero altamente eficaz que implementaron en su matrimonio. La denominan *la regla de las diez de la noche.* Esto significa que si después de las diez de la noche surge un desacuerdo entre ellos y comienzan a expresarse emociones intensas, cualquiera de ellos está habilitado para posponer la discusión hasta una ocasión más adecuada.

Pronto adoptamos una regla similar. Reconocimos que la mayoría de nuestras discusiones más acaloradas sucedían tarde en la noche, cuando el cansancio distorsiona nuestra perspectiva. En tales ocasiones nos resulta difícil escuchar y considerar el punto de vista del otro. La regla de las diez de la noche demanda gran moderación, pero puede prevenir que muchos desacuerdos se conviertan en pleitos hirientes y fútiles.

No hay (por lo general) un momento perfecto para manifestar quejas o diferencias de opinión, pero bien merece la pena definir juntos las ocasiones en que deberíamos evitar hacerlo. Entre ellas se incluyen esos breves minutos frenéticos antes de salir al trabajo o al prepararnos para salir de casa. Las restricciones de tiempo generalmente producen un mayor sentido de urgencia por persuadir al otro con respecto a nuestro punto de vista, así como una renuencia proporcional a escucharse mutuamente.

Hemos intentado evitar el uso de nuestro tiempo semanal de pareja como la oportunidad para suscitar temas polémicos. Nos enteramos de dos esposos que se confiaron mutuamente su temor a pasar una "noche de cita" por la inquietud que les generaba llegar a descubrir en dicho contexto... ¡lo que habían hecho mal durante esa semana!

El beneficio de este tiempo semanal juntos se perderá si la ocasión no fuere una experiencia agradable para ambos.

Disponerse a escuchar

En vez de considerar un determinado desacuerdo como el problema de nuestro cónyuge, debemos verlo como un problema compartido para el cual debemos encontrar una solución juntos. Llegar a un acuerdo puede requerir algunas conversaciones difíciles pero, en lugar de pelear mutuamente, debemos saber que estamos en el mismo lado mientras atacamos una dificultad que ambos tuviéramos. A menudo resulta útil confeccionar una lista con todas las soluciones posibles y luego sopesar juntos los pros y los contras de cada una.

Escuchar es crucial. En el calor de un desacuerdo queremos asegurarnos, de manera instintiva, que nuestro cónyuge haya comprendido realmente nuestro punto, pero no sentimos la misma pasión por entender el suyo. Turnarnos para hablar nos ayudará a negociar en forma eficaz.

Al escuchar la perspectiva del otro, con frecuencia veremos una solución que no es "mi manera" ni "tu modo" sino una nueva forma.

Prepararse para expresar nuestro punto de vista

Mientras que el conflicto ocasiona que algunas personas se vuelvan intensas y discutidoras, otras optan por callar y aislarse. Estas últimas tal vez mantengan la paz, pero esta reacción no contribuye a desarrollar intimidad en un matrimonio. Mientras que quienes son extrovertidos a menudo deben aprender a controlar la forma en que expresen sus sentimientos y tomarse tiempo para escuchar, los introvertidos deben prepararse para expresar sus puntos de vista y aprender a abrirse con respecto a sus emociones y sentimientos.

Una mujer llamada Jane adquirió confianza para hacerlo cuando ella y su esposo Rick se volvieron cristianos:

Durante los primeros años de nuestro matrimonio yo era demasiado pasiva y complaciente; en raras ocasiones expresaba mi opinión. A través de mi relación con Dios adquirí una nueva confianza propia que me permite expresarme con mayor libertad. Además ya no temo que Rick pueda irse si la relación se tornara difícil, como solía ocurrir en el pasado. Sé que podemos enfrentar nuestras diferencias, lo que me da la libertad de disentir de él. Soy más firme pero menos crítica. La forma en que manejamos el conflicto ha cambiado... Ya no permito que las cosas se infecten; nuestra relación es más sincera y podemos expresar nuestras diferencias.[3]

Evitar las acusaciones

Unas semanas antes de nuestro casamiento, el clérigo que oficiaría la boda nos dio un consejo muy valioso. Más de treinta años después aún podemos recordar sus palabras:

> Hay dos frases que deben evitarse a toda costa en la vida matrimonial: "tú siempre" y "tú nunca".

La sabiduría que yace detrás de esta sencilla regla pasó inadvertida para nosotros en aquel momento, pero en el calor de las discusiones llegamos a ver de qué manera esas dos frases pueden usarse fácilmente para rotular y denigrar al otro:

> "Tú nunca mueves un dedo para ayudar".
> "Tú siempre llegas tarde a casa".
> "Tú nunca piensas en nadie más aparte de ti".
> "Tú siempre te la pasas hablando por teléfono".

Si durante un conflicto nos sorprendemos diciendo "nunca" o "siempre", es probable que hayamos dejado de enfocarnos en el asunto y comenzado a atacar la personalidad del otro. El uso del pronombre *tú* junto a la palabra "nunca" o "siempre" es, por lo general, una combinación explosiva.

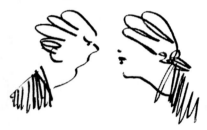

" Tú siempre dices que yo nunca hago la limpieza".

Las frases que hacen uso de las palabras "yo" y "mi" para expresar nuestros propios sentimientos son más productivas que acusar a nuestro cónyuge. Las oraciones anteriores podrían ser reformuladas del siguiente modo:

"Estoy exhausta y realmente apreciaría tu ayuda en las cuestiones de la casa".

"Me siento sola y te extraño cuando llegas a casa tan tarde".

"Estoy enojado porque no pareces interesarte en mí cuando estamos juntos".

"Me siento herida cuando pasas gran parte del tiempo juntos en el teléfono en lugar de hablarme".

Hablar de este modo demuestra amabilidad, un componente vital del amor. Los desacuerdos fácilmente pueden tornarse en una "lucha de espadas" con la salvedad de que las palabras poco amables pueden dejar heridas más profundas que llevan más tiempo sanar que el dolor físico. Libby Purves, periodista, presentadora radial y autora, enfatiza este punto con crudeza al citar lo dicho por una joven esposa llamada Maureen:

"Una vez mi esposo me dijo que yo era egoísta, estúpida, gorda y frígida. Debo admitir que previamente le había dicho cosas peores, pero cuando mencionó lo de la frigidez, no podía pasarlo por alto ni olvidarlo. Cada vez que hacemos el amor sigo recordando que eso es lo que piensa acerca de mí. En cierto modo dejé de confiar en él". Maureen también está realizando dietas en forma obsesiva, por más flaca que esté, debido a la palabra "gorda" que su esposo le espetó. Expresar "no quise decir eso realmente" tiene su valor, pero en un caso así, medita la víctima, ¿qué hizo que dijeras algo así? La explicación clásica de que una persona enojada "siempre dice cosas que en realidad no quería decir" se contrarresta por la igualmente frase clásica que *solo* cuando uno está enojado se anima a decir lo que realmente piensa. La mayoría de nosotros recuerda bastante bien las cosas que nos dijeron durante una situación de enfado y enojo.[4]

Debemos tener cuidado de no suscitar incidentes pasados o realizar comentarios personales crueles. Incluso si las palabras de nuestro cónyuge nos hubieran herido, debemos resistir la tentación de tomar represalias. Contener dicho deseo es parte del costo del amor verdadero. Sin importar cómo nos sintamos al respecto, ningún asunto problemático será más importante que nuestra relación matrimonial. La Biblia enfatiza el potencial que tienen nuestras palabras para herir o sanar:

> En sus conversaciones sean siempre amenos y simpáticos
> dando a cada uno la respuesta oportuna (Colosenses 4.6).
> Que todo el mundo los reconozca por su bondad
> (Filipenses 4.5).[5]

En ningún otro lugar esto resulta más relevante que dentro del matrimonio.

Prepararse para retroceder

Pocas cosas nos resultan tan difíciles admitir como el hecho de que estamos equivocados. Con desesperación queremos justificarnos, mostrar que estamos en lo cierto y que nos reivindiquen. Rob Parsons describe el proceso de la siguiente manera:

> Cada uno de nosotros tiene lo que denomino como "el defensor interior", un abogado oculto dentro de nosotros que surge en nuestra defensa cuando fuere que nos encontremos en una situación conflictiva. Este orador elocuente está resuelto a presentarle a nuestra mente el mejor caso posible a nuestro favor. [...] Así, se nos presenta como personas sensibles, lógicas y llenas de gracia, mientras que la otra parte aparece como rabiosa e irracional. [...] En esta instancia el "abogado interior" toma asiento, se nos reivindica por completo y el jurado llega a su veredicto: "¡Inocente!". Y todo pareciera estar bien, salvo por el hecho de que en ese mismo momento, no muy lejos de nosotros, el abogado de la otra persona está expresando sus conclusiones y, de manera increíble, también llega al mismo veredicto.[6]

Ganar una discusión puede ser contraproducente. Para quienes son buenos con el empleo de las palabras, aquellos que pueden hacer que los demás se sientan pequeños o estúpidos, la capacidad de ganar en realidad probará una incapacidad en el largo plazo.

Con frecuencia sentimos que admitir que estamos equivocados nos dejará en una posición vulnerable. Pero cuando decidimos que no tenemos que ganar siempre y en vez de ello intentamos considerar el asunto desde la perspectiva de nuestro cónyuge, este dejará de sentir la necesidad de defender su postura. Como dice el libro de Proverbios:

"Iniciar una pelea es romper una represa; vale más retirarse que comenzarla" (Proverbios 17.14).

Retroceder y, si fuere necesario, pedir disculpas puede costar que resignemos parte de nuestro orgullo. Pero ambos ganaremos un matrimonio más feliz. Si nos resulta difícil perder una discusión, deberíamos intentar hacerlo durante algunas ocasiones y ver qué ocurre.

Enfrentar juntos el asunto

Los padres de Martín se separaron cuando era niño. Su padre se marchó para vivir en el extranjero y su madre se volvió alcohólica. Enviaron a Martín a un internado desde la edad de siete años. A menudo sus padres olvidaban su cumpleaños y raramente recibía un regalo durante la Navidad. En ocasiones recibía algo, pero nunca venía envuelto para regalo. Con la adaptabilidad que es tan admirable en los niños, Martín aceptó sus circunstancias y se dedicó de lleno a la vida escolar.

Ya en la vida adulta, le resultaba difícil establecer relaciones duraderas. Pero llegado el momento se enamoró con locura y contrajo matrimonio, soñando con que su vida matrimonial y de familia de algún modo redimiera y sanara las miserias y los fracasos del pasado.

Su esposa, Lucy, provenía de una familia muy unida. Ella idolatraba a sus padres. Particularmente amaba la forma en que siempre habían celebrado los cumpleaños y las navidades, con tanta planificación y alegría: las sorpresas, los regalos, las tonterías y el secretismo.

Su cumpleaños llegó unos pocos meses después de casada. Martín le preguntó qué deseaba como regalo. Ella hizo algunas sugerencias, esperando que él también considerara realizar algunas sorpresas. Pero Martín simplemente compró dos productos de la lista y los dejó sin envoltorio alguno sobre el refrigerador, sobresaliendo de las bolsas plásticas. Sentía que estaba haciendo algo realmente grande por ella; jamás nadie le había hecho a él dos regalos tan costosos para su cumpleaños. Tres días antes del cumpleaños, Lucy vio los dos obsequios sobre el refrigerador, sin envoltorios, y se sintió confundida y no amada, pero se guardó los pensamientos para sí misma. ¿Qué podía decir?

En la mañana de su cumpleaños no había ninguna tarjeta, ni desayuno en la cama, ni flores. Luego, justo antes de que ambos salieran para sus respectivos trabajos, Martín tomó los dos productos de la parte superior del refrigerador (todavía dentro de las bolsas plásticas) y se los dio, sonriendo. Ella explotó en llanto y salió corriendo de la casa.

Su relación nunca se recuperó realmente de los acontecimientos ocurridos aquella mañana. Nunca dialogaron al respecto. Lucy dio por sentado que él no la amaba o que su esposo era por naturaleza rudo y desconsiderado, o posiblemente ambas cosas. Martín notó que Lucy se había vuelto más fría y supuso que simplemente había dejado de amarlo. El patrón de rechazo estaba muy establecido en su vida. Años de desdicha continuaron en base a malentendidos similares hasta que Martín y Lucy finalmente se divorciaron.

¡Qué tragedia que en aquel fatídico día (el cumpleaños de Lucy) no hayan considerado la necesidad de concentrarse en el asunto! Podrían haber escuchado las experiencias de cumpleaños de la infancia de cada uno. Podrían haber expresado sus posturas, sentimientos, expectativas y decepciones. Podrían haber visto que solo había un tema causando conflicto en su matrimonio aquel día. Podrían haberlo resuelto muy fácilmente. Pero en lugar de ello, fue la primera mancha oscura en su relación, la cual se esparció como la tinta en un papel secante, hasta que oscureció y destruyó su matrimonio.

Si hubiere algún conflicto irresuelto en su matrimonio, converse con su cónyuge acerca de las siguientes preguntas:

- ¿Cuál es el asunto principal que está causando conflicto?
- ¿Cuándo sería el mejor momento para conversar al respecto?
- ¿Hemos escuchado la perspectiva de nuestro cónyuge?
- ¿Qué soluciones posibles podemos considerar?
- ¿Qué solución deberíamos intentar en primer lugar?

Capítulo 10
Centrar nuestra vida

Matrimonio: una invención absurda que solo podía existir por la gracia infinita de Dios.[1]

Gabriel García Márquez

Querido Dios, apuesto a que es muy difícil para ti amar a todas las personas del mundo. Solo hay cuatro personas en nuestra familia y nunca logro hacerlo.[2]

Dan

Dan tiene razón. Es inevitable que surjan conflictos con quienes pertenecen a nuestro círculo íntimo y no siempre resulta fácil encontrar el amor que necesitamos. La mayoría de los matrimonios tienen sus momentos en el desierto. En nuestra propia vida matrimonial hemos descubierto que la presencia de Dios es una fuente de vida que sigue fluyendo en tiempos de sequedad. Cuando el esposo y la esposa colocan sus vidas en las manos de Dios y le piden que esté en el centro de su matrimonio, su relación se irriga desde el interior y se alimenta por una fuente exterior.

Para algunos, la presencia de Dios en un matrimonio permite que se restablezca la confianza; para otros, un interés amoroso por la otra persona reemplazará el egoísmo; y en otros, los patrones de conducta perniciosos experimentarán cambios y transformación.

David y Anne se conocieron cuando ambos tenían quince años de edad y comenzaron a salir cuando tenían dieciocho. Luego de diecisiete años de casados y con dos hijos adolescentes, Anne llegó al punto de querer rendirse. David, que procedía de un trasfondo familiar difícil, se volcó a la bebida como una forma de escape frente a las presiones laborales que sufría. En sus propias palabras: "No tenía nada más en donde apoyarme. Me sentía muy débil y no era capaz de sobrellevar la situación. Todo parecía más manejable luego de uno o dos tragos".

Su matrimonio comenzó a caer en una espiral descendente. Los cambios de ánimo impredecibles y el mal genio que tenía David con frecuencia conducían a que la pareja se viera envuelta en una serie de críticas mutuas. Anne defendía su postura pero la manera en que su esposo la ridiculizaba minaba totalmente su rol como esposa y madre. Ya no había respeto mutuo entre ambos. Se sentían aislados y separados.

Entonces David recibió una invitación para asistir a Alpha, una introducción práctica acerca de la fe cristiana.[3] Recientemente había encontrado un nuevo trabajo pero era consciente de que podía fallar en el examen médico y perder su trabajo si no ponía fin a su apego por el alcohol. Durante la tercera sesión, su desesperación lo llevó a compartir con algunos de los líderes lo que vivía. Ofrecieron orar con él y aquella noche David depositó su futuro en las manos de Dios, pidiendo que lo ayudara.

No estaba preparado para la diferencia que Dios podría obrar y durante el almuerzo del día siguiente se sorprendió al no sentir el deseo de tomar un trago. Por lo general, alrededor de las 11:30 AM habría consumido uno y hubiera necesitado varios más durante el almuerzo para poder continuar adelante durante el resto del día. Milagrosamente, su adicción desapareció sin dejar efectos físicos colaterales.

David comenzó a orar por Anne y por que su matrimonio recibiera sanidad. Aunque Anne tenía sospechas del involucramiento de David con la iglesia y le hacía bromas al respecto, tanto ella como los hijos notaron la diferencia. David no reaccionaba de mal modo cuando su esposa lo criticaba y entonces sintió que él había comenzado a cuidar de ella otra vez. Anne asistió a Alpha durante la sexta semana principalmente para investigar qué había ocurrido con David. Mientras continuaba evidenciando el cambio profundo obrado en él, su comprensión del cristianismo creció y su confianza en él se recompuso. Anne lo recuerda de este modo: "Hubo un perdón total, sin palabras, entre nosotros."

Mientras realizaban Alpha, en lugar de atacarse mutuamente comenzaron a dialogar sobre los asuntos que se habían suscitado semana tras semana. Comenzarían a llamarse por teléfono durante el día para contarse alguna nueva idea que uno de ellos tuviera.

El amor estaba de regreso en su matrimonio, lo que afectó positivamente a su hogar y a sus hijos. "David volvió a cortejarme", señaló Anne, "y la segunda luna de miel fue incluso mejor que la primera". Para David, "nuestro amor se cimentó con mayor solidez. Yo no volví a caer en la bebida y la novedad y frescura de nuestra relación no desapareció sino que se incrementó".

Todavía hay ocasiones cuando David y Anne se enfurecen mutuamente, pero ya no existe el antiguo patrón destructivo de intentar vencer al otro, de subyugarlo ante el propio punto de vista. Ahora tienen alguien en quien pueden confiar. David resume de este modo la diferencia ocurrida en su vida matrimonial: "Nos controlamos más en cuanto a no intentar responder enseguida cuando consideramos que se nos ataca injustamente. Ya no estoy siempre a la defensiva. Comencé a atreverme a creer que soy una persona valiosa, sin la necesidad del alcohol. Antes de convertirme en cristiano era como un misil sin dirección alguna. Ahora tengo esta influencia estabilizadora dentro de mí, como si se tratara de un giroscopio".

En palabras de Anne, "cuando uno de nosotros está fuera de sí, nos dirigimos a la Biblia y oramos a fin de colocar a Dios de nuevo en el centro. Él nos llena con amor para mantener a nuestro matrimonio en marcha".

Dios es el sanador de conflictos por excelencia. Conocemos a muchas parejas como David y Anne que no estarían juntas de no ser porque Dios está en el corazón mismo de su matrimonio. Sea que tengamos grandes obstáculos que enfrentar o solo asuntos pequeños de la vida cotidiana, tener a Dios en el centro produce una diferencia enorme. A continuación sugerimos cuatro motivos por los que esto es así.

El matrimonio es un regalo de Dios

Cuando Adán vio a Eva por primera vez, dijo: "¡Esta es hueso de mis huesos y carne de mi carne!..." (Génesis 2.23). Estas bellas palabras hablan de identificación, intimidad, celebración y un sentido de completitud.

A menudo, sin darnos cuenta de ello, luego de varios años o incluso meses de matrimonio nos hallamos focalizándonos en las fallas del otro, siendo críticos de su persona. En cambio, si nos concentramos en cuán bueno es tener la compañía mutua e intentamos ver las fortalezas del otro, agradeciendo a Dios por ellas, se reforzará nuestro amor.

Nuestros pensamientos nunca deberían albergar la pregunta: "¿Por qué me casé con mi cónyuge en lugar de... (quien fuere)?". En lugar de ello, agradecer a Dios por nuestro esposo o nuestra esposa de manera habitual incrementará nuestro aprecio mutuo. Las críticas y la ingratitud solo logran resaltar la debilidad del otro. Cuando percibimos que nuestro cónyuge es un regalo de parte de Dios, nos mantenemos en una acción de gracias continua por la vida del otro.

La Biblia demanda respeto mutuo

Jesús enseñó acerca del matrimonio en una época en que la esposa era considerada como un ser inferior y se esperaba que el esposo impusiera su voluntad sobre ella. Bajo la ley romana, el esposo tenía todo el derecho sobre su casa: su esposa, sus hijos y sus esclavos. Su mujer no tenía protección alguna frente al abuso que él pudiera ejercer debido a la superioridad de fuerza física que ostentaba.

Por lo que la enseñanza del Nuevo Testamento era revolucionaria: "Para los maridos, eso significa: ame cada uno a su esposa tal como Cristo amó a la iglesia. Él entregó su vida por ella", y "...el marido debe amar a su esposa como ama a su propio cuerpo" (Efesios 5.25, 28).

Las instrucciones de Pablo reflejaban el extraordinario respeto y sumo interés que Jesús mismo mostró hacia las mujeres. En una ocasión, contra

la opinión de la turba, Jesús ofreció aceptación y perdón a una mujer
arrestada por cometer adulterio (Juan 8.1-11). En otra ocasión, leemos
acerca de cómo quebró la tradición social al hablar en público con una
mujer desconocida (Juan 4.4-10). Durante un convite y para el desdén de
su anfitrión, permitió que una prostituta ungiera sus pies con sus lágrimas y
los secara con su cabello (Lucas 7.35-50).

Jesús confirió igual valor tanto a hombres como a mujeres. Esto afectó
la relación matrimonial profundamente a medida que la fe y la enseñanza
cristianas se esparcían a través de Europa. Seguir el ejemplo de Jesús
significa respetarse mutuamente y valorar las opiniones del otro. Esto deja
fuera la posibilidad de que tanto el esposo como la esposa esperen imponer
su voluntad en las decisiones que afecten a ambos.

Dios es la fuente del amor

Mucha gente contrae matrimonio con expectativas irreales de su cónyuge:
esperan hallar en el otro la respuesta a todas sus necesidades; que se resuelva
su inseguridad mediante el amor incondicional e infalible de su pareja;
que su vida encuentre máximo sentido y significado a través de la relación
matrimonial. Pero la experiencia muestra que otra persona nunca satisfará
completamente estas necesidades. Solo Dios puede hacerlo.

Una pareja que se casa suponiendo que su esposo o esposa podrá
satisfacer sus necesidades más profundas terminará en la desilusión y el
desencanto. Entonces, las expectativas irreales pueden conducir a una espiral
descendente de demandas seguidas de la acción de culparse mutuamente,
como en el diagrama de la página 153.

La Biblia nos anima a fijar nuestros ojos en Dios con grandes
expectativas y clamar a él para recibir el amor, la paciencia, la esperanza, el
perdón, el ánimo (o cualquier otra cosa) que nos faltara. Hemos de recurrir
a sus recursos ilimitados y encontrar en su amor inagotable la seguridad
y el sentido que anhelamos. El modelo cristiano es recibir amor a través
de una relación íntima y personal con Dios, y entonces poder amarnos
mutuamente como pareja.

Recientemente escuchamos acerca de un matrimonio compuesto por Billy y Debbie, que viven en Irlanda del Norte. Llevaban ocho años de casados y ninguno de ellos tenía trasfondo religioso alguno. Su matrimonio era una pesadilla.

Cuando llevaban dos años de casados, la madre de Billy falleció víctima del cáncer y su padre debido a un accidente. En palabras de Billy, "Cuando papá murió decidí que yo nunca sufriría un dolor así nuevamente y tomé una decisión deliberada de volverme una persona dura sin darme la chance de tener intimidad con nadie. Llegué a una etapa en donde me transformé en una persona realmente horrible. [...] Tenía un carácter muy malo, alguien con quien los demás no la pasaban bien".

Cuando falleció la madre de Debbie, Billy se mostró reacio e incapaz de ayudarla en su dolor: "Pensé, 'Debbie no me ayudó demasiado cuando murieron mis padres, ¿por qué debería ayudarla ahora?'. Esto implicó que Debbie no pudiera compartir ninguno de sus sentimientos conmigo. Por el contrario, comencé a echarle la culpa porque la familia entera se estaba resquebrajando".

Viajaron a París como un intento vano de restaurar el amor en su matrimonio, pero comprobaron que no ya ni siquiera podían hablarse entre sí. Debbie comentó: "Nuestra relación estaba llegando a un final. Todo estaba yendo cuesta abajo con rapidez y ni Billy ni yo podíamos hacer algo para componer las cosas". En palabras de Billy: "Sabía que amaba a Debbie pero me encontraba en una espiral descendente. Estábamos cayendo cuesta abajo, fuera de control. Solo había una salida, la separación".

En esa instancia conocieron a una pareja cristiana que los invitó a asistir al curso Alpha que realizaban en su casa. Para su sorpresa, Billy y Debbie encontraron fascinante el curso y se mostraron más y más interesados en lo que escuchaban. Billy describe lo que ocurrió luego de la tercera sesión, momento para el cual Debbie ya había entregado su vida a Cristo: "Le dije a Debbie: 'Esta noche quiero convertirme en cristiano'. Así que eso es lo que hice.

"Me senté en la cama y dije: 'Señor, he vivido en este mundo durante treinta y dos años sin ti y acabo de escuchar acerca de ti por primera vez. Lamento muchísimo todas las cosas erróneas que hice en mi vida. Te necesito en mi vida porque estoy acabado sin ti'.

"Con el transcurrir de las semanas comencé a perdonar a todos los que me habían herido y sentí que la amargura salía fuera de mi corazón".

Debbie describe el efecto en su relación: "Luego de aquello, nuestro matrimonio comenzó a componerse, un gran momento. Sentí que habíamos comenzado todo de nuevo y que aquellos años previos no significaban nada. Sentí que no había vivido hasta entonces. Sentí que abría mis ojos por primera vez en la vida.

"En cuanto a Billy, parecía una persona nueva: más amorosa, más cercana. Me enamoré de él nuevamente".

Debbie continúa: "Antes de hacer Alpha yo sentía que durante mucho tiempo no había vivido con amor y que por lo tanto no podía dar ni recibir amor. Después de tomar el curso sentí que estallaría si recibía más amor".

Billy concluye: "Es realmente asombroso lo que Dios ha hecho en mi vida. Yo era la persona menos amable que la gente pudiera conocer, pero Jesús vino a mi vida y produjo un cambio radical. La paciencia no era una de mis virtudes (no tenía), pero ahora parece que la tengo en abundancia. Raramente me enojo. No levanto mi voz. Posiblemente no podría haber hecho semejante cambio por mi cuenta. Solo hay una persona responsable de ello: Jesús.

"Siempre pensé que el cristianismo consistía en lo que no se puede hacer ('No puedes hacer esto' o 'No puedes hacer aquello'), pero no es así. Trata acerca de lo que sí puedes hacer".

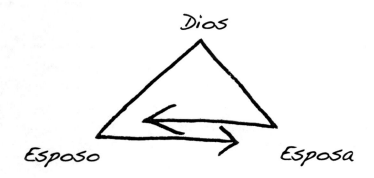

Pedir la ayuda de Jesucristo le confiere fortaleza al matrimonio desde una fuente externa. Somos libres para amar en base a la comprensión y la experiencia de que Dios nos ama en forma incondicional y apasionada. Como el apóstol Juan señala en su carta: "Nos amamos unos a otros, porque [Dios] nos amó primero" (1 Juan 4.19). Se nos libera para ofrecernos mutuamente en la confianza de que Dios conoce cada una de nuestras necesidades y promete cuidarnos.

Dios trae armonía en el matrimonio

A lo largo de nuestro propio matrimonio hemos intentado llevar ante Dios las decisiones y los desacuerdos importantes y buscar su dirección en cuanto al camino que debíamos seguir. Vez tras vez comprobamos que la oración trae gran armonía a la vida matrimonial.

La Biblia es clara cuando se refiere al poder que yace en dos personas que se unen para orar: "Confiésense los pecados unos a otros y oren los unos por los otros, para que sean sanados" (Santiago 5.16). Esta es una promesa tanto para la sanidad de nuestras relaciones como para la sanidad física.

Hemos tenido ocasiones cuando no podíamos ponernos de acuerdo y parecía no haber solución posible. ¡La intención de orar por un asunto no es solicitar la ayuda divina en favor de nuestro punto de vista particular! Orar con integridad involucra pedir que Dios nos dé su sabiduría y nos muestre su manera de seguir adelante.

Con frecuencia, luego de orar juntos (¡incluso apretando los dientes!) nos sorprendió llegar a apreciar el punto de vista del otro y encontrar una tercera opción sobre la que previamente éramos totalmente inconscientes. En el proceso de llevar el asunto ante Dios, nuestros sentimientos de enojo y resentimiento han desaparecido y terminamos experimentando más intimidad que antes.

Nicky De regreso al incidente descrito en el Capítulo 8, aquella noche Sila y yo decidimos que debíamos buscar juntos en oración la ayuda y la sabiduría de Dios. Cada uno seguía convencido de que tenía razón.

Cuando terminamos de orar, sin embargo, descubrí que tenía una nueva perspectiva. Me di cuenta de que no había considerado lo suficiente el cansancio de Sila como resultado de amamantar a un bebé pequeño. También fui consciente de que su bienestar era más importante que la incomodidad que yo pudiera sentir por fallarle a mi amigo. Mientras tanto, Sila sintió que si yo comprendía sus necesidades, sería capaz de sobrellevar la situación.

Finalmente fuimos y tuvimos un gran fin de semana, sobre todo porque comprendí que mi primera prioridad era apoyar a Sila.

Orar en momentos de conflictos es difícil. Nos vemos forzados a examinar nuestras actitudes y las emociones que albergamos. La oración, la ira y el resentimiento no van juntos. Por supuesto, solo podremos orar durante los desacuerdos si oramos juntos en otras ocasiones. En el Apéndice 4 describimos algunas sugerencias prácticas sobre cómo un esposo y una esposa pueden comenzar a orar juntos.[4]

Cuando un matrimonio se vuelve seco, Dios puede irrigar nuevas fuerzas en él. Cuando un matrimonio se queda atascado, Dios puede remover los obstáculos. Cuando un matrimonio parece morir, Dios puede infundir nueva vida.

Conclusión

Las diferencias y los desacuerdos no tienen por qué destruir un matrimonio. De hecho, pueden constituir la mismísima resolución que fortalezca y desarrolle nuestra relación. El matrimonio no consiste en suprimir nuestra personalidad. En cambio, implica dialogar acerca de nuestros diferentes puntos de vista, procurar comprendernos mutuamente y encontrar formas de combinar nuestra sabiduría y nuestros dones. Cuando lo hacemos, descubrimos que el asunto que amenazó con dividirnos en realidad nos unió más y causó que nuestro matrimonio avanzara.

Vivir conscientes de la presencia de Dios (saber que él está a nuestro lado, en nosotros y junto a nosotros en nuestro matrimonio) y pedir su sabiduría y amor, no son opcionales al trabajo duro de alcanzar el acuerdo y la unidad. Es afirmar nuestra fe en que Dios nos ha unido y que siempre habrá una manera de seguir adelante.

Cuarta regla de oro del matrimonio

Dialoguen acerca de sus diferencias y oren juntos.

El poder del perdón

Capítulo 11
¿Cómo se puede perder la intimidad?

No dejen que el sol se ponga estando aún enojados.

Efesios 4.26

Dos semanas antes de la boda, Deborah tuvo la última prueba de su vestido. "Viajaba en taxi desde mi oficina en plena época navideña, por lo que Londres estaba muy congestionada", explica. "Me encontraba en medio de un atasco de tránsito, con mucha ansiedad, cuando vi una pareja que caminaba frente al vehículo con sus brazos entrelazados y pensé: '¡Vaya! Se ven muy bien juntos'.

"Mientras el taxi se acercaba a ellos me conmovió ver que se trataba de Miles, mi prometido, con su brazo alrededor de otra mujer. Y lo que es más, yo la conocía y sabía que Miles había salido con ella antes de salir conmigo. Era como una película de terror.

"Mi taxi avanzaba muy lentamente, por lo que los observé por un tiempo más y pensé: '¿Qué debería hacer? ¿Salir ya mismo del taxi y enfrentarlos?'. Mi corazón latía con locura. No daba crédito a lo que miraban mis ojos. Entonces vi que llegaron al portal de la oficina de ella. Se dijeron adiós y se besaron. No fue un beso apasionado ni nada por el estilo, pero bastó para ser un beso. En aquel momento mi taxi repentinamente tomó velocidad y llegué al lugar donde me probaría el vestido. Estaba tan enojada que ni siquiera podía llorar.

"Durante la prueba pedí en todo momento que tuvieran prisa. Todo lo que

quería era realizar una llamada telefónica. Tan pronto como pude llamé a Miles
y le dije: '¿Tuviste un buen almuerzo?'. Él respondió: '¿Qué quieres decir?'. Dije:
'¡Lo vi todo!'. De nuevo, preguntó: '¿Qué quieres decir?'. Otra vez dije: '¡Lo vi
todo!'. Él respondió: 'Bien, quise decírtelo esta mañana. Intenté llamarte por
teléfono para avisarte que me encontraría con Anne para almorzar'.

"Colgué con furia el teléfono y regresé a mi oficina, con mis ojos fuera
de órbita por la furia que sentía. Miles trató de llamarme pero yo no quería
hablar con él. Al día siguiente, cuando intenté explicarle a Miles lo que
había significado para mí ver aquella situación, ni siquiera entendió cómo
me sentía.

"Entonces nos casamos y, para añadir insulto a la injuria, la historia
siguió llegando en partes, como en una broma. Miles contaría lo siguiente
a modo de remate: 'Adivinen qué ocurrió cuando Deborah se dirigía a la
prueba de su vestido de bodas...'".

Miles relata su lado de la historia: "Realmente la embarré. Comprendí
que antes de casarme debía pedir disculpas a Anne por la forma
inapropiada en que había concluido nuestra relación. Anne y yo hablamos
y tuvimos un excelente almuerzo. Me alegraba muchísimo haber logrado
esto. Previamente, en la mañana, intenté dos veces llamar a Deborah
para contarle lo que estaba por hacer. Desafortunadamente no logré
comunicarme.

"Pedir disculpas a Anne fue un gran alivio para ambos, por lo que la
rodeé con mi brazo y le di un gran beso antes de separarnos. Cuando regresé
a mi oficina, Deborah me llamó y preguntó: '¿Cómo fue tu almuerzo?'. Le
dije: 'Intenté llamarte'. Así que, en lo que a mí respecta, hice lo que podía
y mis intenciones fueron honorables. De hecho, yo estaba a la defensiva.
Nunca le pedí disculpas a Deborah porque no sentía que debía hacerlo.

"Más adelante, en el Curso para Matrimonios, cuando se nos pidió
que pusiéramos por escrito las maneras en que nos hubiéramos dañado
mutuamente, ambos pusimos unas cuatro o cinco. Las de Deborah se
remontaban al pasado y aquella situación claramente era la número uno. Por
lo que hablamos al respecto.

"Realmente hice el intento de ver la situación desde su perspectiva, sentada en un taxi viendo que su futuro esposo caminaba junto al camino rodeando a otra mujer con su brazo. Sin importar la razón, experimentar dicha situación y en algún sentido nunca haber reconocido el daño, comprendí, era el problema. Pero aun así me resultaba difícil. De mala gana dije: 'De acuerdo, trataremos esto ahora'.

"Fue cuando pedí perdón a Dios que entendí lo mucho que había herido a Deborah. Por lo que dije que realmente lo sentía y pedí que ella me perdonara. Ella lo hizo, lo cual fue maravilloso. Fue un proceso muy poderoso de experimentar, paso a paso, lidiando con las emociones a medida que surgían. Esto ha hecho que nuestra relación sea más estrecha".

Deborah concluye: "Cuando comencé a hablar con Miles me di cuenta que había reprimido el enojo que sentí en aquella ocasión debido a que el incidente se había vuelto una buena anécdota que contar. Como resultado de ello continuaba sintiéndome herida. Cada vez que surgía el tema me dañaba un poco más. Pero, en vistas de que sentía que Miles no me escucharía, intentaba que el asunto no me afectara. Durante el Curso para Matrimonios, cuando realmente me escuchó por primera vez, sentí que mis emociones eran válidas y que Miles las comprendía. Eso fue importante para mí. Entonces fui capaz de perdonarlo y cerrar el asunto".

Enfrentar los aspectos en los que nos hayamos dañado mutuamente ayudará a restaurar la confianza. La confianza es tan vital para un matrimonio como lo es un vidrio para una ventana. La función del vidrio es permitir que pase la luz e impedir que ingresen el viento y la lluvia. Por ser uno de los materiales más resistentes, es capaz de soportar las tormentas más violentas. Y así y todo podría romperse con el golpe de un ladrillo o un martillo.

La confianza entre un esposo y una esposa, sin importar cuán sólida haya crecido, es igualmente frágil. Puede quebrarse por un simple acto de adulterio, abuso o violencia. O puede destruirse por una acumulación de mentiras "blancas", decepción, comentarios críticos o falta de amabilidad. Son como la suciedad que se acumula en una ventana e impiden que la luz penetre.

Las relaciones íntimas se desarrollan sobre la confianza y la sinceridad. Estas dos cualidades se interrelacionan y se alimentan mutuamente. Donde exista la confianza, un esposo y una esposa serán capaces de abrirse en cuanto a sus sentimientos más profundos, sus esperanzas y temores, sus alegrías y tristezas, sus pensamientos y sueños. Permitirán que cada uno penetre el mundo interior para conocerse tal cual son. Esta sinceridad entonces llevará a que la confianza se solidifique, permitiendo una mayor sinceridad y apertura.

Cuando nos herimos uno al otro, sea en forma intencional o involuntaria, dañamos la confianza y nos volvemos menos sinceros. Nuestra tendencia cuando estamos heridos es cerrarnos, a veces inconscientemente, a fin de mantener a nuestro cónyuge a distancia y protegernos de mayores daños. Cuanto mayor sea la herida, mayor será el daño.

En la vida matrimonial no suele ser un acto deliberado el que destruye la intimidad entre esposo y esposa, sino la acumulación de pequeñas heridas que se dejan sin tratamiento ni sanidad. Un esposo, cuyo matrimonio fracasó, escribió un registro triste y conmovedor de la situación que habían vivido él y su esposa:

> Después de todo, nuestro matrimonio no era terrible. Simplemente era desalentador. Mi esposa y yo no nos odiábamos, simplemente nos irritábamos uno al otro. A lo largo de los años habíamos acumulado un buen número de agravios irresueltos. Nuestro matrimonio era un mecanismo con tantas incrustaciones de pequeños desengaños y rencillas menores que sus partes ya no cerraban.[1]

Las heridas ocurren cada vez que actuamos de una manera carente de amor hacia nuestro cónyuge: cuando se toman decisiones importantes sin consultar; cuando el deseo de tener una conversación íntima encuentra frialdad; cuando la crítica predomina por sobre el ánimo y el aliento; cuando el tiempo para estar juntos se destina a otras personas o actividades; cuando no hay regalos durante los cumpleaños y los aniversarios transcurren inadvertidos; cuando el egoísmo y la pereza reemplazan los actos de amor; cuando la amabilidad se topa con la ingratitud; cuando un intento de abrazar recibe como respuesta la siguiente pregunta: "¿Acaso no ves que estoy ocupado?".

Aun en los matrimonios más amorosos hay momentos cuando un esposo o una esposa hiere a su cónyuge. En ocasiones se trata de algo deliberado, pero por lo general es involuntario y no somos conscientes del dolor que causamos. Las heridas como estas *deben resolverse* a fin de que la confianza y la sinceridad crezcan. De hecho, el mismo proceso de resolver las heridas desarrollará mayor cercanía y mejor comprensión mutua. Pero cuando esto no ocurre, los muros alrededor del corazón son cada vez más altos y el cemento se vuelve más y más duro hasta que no queda nada de intimidad y, a veces, el matrimonio llega a su fin.

En esta sección queremos proveer las herramientas que nos capaciten para resolver heridas del pasado, desmantelar cualquier muro que hayamos construido y prevenir que futuras heridas tengan consecuencias tan serias. El proceso no es complicado pero es retador y desafiante y siempre requiere una decisión. La decisión es esta: dejar que la herida se infecte y envenene nuestra relación o enfrentarla juntos en busca de la sanidad.

Cuanto más dispuestos estemos a resolver las heridas, se volverá más fácil hacerlo. Pero si no lo hacemos, incluso los asuntos relativamente menores podrían transformarse en montañas enormes que nos separen.[2]

Enojarse

Luego de experimentar una herida, a veces solo un segundo después, surge la siguiente emoción: enojo. Mientras que la herida es algo que sentimos en nosotros, la ira y el enojo son lo que sentimos instintivamente hacia quienes nos hayan infligido el daño.

Es importante reconocer que *sentir* enojo no es malo en sí mismo. La forma en que actuemos con respecto a esta emoción es lo que puede producir daños. El comportamiento que tienen dos animales cuando sufren

heridas o amenazas físicas ilustra dos reacciones típicamente humanas. Un
rinoceronte actúa agresivamente y, si se lo provoca, es probable que embista
a quien lo agreda. Por contraste, un erizo, cuando está en peligro, despliega
un escudo protector al levantar sus espinas en un intento de mantener a raya
al atacante.

Así como los animales responden de manera diferente cuando se los
ataca, también la gente reacciona distinto cuando sufre heridas y se enoja.
Hay dos patrones principales de conducta y, en base a una encuesta a mano
alzada durante distintas ediciones del Curso para Matrimonios, pareciera
que la población se divide entre ambos tipos de reacción. La mitad de la
población es como el rinoceronte: cuando se enoja, hace notorio que se
siente de ese modo. La otra mitad de la población es como el erizo: cuando
siente enojo, esconde sus sentimientos. Se vuelven personas calladas o
aisladas. No es que no hagan nada con su enojo. Tienden a expresarlo de
maneras menos obvias: puede que no muestren afecto, que desarrollen
repentinamente una escucha selectiva para con su cónyuge o se aíslen de su
compañía. Este grupo a veces se refiere a sí mismo como más virtuoso que
los del tipo "rinoceronte", pero sus reacciones pueden ser igual de dañinas
en una relación.

Muchas parejas, como nosotros, se componen de una persona que se
inclina más a reaccionar como rinoceronte y una que reacciona como un
erizo. La anécdota sobre el lanzamiento de manzanas en los capítulos previos
ilustra gráficamente en qué categoría entra Sila; la siguiente historia muestra
cuál suele ser la reacción natural de Nicky.

Nicky Una de las diferencias entre Sila y yo es que cuando asistimos a una fiesta o un encuentro social durante la noche, tenemos distintas maneras de retirarnos del evento. Mi manera, cuando hemos acordado que es hora de volver a casa, es agradecer y despedirnos de los anfitriones, y entonces salir. La forma de Sila es comenzar a despedirse y luego quedar involucrada en lo que usualmente define como la conversación más interesante de la velada.

Luego de más de treinta años de matrimonio he descubierto que si hemos de regresar a casa en el tiempo señalado, ¡debemos comenzar a salir desde el momento en que sirvan el primer plato!

Recuerdo estar en camino hacia la fiesta de cumpleaños de un querido amigo. En vistas de que el siguiente día sería particularmente atareado, cuando íbamos de camino acordamos estar de nuevo en casa alrededor de la medianoche. Para que esto ocurriera decidí duplicar el tiempo que nos tomaría volver, por lo que empezaríamos a salir alrededor de las 11:30 PM. Me despedí como es debido y, a fin de motivar a Sila para que hiciera lo mismo, fui a buscar el automóvil que dejamos estacionado al final de la calle. Me estacioné en doble fila frente a la casa de nuestro amigo, en una calle estrecha y transitada de Londres, a la espera de que Sila apareciera.

Luego de quince minutos no había ninguna señal de ella. Decidí volver a estacionar el vehículo, una maniobra que no había resultado sencilla en el primer intento ni tampoco en el segundo. Caminé de regreso hacia la casa de nuestro amigo, llamé a la puerta y me dirigí hacia donde estaba Sila, parada al final de las escaleras del sótano envuelta en una profunda conversación con la anfitriona.

Mostrando una sonrisa fija en mi rostro para no arruinar

la fiesta, le mencioné a Sila que había aguardado por ella en el vehículo y que ya había pasado la medianoche. Ella respondió: "Oh, ni siquiera supe que habías salido". A esa altura tuve que lidiar no solo con mi frustración de llegar tarde a casa sino también con el hecho de que ella ni siquiera había notado mi ausencia. Fui a buscar el automóvil por segunda vez y luego de diez minutos ella se subió.

De camino a casa conversamos acerca de la fiesta. Sila estaba muy contenta y animada por la gente que conoció y las conversaciones interesantes que mantuvo. Yo me mostraba exteriormente alegre mientras que hervía por dentro. Es asombroso cómo nuestra mente puede funcionar en dos niveles. Mientras dialogábamos, en mi interior sopesaba si decir algo acerca de mi frustración y el hecho de que nos iríamos a dormir bastante más tarde de lo planificado. No quería arruinar el buen ánimo de Sila; por otra parte, me resultaba difícil estar tan relajado como ella.

Al final luché contra mi tendencia a ocultar los sentimientos y dije en forma casual: "¿Te diste cuenta de que estuve esperando por ti en el vehículo durante unos quince minutos?". Sila se detuvo en seco, me miró y dijo con un tono de voz preocupado: "¡Oh no! ¿Estabas enojado conmigo?".

Cuando le conté acerca de mis verdaderos sentimientos de frustración, dijo de inmediato: "Lo lamento. Por favor perdóname". Tan pronto como expuse lo que sentía, no resultó difícil perdonar y mis sentimientos de molestia se evaporaron incluso más rápido que la manera en que surgieron.

Mi tendencia a enterrar mi enojo no es potencialmente menos dañino para nuestra relación que la tendencia de Sila de ventilar su ira. A fin de edificar un matrimonio sólido, he tenido que aprender a expresar mis sentimientos así como Sila ha tenido que aprender a controlar la manera en que manifiesta los suyos.

Vengarse

Si la herida y el enojo consiguiente persistieran, nuestra próxima reacción instintiva será el deseo de vengarnos: herida por herida, insulto por insulto, rechazo por rechazo. Queremos tomar represalias, al menos para que nuestro cónyuge sepa qué se siente ser heridos de esa forma. Sentimos que debemos vengarnos.

Durante unas vacaciones de verano viajamos en automóvil hacia Grecia, una parte del Peloponeso llamada *Mani*. Hacía mucho calor y no había gente a la vista, aunque una serie de aldeas abandonadas y en ruinas evidenciaban la población que alguna vez habitó aquella región. Algo que nos desconcertó fueron los restos de varias torres extraordinariamente altas que habían sido edificadas como parte de las viviendas. Aprendimos que aquellas torres eran el resultado de las rivalidades entre las familias de la misma aldea.

Una familia agraviada edificaría su casa con una altura mayor al resto a fin de poder arrojar piedras o verter aceite hirviendo sobre sus oponentes. Sus vecinos entonces construirían más alto aún para intentar superar aquella ventaja y vengarse.

Estas rivalidades entre clanes condujeron en un determinado momento al colapso de aldeas enteras. Podemos trazar un patrón similar dentro de un matrimonio cuando ambos cónyuges se proponen hacer justicia y vengarse. Ningún matrimonio puede sobrevivir ante semejante patrón.

Ceder ante el temor

Una tercera reacción ante las heridas y el dolor es el temor: tenemos miedo de sufrir nuevamente y, como resultado, nos aislamos. Esto será particularmente cierto en aquellos que, como el erizo, mantienen a los demás a distancia a fin

de protegerse a sí mismos. Dejamos de abrirnos y cerramos toda posibilidad
de comunicación. En palabras de C. S. Lewis:

> Amar es ser vulnerable. Ama lo que sea y tu corazón
> seguramente será estrujado y posiblemente roto. Si quieres
> asegurarte de mantenerlo intacto, no debes darle tu corazón
> a nadie, ni siquiera a un animal. Cúbrelo cuidadosamente
> con pasatiempos y pequeños lujos; evita cualquier enredo;
> guárdalo bajo llave en al ataúd o el féretro de tu egoísmo.
> Pero en ese féretro –seguro, oscuro, sin movimiento y sin
> aire– cambiará. No lo harán pedazos; se volverá irrompible,
> impenetrable, irredimible.[3]

Cargar con la culpa

En la vida matrimonial, las heridas y el dolor nunca son una vía de sentido
único. Damos y también recibimos. Hay un gran poder destructivo en la
culpa que cargamos si no somos capaces de asumir nuestra responsabilidad
al herir a nuestro cónyuge. El autoengaño que conlleva negar nuestra
responsabilidad conduce rápidamente a la separación emocional.

Estos cuatro efectos de las heridas (enojo, venganza, temor y culpa)
pueden acechar en la superficie de cualquier matrimonio. El peligro de tales
heridas irresueltas en el plano cotidiano tiene su parangón internacional
en el dilema de cómo deshacerse de los antiguos campos minados, los
cuales están ocultos a la vista pero tienen el poder de mutilar y matar. En
un matrimonio todo puede aparentar estar bien en la superficie, pero uno
o ambos cónyuges se ven forzados a caminar con cuidado, sin saber en
qué momento llegará la próxima explosión. Hay una pérdida de confianza
y sinceridad que por lo general se desarrolla gradualmente a lo largo de
cierta cantidad de años a medida que se acumulan los agravios. Al final, la
intimidad quedará sofocada.

Cuando esto ocurre en un matrimonio, los síntomas pueden ser falta

de comunicación, crítica continua, explosiones de ira, resentimiento, escaso
interés en el otro, ausencia del deseo de hacer el amor y una preferencia por
hacer las cosas en forma separada. Puede haber otros efectos emocionales
como una baja autoestima y la depresión; para algunos, se vuelve fácil no
permitirse sentir nada en absoluto, evitar el dolor.

Algunos que están al borde de la separación expresan palabras como
estas: "Ya no siento amor. De hecho, no siento absolutamente nada. Estoy
insensible". Esto no es de sorprender. Las heridas sin sanar que se han
acumulado dentro de una persona deben resolverse antes de que pueda haber
algún tipo de espacio para que los sentimientos positivos de amor, romance
y atracción regresen. No es tanto que no haya posibilidad de que el amor se
restaure; se trata más bien de que ha sido reemplazado por el dolor y la ira.

La autora Valerie Windsor narra la historia de una mujer inglesa que
durante sus vacaciones en París decide, de manera súbita, abandonar a su
esposo. Resulta evidente que han perdido toda clase de intimidad que alguna
vez hayan gozado en su matrimonio:

> Trato de pensar qué hizo que actuara de ese modo y no
> tengo la menor idea. Es decir, qué cosa específica hizo que
> escogiera aquel momento en lugar de cualquier otro. Era una
> tarde extraña. No sé cuál era el problema conmigo. Estaba
> ventoso: tal vez el viento o el ruido de la silla de plástico al
> raspar la acera dieron inicio a una extraña sensación en los
> huesos de mi cabeza. Tony escogió la cafetería: uno de esos
> salones elegantes donde sirven cocteles caros.
>
> "¿Te parece bien aquí?", dijo él. "¿Aquí?", y movió la
> silla con su pañuelo. "No te sientes todavía", dijo. "Deben
> limpiar primero". Pero deliberadamente me senté, sin
> mirar, aun cuando llevaba una blusa blanca. Me molestó
> escuchar que se quejara de este tipo de cosas. Un hombre
> ni siquiera debería notarlas. Ni yo me di cuenta. Él suponía
> que yo debería hacerlo; tal vez debido a que no lo advertí

se vio forzado a hacerlo, ¿contra su voluntad? La sensación extraña en mi cabeza se volvió un zumbido elevado y finito, como si una avispa se hubiera quedado atascada en los rincones de mi cráneo.

"¿Qué deseas tomar?", preguntó.

Era el mes de junio, creo. Mayo o junio, olvidé qué mes. Pero hacía frío. Una temperatura agradable como para sentarse en la acera de una cafetería pero lo suficientemente frío como para querer una bebida caliente.

"Café", respondí.

Él leía el menú. Detrás había una serie de macetas con plantas que tenían flores de color naranja.

"Plástico", dijo Tony mientras se daba vuelta para observar.

"¿Te parece? No creo que lo sean". Me incliné para tocar una. Yo quería que las flores fueran rústicas y reales, tal cual parecían. Pero él estaba en lo cierto: por supuesto, eran de plástico. El zumbido en mi cabeza era mayor y más molesto.

"¿Cuál es el problema?", preguntó.

Mentí. "Creo que hay una avispa dando vueltas por aquí".

"¿Dónde?"

"No lo sé".

Cualquier tipo de incertidumbre lo ponía furioso. "O hay una avispa o no la hay".

"No sé cuál es el problema", dije presionando mis dedos contra mi sien. Y entonces llegó el camarero.

"Deux cafés", dijo Tony, sin siquiera mirarlo. Tuve que sonreír por los dos.

El camarero me devolvió la sonrisa. "D'accord", dijo y limpió la mesa. Tony se inclinó en su silla y suspiró.

"Bueno, esto es bonito", dijo. Y eso fue todo. Ese era el resumen de lo que ocurría entre nosotros. No había conexión ni buen ambiente. La experiencia desagradable del día anterior cuando nos perdimos en Neuilly debido a mi lectura incompetente de un mapa quedó perdonada. Y de mutuo acuerdo nunca permitimos que las superficies se perturbaran por cualquier tipo de mención de los rituales nocturnos insatisfactorios que, por alguna falta de imaginación, yo nunca podía conectar con el amor.

Me senté allí con mis manos entrelazadas sobre mi regazo y el zumbido en mi cabeza se volvía cada vez más agudo e intenso, un chirriante ruido eléctrico en mi cráneo. Entonces me levanté de mi silla. [4]

Ella se pone de pie y abandona su matrimonio. En la vida real muchos que dejan la vida matrimonial estando llenos de emociones irresueltas comprueban que cargan con ellas al iniciar otra relación. Entonces, las heridas sin sanar pueden volverse la causa de una nueva separación, a menudo de manera más rápida que durante su primer matrimonio. Vemos esto en las personas que se casan muchas veces y comprueban que cada matrimonio sucesivo fracasa por un motivo similar.

No es de sorprender que la Biblia diga: "No dejen que el sol se ponga estando aún enojados" (Efesios 4.26). El enojo, ya sea que se exprese o se reprima, debe resolverse, así como también las heridas subyacentes necesitan recibir sanidad para que la relación crezca. Las maravillosas noticias son que no debemos permitir que las heridas destruyan nuestra intimidad. Aunque el proceso que describiremos durante el próximo capítulo podría resultar duro y costoso para algunos, hará que nosotros y nuestro matrimonio seamos realmente libres.

Capítulo 12
¿Cómo se puede restaurar la intimidad?

El perdón no es una acción ocasional; es una actitud permanente.[1]
Martin Luther King Jr.

Ir al corazón del problema

Cuando hemos perdido la intimidad en la vida matrimonial, no solemos buscar los motivos de ello con la profundidad suficiente. Solo somos conscientes de los síntomas en lugar de las causas subyacentes.

Nicky   Cuando nos mudamos a Londres en 1985, descubrí que trabajar para una iglesia tenía más facetas que las que había aprendido durante mi capacitación teológica. En medio de una lluvia torrencial el drenaje de los baños de la iglesia se atascó y el corredor contiguo a nuestra casa quedó cubierto por 15 centímetros de agua. Junto a Derek, el líder de jóvenes, pudimos abrir la tapa del drenaje. La alcantarilla estaba totalmente llena y el contenido comenzó rápidamente a mezclarse con el agua de lluvia. En ese punto no le prestamos demasiada atención a la composición de los fluidos...

   Intentamos quitar lo que estaba obstruyendo con varillas

de drenaje pero pronto nos dimos cuenta de que era imposible hacerlo desde arriba. Alguien debía bajar al drenaje (que tenía una profundidad hasta la cintura) y usar las varillas desde un mejor ángulo.

Antes de que pudiera ofrecerme, Derek, que es uno de los hombres más abnegados que alguna vez tuve el placer de conocer, estaba allí abajo, varilla en mano, agachado con el agua pestilente llegándole hasta la cintura. Presionaba con las varillas tan fuerte como podía y después de unos breves instantes se escuchó el melodioso gorgoteo seguido por un maravilloso sonido de agua corriendo al desbloquearse la tubería y permitir un rápido desagüe. En poco tiempo el corredor quedó libre de agua. Limpiamos el lugar (y a Derek) con agua limpia a través de una manguera; el olor desapareció y la crisis terminó.

De nada hubiera servido si, en lugar de lidiar con el bloqueo, Derek y yo hubiéramos tratado de limpiar el agua de la superficie. La próxima vez que lloviera o que alguien hiciera funcionar la cisterna del baño, el corredor se hubiera inundado de nuevo.

Explorar las formas en que nos hayamos producido daños mutuamente puede ser un proceso complicado y doloroso; una experiencia que instintivamente tratamos de evitar. Pero cuando ambos cónyuges reúnen el coraje de enfrentar el pasado, los resultados traerán cambios duraderos. Cuando existe una acumulación de heridas y enojos no resueltos, debemos desbloquear el drenaje al hacer lo siguiente:

- Hablar acerca de las heridas.
- Prepararnos para pedir perdón.
- Decidir perdonarnos mutuamente.

Este proceso actúa como un drenaje que se lleva lejos las heridas de modo que no estropeen nuestra relación. Una vez que hayamos limpiado días, semanas, meses o incluso años de asuntos no resueltos, debemos tomar la decisión de resolver cada herida grande o pequeña apenas ocurra y nunca más permitir semejante acumulación.

Para quienes llevan muchos años de casados y nunca se sintieron capaces de enfrentar y resolver con eficacia los asuntos dolorosos, este proceso de tres etapas demandará tiempo e incluso puede ser muy retador, aunque en última instancia llegará a ser liberador. Puede que las emociones positivas no regresen de manera inmediata. Pero a medida que persistimos, este proceso de sanar heridas se volverá un hábito arraigado y nuestro matrimonio cambiará para mejor.

Hablar acerca de las heridas y los daños

Sila Luego de que Nicky y yo estuviéramos casados por alrededor de nueve meses, una amiga nos invitó a pasar un fin de semana en su casa para celebrar su cumpleaños número veintiuno. Estábamos entusiasmados frente a la perspectiva de un fin de semana idílico. Sin embargo, durante el viaje Nicky hizo o dijo algo (ahora no puedo recordar con exactitud qué fue) que me hirió e hizo que me enfadara. Aunque sentía mucho resentimiento, cuando llegamos allí pensé: "No permitiré que esto arruine el fin de semana". Quería convencerme a mí misma de que estaba bien, no había ningún problema y que pasaríamos un gran fin de semana.

Intenté olvidarlo. Traté de esconder el asunto y hacer de cuenta de que ya no existía, pero de hecho este empeoró y las emociones dentro de mí eran un hervidero. Descubrí que no podía excusar a Nicky simplemente diciéndome a mí misma: "Lo amo muchísimo, por lo que ignoraré cada vez que me hiera". Revivir el incidente una y otra vez no resultaba de ayuda. El resentimiento aumentaba en lugar de disminuir.

Llegó el momento en que no podía cargar más con esta situación y supe que tenía que hacerle saber a Nicky cómo me sentía. Probablemente escogí el peor momento, justo antes de que comenzara la fiesta. Atravesamos el proceso completo: le dije cómo me había herido, Nicky me pidió disculpas y yo lo perdoné. Fue una revelación en nuestro matrimonio y una lección acerca de entender que el perdón no es simplemente decir: "No importa". Las heridas *sí* importan y debemos enfrentarlas.

Esta parte del proceso es similar a tomar la decisión de entrar al drenaje. No es bueno simular que todo está bien. Las heridas actúan como esas enormes pelotas de plástico playeras con las que uno juega en el mar. Uno puede, con cierta dificultad, sumergir la pelota en el agua por unos instantes, pero luego, repentinamente, emergerá otra vez cuando menos se lo espera.

Debemos decirle a nuestro cónyuge cuándo y cómo nos ha herido. No debemos hacerlo de una forma dura o crítica. Por el contrario, debemos hacerlo con mucha dulzura a fin de facilitar que la otra persona se disculpe. Merece la pena ensayar nuevamente el consejo dado en el Capítulo 9 acerca de emplear afirmaciones en primera persona ("Yo"). En lugar de una crítica generalizada o un ataque al carácter de nuestro cónyuge, buscamos hacer que nuestro esposo o nuestra esposa sean conscientes de cómo nos sentimos con respecto a un incidente en particular, como cuando Deborah le dijo a Miles cuán doloroso resultaba para ella escuchar que él contara la anécdota acerca del almuerzo que había tenido con Anne (Capítulo 11).

De modo que, por ejemplo:

"La otra noche me sentí herida y rechazada cuando te apartaste de mí en la cama", será más útil que decir: "Nunca me demuestras ningún afecto físico".

"Me sentí falto de aprecio y sin apoyo cuando no te diste cuenta del trabajo arduo que realicé al decorar la casa para la Navidad", será mucho mejor que: "Nunca muestras ninguna gratitud por lo que hago".

"No había reparado en el hecho de que no fuiste sincero conmigo acerca de aquella carta", será más fácil de responder que: "Eres un mentiroso y no puedo confiar en ti".

"Me enfadó muchísimo cuando fuiste con tus amigos al pub la primera noche luego de regresar de nuestra luna de miel", será de más ayuda que: "Para ti, tus amigos son más importantes que yo".

"Me sentí herido y humillado esta noche cuando dijiste que era 'tan lento' delante de nuestros amigos", será mucho más amable que decir: "Esta noche fue como que me clavaras un puñal".

Puede que sintamos que nuestro cónyuge es como un rinoceronte, de piel gruesa y visión corta, causando mucho daño a medida que avanza, en cuyo caso no será obvio para él o ella que nos ha provocado heridas. Lo que importa al identificar las heridas no es si nuestro cónyuge intentó herirnos. Como lo expresó un consejero matrimonial tiempo atrás: "No tratamos con mucha gente que tenga un plan premeditado bajo la consigna de 'Cómo destruiré este matrimonio'".

Necesitamos oportunidades periódicas y privadas para lidiar con las formas en que nos hayamos herido mutuamente, sean grandes o pequeñas, a fin de no "dejar que el sol se ponga" mientras aún estemos enojados. Por lo general esta necesidad no surgirá con frecuencia, particularmente en los primeros tiempos de nuestro matrimonio, pero es importante tener un marco que nos permita lidiar con incidentes dolorosos. Tarde o temprano será necesario hacerlo, aun en la relación más armoniosa.

Prepararse para pedir disculpas

La película Love Story, de la década del 70, se publicitó con la siguiente frase: "Amar significa no tener que pedir perdón nunca". No podía estar más equivocada. En un matrimonio realmente amoroso con frecuencia tenemos que pedir disculpas mutuamente, incluso en forma cotidiana.

La mayoría de nosotros no encuentra de agrado asumir la responsabilidad de nuestros errores. Los padres verán esto en los niños pequeños, quienes suelen pedir perdón a regañadientes para evitar consecuencias más desagradables. Es fácil racionalizar lo que hayamos hecho y culpar a los demás. Algunas personas justifican su conducta culpando a sus padres por la manera en que los criaron. Otros echan la culpa a sus circunstancias, diciendo: "Si solo tuviéramos más dinero", o: "Si solo no estuviera bajo tanta presión...".

Nicky Algunos años atrás conocí a una mujer en el hospital que estaba muy enferma con cáncer de pulmón. Me pidió que orara con ella y como parte de mi oración incluí un elemento de confesión, pidiendo que Dios nos perdonara por las cosas malas que hubiéramos hecho.

De inmediato ella detuvo la oración, abrió sus ojos y me dijo: "No puedo decir que lamente las cosas que hice mal. Verá usted, no he hecho nada malo. Traté de ser amable con todos. Ocasionalmente tuve pensamientos desagradables acerca de otras personas pero los quité de mi mente tan pronto como pude. Sin embargo, me pregunto si usted pudiera orar por mi esposo ya que, verá, tiene un carácter terrible y me trata como si fuera su sirvienta".

Más tarde conversé con las enfermeras de guardia, quienes me contaron que aquella mujer era una de las pacientes más difíciles que alguna vez habían cuidado.

Nunca resulta fácil escuchar las formas en que hayamos sido responsables de herir a los demás. Sin embargo, debemos tratar de ver las cosas desde su punto de vista. Cuando nuestro cónyuge sabe que comprendemos en qué medida se ha sentido herido, nuestro pedido de disculpas tendrá más peso. Si siente que no entendemos cuánto daño le hemos causado, tendrá temor de que reiteremos nuestra conducta con facilidad. Algunos incidentes, como en la anécdota de Miles y Deborah, nos pueden parecer triviales o incluso cómicos, pero tal vez descubramos que han causado un profundo dolor a nuestro cónyuge.

Para que sea eficaz, nuestro pedido de disculpas debe ser incondicional. En lugar de decir: "Si hubieras sido más sensato yo no hubiera perdido los estribos", o: "Si no hubieras provocado que llegáramos tarde, no hubiera olvidado enviar por correo aquella carta", debemos tragarnos nuestro orgullo y simplemente decir: "Lamento haber perdido los estribos", o: "Siento muchísimo haber olvidado enviar por correo aquella carta".

De igual modo, debemos asegurarnos de que nuestro tono de voz y lenguaje corporal no contradigan lo que estemos diciendo. Es posible decir: "Perdón" de una forma que signifique: "Perdón, pero...", o: "Realmente fue tu falta".

Los pedidos de disculpas genuinamente incondicionales son poderosos en la vida matrimonial porque ya no necesitamos estar a la defensiva, determinados a vengarnos, revoleando las heridas de un lado para el otro en una batalla de represalias equivalentes. De repente estamos nuevamente del mismo lado. Esto permite que se disipe el enojo y se sane la herida.

Escoger perdonarnos mutuamente

Esta es la tercera parte del proceso, lo que para muchos constituye el aspecto más desafiante y retador. El perdón es esencial y tiene un poder sin parangón para llevar sanidad a un matrimonio. Tiempo atrás escuchamos con alegría la historia de reconciliación entre Nick y Alison, un matrimonio cuya relación no se hubiera reparado sin el perdón. Les pedimos que describieran cómo se produjo.

Nick   Alison me dejó apenas comenzó el mes de enero de 1987. Recuerdo claramente tratar de contarles a mis amigos en el trabajo lo que había ocurrido y (esta parte fue considerablemente más difícil) por qué había sucedido. Lo cierto es que todo tenía que ver con una falta de comunicación, pero aun hoy sigo sin saber con exactitud por qué se quebró nuestro matrimonio. Mis amigos fueron amables y mostraron empatía, pero la ayuda que pudieron ofrecer fue decir: "El tiempo sanará las heridas". Pero los días se transformaron en meses sin tener ningún sentido real de sanidad. De hecho, el dolor comenzó a crecer como un cóctel explosivo de ira y remordimiento, lo que trajo aun más dolor.

Recuerdo levantarme en la mañana y sentir de inmediato como si estuviera descendiendo en un hoyo oscuro de una profundidad increíble. Era como si mi mente estuviera detrás de mi corazón por unas fracciones de segundos y llevara unos momentos recordar lo que había ocurrido. Había experimentado sentimientos similares en los meses posteriores a la muerte de mi padre, dos años antes.

Un hecho quedó adherido a mi mente. Dos meses después de mudarse, Alison quiso regresar a nuestra casa para llevarse lo que quedaba de sus pertenencias. Recuerdo que cambié las cerraduras de la puerta principal no porque no confiara en ella, sino porque deseaba causarle dolor. Fue uno de los momentos más horribles porque yo sabía que mi conducta era incorrecta pero me sentía sin fuerzas como para dejar de hacerlo. Dos días después tomé un vuelo hacia la India para pasar mis vacaciones, y mientras el avión sobrevolaba Londres recuerdo llorar de forma descontrolada mientras observaba la ciudad y recordaba lo que había hecho.

En especial fue esta situación la que vino a mi mente cuando llegué a la iglesia Holy Trinity Brompton por invitación de un compañero de trabajo en el mes de diciembre de 1987. Lamentaba profundamente mi conducta con respecto a la cerradura de la puerta y quería ser libre de la sombra cada vez mayor en que se había convertido mi vida. Nuevamente lloré, pero estas lágrimas eran distintas. Ahora estaba pidiendo ayuda, no para intentar perdonar a Alison sino a fin de recibir perdón para mi persona. Lloraba por mí, por mi responsabilidad en el quiebre del matrimonio, por mi falta de sensibilidad, por mi búsqueda decidida de alcanzar el éxito en el trabajo sin importar el costo que eso tuviera en nuestra relación. Salí de aquella reunión no tan feliz; las circunstancias no habían cambiado: Alison todavía estaba con otra persona y continuaba pidiendo el divorcio. Pero yo me sentía vivo por primera vez en un año.

Sinceramente no puedo decir cómo sucedió el cambio. Descubrí que era capaz de perdonar a Alison y toda la ira que había sido como veneno en mi cuerpo pareció drenarse y salir fuera. En aquel momento singular Dios cambió el sentido de mi vida. Y ahora, cuando observo a Alison y nuestras dos hermosas hijas, le doy gracias a Él.

Alison El perdón de Nick hacia mi persona fue tan completo que en los primeros días me resultó liberador y desconcertante. ¿Cómo podía perdonar realmente cada incidente, cada herida, sin nunca volver a recordarme las cosas que había hecho mal o de alguna manera usarlas en mi contra? Al conocer a Jesús y su perdón en mi vida, comencé a comprender que Dios había realizado una obra maravillosa en el corazón de Nick y que sin importar cuántas veces le dijera: "¿Estás seguro de que me perdonas por aquello?", la respuesta siempre fue: "Sí, no vuelvas a pensar en eso".

Nick Creo que la gente a veces supone que este cambio extraordinario de circunstancias trajo aparejado una especie de romance celestial en el que no hay más discusiones, tensiones, heridas o malentendidos. La acción de perdonar se realizó en un abrir y cerrar de ojos. Pero hubo que lidiar con asuntos complejos que habían ocasionado que nuestro matrimonio colapsara. Vivir el perdón en la práctica implicó un proceso en el que ambos quisimos participar.

Por mi parte, considero a nuestra nueva vida juntos como una secuencia continua de elecciones en las cuales vivimos tan abiertamente como podemos ante Dios y entre nosotros. Cuando nos equivocamos somos mucho más rápidos en aproximarnos al otro, decir que lo sentimos y perdonar. Este parece ser el punto en el que Dios puede comenzar a obrar y sabemos que necesitamos toda la ayuda que Él pueda darnos.

El perdón no se gana

C. S. Lewis escribió: "El perdón va más allá de la justicia humana: es perdonar aquellas cosas que no pueden ser perdonadas fácilmente del todo"[2]. Esta es la razón por la que siempre es muy costoso perdonar; debemos sacrificar nuestro orgullo, nuestra autocompasión y nuestro deseo de justicia. Nuestra cultura se preocupa muchísimo por hacer lo que fuere a fin de mantener nuestros derechos. Cuando perdonamos rendimos nuestro derecho a obtener justicia y nuestro deseo de venganza.

No podemos requerir que nuestro cónyuge se gane nuestro perdón, ni podemos asegurar que no volverá a herirnos de la misma forma. Hay momentos en los que sospechamos que lo hará nuevamente a pesar de sus mejores intenciones. La instrucción de Jesús acerca de perdonarnos mutuamente, si fuere necesario "siete veces en un día" (Lucas 17.4) no es simplemente una exageración para ilustrar un punto.

Esto no quiere decir que debemos pasar por alto la conducta de nuestro cónyuge cuando hubiere violencia física, crueldad verbal, abuso sexual o infidelidad. Tales violaciones a los votos matrimoniales son una traición terrible a la confianza y se deben confrontar. Donde dicha conducta destructiva se haya vuelto un patrón y haya temor de provocar mayor abuso, la confrontación se realizará con mayor eficacia con la ayuda de una tercera parte. Para quienes se encuentren en una situación como esta, recomendamos el libro de Gary Chapman *Esperanza para los separados* y el de James Dobson *El amor debe ser firme*.

El flujo del perdón

El mensaje cristiano es que cuando recurrimos a Dios confesando sinceramente nuestras faltas, Él nos concede su perdón como un regalo libre y gratuito. Jesús murió en nuestro lugar, cargó sobre sí las consecuencias de todo lo malo que hayamos hecho, dicho o pensado. Dios nos perdona libremente, aun cuando sabe que fallaremos de nuevo. Él es nuestro modelo de perdón. San Pablo escribe: "Más bien, sean bondadosos y compasivos unos con otros, y perdónense mutuamente, así como Dios los perdonó a ustedes en Cristo" (Efesios 4.32).

A medida que comenzamos a experimentar la increíble verdad del perdón continuo de Dios con respecto a nuestras faltas, Él viene a ser no solo el modelo sino también la motivación de nuestro perdón hacia los demás. Nos sentimos inspirados a replicar su generosidad en nuestra relación con las demás personas.

Pero aun con un modelo, incluso con la inspiración, el perdón nos puede llegar a parecer una meta imposible de alcanzar. ¿Dónde obtener los medios para perdonar? Podemos sentirnos obstruidos. No hallar ningún perdón en nuestro corazón. Solo encontrar el deseo de que se haga justicia. La Biblia repetidamente nos anima a dejar que Dios se encargue de las consecuencias. "'Mía es la venganza; yo pagaré', dice el Señor" (Romanos 12.19). Podemos dejar que Dios se encargue de obrar justicia en nuestra situación. Se nos dice: "No devuelvan mal por mal ni insulto por insulto; más bien, bendigan, porque para esto fueron llamados, para heredar una bendición" (1 Pedro 3.9).

A medida que rendimos nuestro deseo de tomar revancha, Dios promete cuidar de nosotros y derramar su bendición en nuestra vida.

Un lago necesita que el agua fluya, es decir, que ingrese y salga a fin de evitar transformarse en un gran estanque. Necesitamos con premura este flujo dinámico de perdón en todas nuestras relaciones y especialmente en nuestro matrimonio. El perdón debe provenir de Dios y fluir a través de nuestra vida. Pero no resultará bueno ni eficaz si lo encapsulamos dentro de nosotros. Con la ayuda de Dios debemos permitir que fluya desde nuestro interior hacia quienes nos rodean, en especial nuestro círculo íntimo.

El perdón es una decisión, no un sentimiento

El perdón implica decidir no usar el pasado en contra de nuestro cónyuge. La pregunta correcta no es: "¿Sentimos ganas de perdonar?". A menudo no sentimos ningún deseo de perdonar. En cambio, la pregunta adecuada es: "¿Perdonaremos? ¿Dejaremos de lado el dolor?". Por supuesto, hay algunas cosas que son mucho más difíciles de perdonar porque el grado de la herida es mucho mayor. A veces la gente nos dice: "No puedo perdonarla/lo". "No puedo" es, en verdad, otra manera de decir: "No lo haré", o "No sé cómo hacerlo". Muy a menudo las personas esperan que surjan sentimientos adecuados o que se haga justicia antes de perdonar.

No queremos subestimar lo difícil que es perdonar y, como señaló Nick algunos párrafos atrás, con frecuencia tendremos que pedirle a Dios que nos ayude. Pero si escogemos perdonar mediante un acto de nuestra voluntad, los sentimientos de perdón acompañarán nuestra decisión. En algunos ocurrirá rápidamente y en otros en etapas durante un período mayor de tiempo.

Perdonar nos hace libres

Cuando perdonamos, ese perdón puede que beneficie a nuestro cónyuge, pero en última instancia seremos quienes más nos beneficiamos al ser libres. Según el autor cristiano Philip Yancey:

> La palabra *resentimiento* expresa lo que sucede si el ciclo de falta de perdón se sigue repitiendo sin interrupción. Literalmente significa "sentir otra vez": el resentimiento se aferra al pasado y lo revive una y otra vez, arrancando las costras nuevas para que las heridas nunca se sanen.[3]

Corrie ten Boom, de origen holandés, fue una prisionera de guerra en el campo de concentración ubicado en Ravensbrück, donde vio morir a su hermana Betsie a manos de los guardias del lugar. En su libro *He Sets the Captives Free* (en español: "Él libera a los cautivos"), rememora la ocasión posterior a la guerra cuando se enfrentó cara a cara con uno de sus antiguos guardias, quien se había convertido al cristianismo y se había acercado hasta ella para suplicar su perdón. Solo mediante el clamor silencioso pidiendo la ayuda de Dios fue capaz de lidiar con el cúmulo de impulsos humanos que la incitaban al odio y la venganza, y así lograr lo imposible. Posteriormente a dicha experiencia, escribió lo siguiente:

> En aquel momento, cuando fui capaz de perdonar, mi odio desapareció por completo. ¡Qué liberación! El perdón es la llave que destraba la puerta del resentimiento y abre las esposas del odio. Es el poder que quiebra las cadenas de amargura y los

grilletes del egoísmo. Qué liberación experimentamos cuando podemos perdonar.[4]

Solo mediante el perdón podemos ser libres del dolor de relaciones anteriores. Irene era una joven mujer sudafricana apenas egresada de la universidad, que disfrutaba vivir y trabajar en Londres. Pronto conoció a Roger, un hombre mayor que la arrastró hacia sus pies. La persuadió de abandonar su trabajo y mudarse a su casa. Quedó embarazada. Contrajeron matrimonio y se trasladaron a un pequeño poblado en las afueras de Londres. Unos meses después nació su hijo Timmy.

Aislada en la casa con el bebé recién nacido, separada de su familia, sus amigos y su trabajo, una plaga de pensamientos horribles comenzó muy pronto a invadir a Irene; sospechaba que su esposo tenía un romance extramarital. Roger explicaba que sus ausencias cada vez más notorias y la frecuente necesidad de usar un teléfono público para sus comunicaciones se debían a que estaba relacionado con una agencia gubernamental secreta. Sonaba muy descabellado, pero él era muy convincente. Los peores miedos de Irene se materializaron una noche cuando una mujer de mediana edad proveniente del mismo poblado se presentó en la puerta de su casa. Sostenía en su mano una carta que Roger le había escrito a su hija de dieciséis años de edad. Él y la muchacha eran amantes. La madre estaba particularmente enojada porque ella, también, tenía un romance con Roger.

Pronto se supo no solo que su esposo dormía con ambas mujeres, madre e hija, sino que también tenía una amante en Londres. Más tarde le confesó a Irene que había comenzado con su primer aventura extramarital el día posterior a su boda. Roger era un adicto sexual y un mentiroso compulsivo. El mundo de Irene se desmoronó a su alrededor.

Ella y Roger pasaron por meses de consejería. Gradualmente puso en práctica los principios de la Biblia, aprendiendo a perdonar e incluso amar de nuevo a su esposo, cosas que reconoce haber considerado como imposibles de realizar. Sentía que debían tener una segunda oportunidad para lograr que las cosas funcionaran. Pero un año después, Roger finalmente abandonó a Irene y Timmy y se fue a vivir con su secretaria, que estaba embarazada de él. Abandonada y sola, Irene comprobó que la ira y la amargura hacia Roger se incrementaban continuamente en sus pensamientos. En ocasiones llegó a contemplar la posibilidad de suicidarse.

Entonces cierto día, mientras oraba, se dio cuenta de que su falta de perdón era como un parásito que la carcomía por dentro y se expandía como si tuviera permiso para crecer libremente. Se determinó, por una decisión de su voluntad, a perdonar. En cualquier momento en que se encontrara repasando mentalmente las imágenes de las formas en que él la había herido y humillado, se recordaba a sí misma todas las cosas por las cuales había implorado el perdón de Dios. Luego comenzaba a orar por Roger y su nueva familia. Al principio lo hizo a regañadientes, pero luego de un tiempo empezó a darle sentido a dichas oraciones. Gradualmente la amargura y la falta de perdón se desvanecieron. Comenzó a sentir paz y alivio maravillosos, y finalmente libertad, la libertad de comenzar de cero.

Escoger perdonar nos capacita a avanzar sin que nos arrastre hacia abajo el peso de las "cadenas de amargura y los grilletes del odio". Al principio puede que todavía sintamos un dolor agudo, pero el perdón permite que comience la recuperación. Es como cuando nos pica una abeja. Cuando el aguijón se extrae, la piel no se restaura en forma instantánea pero se facilita el camino para que se produzca la sanidad. Cuando perdonamos, aún somos capaces de recordar lo que nos ocurrió, pero si nos mantenemos con una actitud de perdón, los recuerdos tendrán cada vez menos poder sobre nosotros.

La falta de perdón no solo afecta nuestra relación con la persona o la gente que nos haya ocasionado heridas, sino también cada relación que tengamos. Por consiguiente, nuestro matrimonio puede echarse a perder si nos aferramos al enojo en contra de un tercero. Tenemos una amiga japonesa que ha trabajado con intensidad para llevar reconciliación entre los antiguos prisioneros de guerra y su propia gente. Cuando los esposos que han sufrido terriblemente durante la guerra lograron expresar el perdón hacia aquellos que los maltrataron, las esposas a menudo comentaron acerca del cambio que se produjo en sus matrimonios. Sus esposos volvieron a dormir bien por la noche y se irritaron menos por los asuntos cotidianos de poca importancia.

El tiempo por sí solo no sana las heridas. Solo el perdón puede hacerlo, pero requiere un proceso. A menudo parece que el perdón se debe hacer capa por capa, como la acción de pelar una cebolla. Tal vez descubramos que debemos decidir perdonar las mismas heridas de forma cotidiana a fin de ser libres. Cuanto menos perdonemos, más difícil será lograrlo. Pero si perdonamos una vez, la próxima resultará más fácil hacerlo. Y cuando perdonamos, los moretones emocionales se sanarán gradualmente y nuestro matrimonio podrá avanzar.

Conclusión

Si este proceso de resolver las heridas y los enojos del pasado fuera nuevo para usted, particularmente si lleva algún tiempo de vida matrimonial, deberá proceder gradualmente y con mucha sensibilidad. Pida que Dios le guíe a fin de hacerlo al ritmo adecuado, guiado por Él. Nos volvemos muy vulnerables cuando identificamos de qué manera nos han herido. Necesitaremos ser amables entre nosotros a fin de que nuestro cónyuge sepa que nos solidarizamos con sus sentimientos. Donde se haya dañado la confianza, requerirá tiempo restaurarla. No espere que la persona que haya sufrido heridas sea capaz de olvidar y recuperarse de inmediato.

Como parte de su descripción, San Pablo escribe que el amor "no guarda rencor" (1 Corintios 13.5). Imagine por un momento que cada día de su matrimonio es como una nueva página de un cuaderno de espiral. Cada día hacemos o decimos cosas, o fallamos en cuanto a hacer o decir cosas, que hieren a nuestro cónyuge, a veces ligeramente y en ocasiones profundamente.

Algunos días el listado será más largo, pero cada día habrá algo en la página. Si estas cosas no se confrontan y se perdonan, se dará vuelta la página y la lista permanecerá intacta. Entonces comenzamos a desarrollar un registro de resentimiento y amargura. Incluso si no podemos recordar los detalles de cada listado, el registro de las ofensas permanece allí y con el tiempo se grabará en nuestra relación y enfriará nuestra intimidad.

Si aprendemos a perdonar de forma cotidiana, será como arrancar cada página al final del día y arrojarla lejos. Comenzamos cada día de nuestro matrimonio con una hoja limpia y libre de registros. Ninguno de nosotros estará en posición de ataque ni tampoco a la defensiva. Entonces obraremos en amor, sin guardar registro de las faltas de cada uno.

Quinta regla de oro del matrimonio

Practiquen el perdón.

Sección 6

Padres y suegros

Capítulo 13
Cómo llevarse bien con nuestros padres y suegros

Cuando yo tenía catorce años, mi padre era tan ignorante que apenas podía soportar tener al viejo cerca de mí. Pero cuando cumplí los veintiuno, me sorprendió lo mucho que aquel hombre viejo había aprendido en siete años.

Mark Twain

"Los padres son extraños", dijo Amy, "debido a su edad".[1]

Amanda Vail

No deberíamos desestimar el impacto profundo que las relaciones con la familia extendida tienen en el matrimonio. Las familias son complejas; algunas han ocasionado grandes dolores de cabeza y frustraciones que han durado por años e incluso generaciones; otras han sido una fuente enorme de gozo y felicidad donde el "efecto dominó" ha traído bendición y bienestar en incontables vidas. Si nuestras relaciones con la familia extendida han de funcionar para el beneficio de cada generación, primero debemos entender de qué manera debería desarrollarse la relación con nuestros padres a medida que crezcamos.

La progresión desde la dependencia

Como hijos, nuestra progresión desde la completa dependencia de nuestros padres hacia la consiguiente independencia es de vital importancia para nuestro matrimonio. Nos movemos a través de distintas etapas a medida que dejamos de ser niños para convertirnos en adolescentes, luego adultos y finalmente personas casadas. Hemos ideado cuatro diagramas que se proponen ilustrar apropiadamente las relaciones entre padres e hijos en estas cuatro fases. Por supuesto, ninguna experiencia de vida familiar se ajustará con exactitud a los parámetros que estos diagramas presentan. Algunos fueron criados por un solo padre. Existen muchas familias muy amorosas y altamente eficaces llevadas adelante por madres y padres solteros que generan hogares saludables y felices en los cuales poder crecer. En algunas situaciones quizá haya habido divorcio, muerte, recasamiento, padres y familias adoptivos. Pero los mismos principios generales de avanzar a través de cada etapa se aplican a todos por igual.

Junto a nuestro cónyuge observemos estos diagramas y recordemos que en algún momento fuimos los niños que aparecen en la ecuación. Al hacerlo, procuremos entender más acerca de la crianza de cada uno, así como determinar si la relación con nuestros padres cambió como debería haberlo hecho en cada una de las etapas.

Debemos hablar con sinceridad acerca de las fortalezas y debilidades de nuestros padres y su matrimonio. Una relación adulta con ellos requiere que dejemos de lado las fantasías de la infancia en las que idealizábamos a nuestros padres así como las desilusiones típicas durante nuestros años de adolescencia, cuando considerábamos que no podían hacer nada bien, y lograr verlos como realmente son. Esperamos que el hecho de observar juntos las cuatro etapas distintas resulte de ayuda en dicho proceso.

Primeros años

Durante los primeros años nuestros padres proveyeron lo necesario para satisfacer nuestras necesidades básicas de alimentación, bebida, sueño, higiene, calidez y medicación. También fueron responsables de nuestras necesidades emocionales, tal como están representadas por las flechas dentro del diagrama. Esto incluyó afecto, aceptación, seguridad, aliento, consuelo y mucho más. Nuestras necesidades emocionales eran tan vitales, aunque tal vez no fuera inmediatamente obvio, como nuestras necesidades físicas. La experiencia del amor parental desarrolla la confianza propia del niño, una cualidad esencial para establecer relaciones más adelante en la vida. Las relaciones siempre conllevan asumir un riesgo y todos necesitamos tener confianza propia si nos arriesgaremos a que rechacen nuestro amor. La experiencia del amor incondicional de nuestros padres nos capacita para asumir el riesgo y extendernos en amor hacia otras personas.

El círculo en el diagrama representa los límites que nuestros padres deben establecer para nuestra seguridad. Las actividades de un niño pequeño deben controlarse con firmeza. Deben evitarse los peligros. Deben prohibirse aquellos lugares que no sean seguros para jugar. Como niños no teníamos la madurez de efectuar juicios acertados sobre tales aspectos.

Adolescentes

¿Recuerda cómo era usted cuando era adolescente? Durante aquellos años nuestros padres debían concedernos una mayor independencia, permitiéndonos tomar nuestras propias decisiones en tantas áreas como resultara posible. Esto tal vez haya incluido la elección de nuestros amigos, el uso de nuestro tiempo libre, nuestra vestimenta, el estilo de nuestro cabello (si lo permitieron) y la forma en que decorábamos nuestro cuarto.

Este "dejar ir en forma gradual" es una parte esencial de la transición desde un control parental total hacia la consiguiente independencia. Como adolescentes menores, sin embargo, todavía necesitábamos límites en torno a nuestras actividades. El cambio de un círculo a un óvalo representa la libertad creciente dentro de los límites establecidos. No éramos lo suficientemente maduros como para tomar todas nuestras decisiones y es probable que admitiéramos, si se nos presionaba, que apreciábamos la seguridad que implicaban dichos límites. Los años de la adolescencia involucraban mucho cuestionamiento personal a medida que establecíamos nuestra propia identidad, y necesitábamos el apoyo emocional continuo de nuestros padres.

En esta instancia quizá hayamos comenzado a reconocer de qué forma podíamos servir de ayuda a nuestros padres. Esto se representa por la línea de puntos.

"La mayoría de edad" / Dejar el hogar

Entre los dieciocho y los veintiún años de edad algunos de nosotros todavía vivíamos en nuestro hogar paterno. No obstante continuábamos aprendiendo lo que significaba desarrollar independencia, tomar nuestras propias decisiones acerca de la educación superior, elegir una profesión, entablar otras relaciones, emplear el dinero, etc.

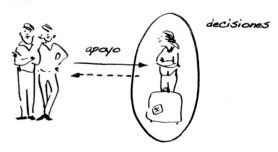

En esta etapa, la mayoría de nosotros continuaba recurriendo a los padres en busca de consejo, apoyo financiero y alivio (si las cosas salían mal). Pero entonces se trataba de una relación más adulta. Seguramente estábamos menos enfocados en nosotros mismos, aceptando responsabilidades hacia nuestros padres, como establecer contacto (si vivíamos lejos de nuestra casa) y reconocer *su* necesidad de aprecio, apoyo, afecto o aliento.

Contraer matrimonio

Muchas situaciones parecen más complejas que la que presentamos en el siguiente diagrama pero, más allá de nuestras circunstancias particulares, el asunto es el mismo. El círculo que nos rodea como una pareja casada representa la necesidad de establecer nuestro propio hogar, tomar nuestras propias decisiones y satisfacer las necesidades del cónyuge. Ahora nuestra primera lealtad debe ser entre nosotros como matrimonio y debemos abandonar cualquier dependencia emocional en relación a nuestros padres.

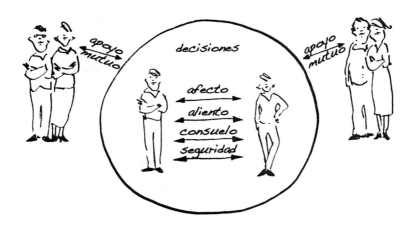

Este cambio de lealtad no significa aislarnos de nuestras familias. Cuando la relación tiene una base firme, los padres (y hermanos) serán de gran apoyo a la vida matrimonial. Esta ha sido nuestra propia experiencia y nuestros padres han sido una fuente maravillosa de amor, apoyo, diversión y amistad. También valoramos grandemente la relación estrecha y especial que tenemos con nuestros hermanos y sus familias. A pesar de vivir a cientos de kilómetros de distancia, estas relaciones desempeñan un aspecto importante en nuestra vida y la de nuestros hijos. A lo largo de los años hemos nutrido dichas relaciones, sabiendo que demanda esfuerzo de ambos lados seguir en contacto y pasar tiempo juntos.

Las reuniones con nuestra familia extendida en torno a la Navidad, el Año Nuevo y las vacaciones escolares así como durante cumpleaños y aniversarios especiales han sido ocasiones valiosas para el encuentro de distintas generaciones. Merece la pena aprovechar al máximo tales oportunidades porque las demandas y presiones de la vida pueden fácilmente hacernos dejar de lado estas relaciones singulares.

En el próximo capítulo veremos de qué manera establecer nuestra independencia como matrimonio. Aquí consideraremos cómo desarrollar una relación sólida, placentera y de apoyo mutuo con nuestros padres, suegros y la familia extendida.

Ser razonables con los preparativos de la boda

"Quiero todas las cosas brillantes y hermosas, por duplicado"

Por lo general, la oportunidad de comenzar a edificar hacia el futuro llega con los preparativos de la boda. Es extraño que una boda se organice sin que las emociones estén a flor de piel. Suele haber concepciones y puntos de vista que se sostienen con firmeza. Algunos padres han anticipado y planificado este día en sus mentes durante muchos años.

Mientras tanto, los novios oyen a sus amigos decir que este es el día *de ellos* como pareja. Es cierto que el día pertenece primordialmente a la pareja, pero también incluye a los padres. En parte, esto es así debido a que probablemente sean quienes paguen los gastos (y muestren gran generosidad) y también porque varios de los invitados serán antiguas relaciones o amigos de larga data de la familia cuyas opiniones son importantes para ellos.

Es natural que los padres deban estar involucrados en los planes y los preparativos. Es su acto final de entrega hacia sus hijos antes de que se casen, y esto los ayuda muchísimo. Organizar una boda puede implicar una tarea ardua durante varias semanas y las parejas comprometidas suelen conmocionarse al descubrir cuántas decisiones deben tomar. Puntos de vista que entran en conflicto, un incidente emocional y el cansancio constituyen un poderoso cóctel para producir tensión y discusiones. La escucha paciente y la negociación en lo que fuere posible suele requerirse a fin de conservar la paz.

"Voy a llevar este sombrero"

Mostrar nuestro aprecio

Todos los padres se gozan cuando reciben aprecio de parte de sus hijos.
Las semanas previas a una boda ofrecen una buena oportunidad para ello.
Incluso si no procedemos de un hogar feliz o armónico y tenemos una
relación difícil con nuestros padres, por lo general podemos pensar en
acciones a nuestro favor que hayan realizado a través de los años, quizá
cuando éramos pequeños o estábamos mal. Muy pocos padres no han hecho
ningún sacrificio por sus hijos. Algunas parejas escriben una carta a sus
padres para expresarles su gratitud. Esto puede incrementar muchísimo la
alegría y el orgullo de los padres a medida que dejan ir a su hijo, así como
establecer el tono correcto del futuro de su relación mutua.

Si ya estuviéramos casados, podríamos intentar hallar oportunidades para
expresar nuestra gratitud por escrito, quizá con una tarjeta de cumpleaños
o una nota en ocasión del día de la madre o del padre. Cuando cumplió
dieciséis años de edad, una amiga nuestra escribió una extensa carta a su
padre, rememorando los recuerdos felices del amor y el apoyo que él le había
dado durante su crianza. Ella nos permitió reproducir una sección de la
carta aquí:

Me gustaban nuestros viajes, en especial cuando me dejabas comer uno de esos dulces que venían dentro de una lata redonda. También me gustaba la manera en que ponías en perspectiva mis preocupaciones escolares, sonando ligeramente divertido o exasperado por algunos de los maestros más severos. Esto me confería la sensación de que estabas absolutamente de mi lado y no del de ellos. Nunca dudé de que creyeras en mí mucho más de lo que les creyeras a ellos. Ahora veo que aquello es algo inusual y maravilloso.

Lo mismo durante las reuniones de padres, cuando te reías de uno de los maestros que me aterrorizaban. Aguardaba con expectación en el pasillo. Y siempre recibía tus felicitaciones, pero nunca en forma desproporcionada ni fingida. Yo siempre sabía que me considerabas como alguien más importante que la calificación más alta. No ejercías ningún tipo de presión. Justo el espacio necesario para tomar mis propias decisiones.

Su padre no era consciente de lo que estas cosas habían significado para su hija, por lo que la carta contribuyó a conservar la relación especial y estrecha entre ambos, hecho que no solo ha sido benéfico para ella sino también para su esposo y sus hijos en la actualidad.

Permanecer en contacto

Una vez casados es importante definir juntos de qué manera mantener el contacto con nuestros padres. Las conversaciones periódicas son de gran valor, aunque el hábito de hablar por teléfono con un padre cada mañana o cada noche puede provocar que nuestro cónyuge se resienta, en particular si tales conversaciones fueran extensas o se llevaran a cabo justo cuando la pareja se reencuentre luego de una larga jornada laboral. Tome la decisión consciente de guardar el *mejor* tiempo para hablar con su cónyuge. Por amor a sus padres, manténgase en contacto. Por amor a su matrimonio, manténgase en control.

Debemos decidir juntos cuán a menudo vemos a nuestros padres. Si uno de nosotros tendiera a ser dependiente o fuera incapaz de resistir las presiones incorrectas, tal vez lo mejor sería reunirnos en nuestra casa. Si la situación fuera tensa, las visitas breves y más frecuentes podrían desarrollar la relación de manera más eficaz. Siempre es posible mantener un ambiente agradable durante períodos cortos; si nos quedáramos demasiado tiempo sin tener nada que decir o hacer, quizá surgirían tensiones.

Una mujer nos contó que su suegro le resultaba desagradable y que pasar tiempo con él era una situación muy difícil de sobrellevar. No podemos cambiar tales sentimientos de un día para el otro. Pero podemos emplear las herramientas para desarrollar relaciones descritas en las primeras cinco secciones de este libro, con una consideración particular acerca de cuál de las cinco expresiones de amor es de mayor importancia para nuestros padres. Luego, con el paso del tiempo, comenzaremos a reconocer mejor sus buenas cualidades y, como resultado, la relación mejorará. Esta es una decisión que debemos tomar por amor a nuestro cónyuge.

Una amiga descubrió, más por accidente que por una acción planificada, la manera de llegar al corazón de su suegro, lo que llevó a que su relación con él cambiara considerablemente:

> Mi suegro es alguien que cree en conceptos tales como el deber y el esfuerzo, particularmente en las relaciones familiares. A mí siempre me resulta molesto dicho concepto, porque considero que las relaciones deberían ser naturales, espontáneas y sin exigencias. Nuestra relación carecía de alicientes; no era desastrosa pero sí muy mediocre. Entonces durante un cumpleaños, no sé muy bien por qué, decidí tratar de prepararle un pastel de frutas. Creo que la idea surgió porque no teníamos ninguna pista acerca de qué comprarle. Había dicho que no quería más la suscripción a

la revista sobre jardinería que le habíamos obsequiado en los últimos tres cumpleaños. Yo sabía que él amaba los pasteles de frutas. También sabía que yo no tenía la menor idea de cómo preparar uno. Pero caí en la cuenta de que aun cuando comprara el mejor pastel de frutas del mundo, no satisfaría su concepto tan importante acerca del esfuerzo.

Puse mucho empeño en el asunto y en su momento produje un pastel de apariencia penosa. Lo coloqué en un recipiente y, disculpándome, se lo presenté como regalo de cumpleaños. Él estaba totalmente emocionado: "¡Debe haber consumido gran parte de tu tiempo! ¡Y estás tan ocupada con tu trabajo!". A mi suegro le resulta muy curioso que yo, una mujer, trabaje en (lo que él considera) el dominio masculino de la ciudad. Este era otro problema entre nosotros: nuestros puntos de vista con respecto al rol de la mujer no coincidían. Pero esta extraña mujer moderna había cocinado un pastel de frutas, y había invertido esfuerzo y empeño solo para él.

Cuando todos lo probamos, lo forcé a confesar que no se trataba del mejor pastel de frutas que él jamás hubiera probado, ¡y entonces también hubo risas y diversión al respecto! Y desde aquel día nos hemos reído, no solo acerca del pastel de frutas sino sobre la mayoría de los temas de la vida, incluyendo nuestras perspectivas diferentes en relación a las mujeres.

Cuando participé del Curso para Matrimonios me di cuenta de que el lenguaje del amor de mi suegro son las acciones. Si haces algo especial por él, se sentirá amado. No importaba realmente si el pastel de frutas tenía buen sabor o no.

De modo que he aprendido la importancia de los lenguajes del amor (y del sentido del humor) no solo en el matrimonio sino también en esta relación compleja con nuestros suegros.

También debemos decidir hasta qué punto nos involucraremos con nuestros padres. Muchos padres proveen gran apoyo, particularmente cuando una pareja está bajo presión al tener niños pequeños. Pero si queremos que pinten por completo nuestra vivienda, confeccionen todas las cortinas o cuiden a nuestros hijos dos veces por semana, los invitaremos a compartir nuestra vida cotidiana en un nivel profundo. Sería extremadamente falto de amor y manipulativo mostrar interés en ellos solo cuando realicen tareas útiles. Luego de considerar esto juntos, podríamos concluir que será mejor llevar adelante nuestra vida sin el involucramiento cotidiano de los padres. Debemos ser coherentes con ellos y no explotar su amor.

Intentar resolver los conflictos

Aun donde exista una relación estrecha con los padres y los suegros, siempre habrá diferencias de opinión. Las situaciones tensas y complejas deben resolverse con los mismos principios de diálogo, pedido de disculpas y perdón que observamos en el Capítulo 12.

Conocimos a una mujer que llevaba siete años de casada y se sentía continuamente menoscabada por su suegra. Tenían muy poco en común y las conversaciones resultaban dificultosas. Su esposo, por su parte, no podía hacer nada equivocado ni incorrecto a los ojos de su madre. Los sentimientos de dolor que esta mujer sentía se agravaban por las frecuentes comparaciones desfavorables con las demás nueras. Ciertas observaciones ocasionaban una fuerte reacción emocional en su interior, desproporcionada en relación al incidente.

Sin embargo, la relación se mantuvo mediante la comprensión y el aliento del esposo y la determinación de la esposa, con la ayuda de Dios, de seguir perdonando y amando. Como resultado, las cosas comenzaron a mejorar en forma gradual a través de los años y ahora, cuando están juntas, la suegra es menos crítica y la nuera tiene mayor confianza.

Es importante aclarar cualquier conflicto del pasado que haya quedado irresuelto, idealmente antes de casarnos. Si no lo hacemos, el enojo, la amargura, el resentimiento o la culpa resurgirán más tarde de una forma o de otra. Algunas personas contraen matrimonio determinadas a no obrar jamás como sus padres. Puede que hayan tenido padres que perdieran los estribos con frecuencia, que fueran desconsiderados entre ellos, que permanecieran emocionalmente distantes o que ejercieran favoritismo entre sus hijos. Así y todo, luego de algunos meses de casados comienzan gradualmente a comportarse de la misma manera. Esto se debe a que no lidiaron con sus propios sentimientos de ira y resentimiento en relación a la conducta de sus padres.

De acuerdo al análisis efectuado por un consejero matrimonial, tendemos a imitar aquello en lo que ponemos nuestra concentración en la vida. Si podemos perdonar a nuestros padres y seguir adelante, nuestro enfoque en sus faltas y debilidades cesará y seremos libres para despojarnos de cualquier imitación inconsciente que pudiéramos hacer de ellos.

Si aun nosotros, como hijos, fuéramos parcialmente culpables de la ruptura de su relación, debemos pedir disculpas a nuestros padres sin acusarlos ni tratar de racionalizar nuestro comportamiento. Los resultados pueden ser de largo alcance, como lo ilustra Mary Pytches, una experimentada consejera conyugal:

> Recuerdo que me contaron la conmovedora historia de una mujer anciana que agonizaba debido al cáncer. Su hijo la visitó en el hospital y luego regresó a su casa para contarle a su esposa que su madre estaba muriendo y que los médicos no podían hacer nada más por ella. Al escuchar esto, le recordó que algunos temas no resueltos con su mamá requerían tratarse antes de que ella muriera. Luego le mencionó acerca de una ocasión determinada cuando era más joven y dejó de tener contacto con su madre por alrededor de un año. "Debes arreglar esa situación antes de que ella muera", dijo la esposa. Su marido estuvo de acuerdo, regresó al hospital y le pidió a su madre que lo perdonara por su comportamiento durante todos aquellos años.

La mujer se conmovió en gran manera y lo perdonó de buena gana, pidiéndole también que la perdonara por causar que se sintiera tan desdichado como para tomar la decisión de abandonar el hogar. Se reconciliaron y el hijo regresó a su casa. La semana siguiente dieron de alta a su madre porque se encontraba completamente bien. Gozó de buena salud durante muchos años más y finalmente falleció en una edad avanzada.[2]

Considerar sus necesidades

Cuando éramos niños, nuestros padres (y otras personas que nos cuidaban) tomaban la iniciativa de velar por nuestras necesidades; ahora tenemos la oportunidad de corresponder dichas atenciones. Los hijos pasan de una total dependencia de sus padres a una relación adulta de apoyo mutuo hasta que, para algunos, el rol se revierte por completo y los padres son totalmente dependientes de los hijos.

La actriz Sheila Hancock escribe afectuosamente sobre el cuidado que recibió de parte de su hija, Melanie Thaw, a quien ella se refiere por su apodo, Ellie Jane:

Algunos años atrás los médicos determinaron que yo tenía cáncer. Fue devastador. Y entonces permití que Ellie Jane cuidara de mí. Estoy absolutamente convencida de que contraje esta enfermedad por mi estrés obsesivo. Solía correr de un lado para el otro pensando que podía salvar a todos, lo que constituía una manera de evitar considerar lo que yo misma hacía con mi propia vida. Fui a la Clínica Bristol luego de recibir el tratamiento ortodoxo y Ellie Jane también me acompañó en dicha etapa. Ella era tan estable y de tanto apoyo para mí que los papeles se invirtieron. Tiene un núcleo central de fuerza y no podría expresar cuán asombroso resultaba para mí. Si en el pasado alguien me hubiera dicho que mi hija llegaría a ser esta clase de mujer, probablemente me hubiera reído. [...] ¡La amo muchísimo![3]

Aunque dejamos de ser responsables ante nuestros padres, continuamos teniendo una responsabilidad *por* ellos. El quinto mandamiento, "honra a tu padre y a tu madre", no deja de ser relevante para nosotros, ya sea cuando llegamos a la mayoría de edad o nos casamos. A medida que los padres envejecen, su dependencia crecerá y tendremos la posibilidad de devolver parte del amor y los sacrificios que hicieron por nosotros. Esto puede incluir trabajos prácticos en su vivienda, ayuda con las finanzas o planificación para el futuro. La autora y comunicadora Victoria Glendinning describe cuánta atención recibió de su hijo adulto, Matthew, y cuánto significa él para ella:

> Él siempre me escucha atentamente, comprende lo que digo, realiza comentarios mesurados y esclarecedores, se entrega de lleno a resolver el problema y no trata de apresurarme para que pasemos a otro asunto.
>
> Una vez, hace poco, estaba a punto de retirarse cuando dije algo acerca de los problemas. "¿Problemas? ¿Qué problemas?" Se sentó de nuevo junto a la mesa de la cocina como si tuviera todo el tiempo del mundo.[4]

Si uno de los padres viviera solo, su mayor necesidad probablemente será conversar y tener compañía. Algunos amigos nuestros, ya con hijos adolescentes, tienen en su casa a la única abuela que les queda, alojada en una parte de la vivienda. Este acuerdo no solo concede tanto a la pareja como a la abuela suficiente independencia, sino que también propicia una amistad muy especial entre las tres generaciones.

Valorar la familia extendida

A veces los recién casados descartan ciegamente, sin
amabilidad y con bravura, la familia de donde proceden. En
ocasiones deben hacerlo debido a que, por motivos religiosos,
raciales o sociales, la familia se muestra vilmente intolerante
acerca del matrimonio. Más a menudo, sospecho, lo hacen
por puro descuido: alejarse, enfrentar solos el mundo
exterior, comenzar de nuevo.

Pero con la llegada de los hijos viene un tiempo cuando es
saludable, incluso placentero, permitir que la familia ocupe
su lugar nuevamente y rodee a la nueva familia con sus
antiguos sonidos. En otras palabras, más allá de lo agobiante
que pudiera parecer el árbol familiar personal, no deberíamos
ser negligentes en nuestra relación con él. Cuando uno
comienza a ser una familia aparte, la que ya existe puede
representar toda clase de ventajas insospechadas. Así como
los problemas bien conocidos que ya sospechábamos.[5]

Por supuesto, ninguna familia extendida suele ser perfecta. ¡Lejos de ello!
Aun así, en la diversidad de edades, personalidades y puntos de vista reside
la posibilidad de obtener múltiples colores. Vivimos en una era de familias
estrechamente cerradas que a menudo les obstruyen el paso a los demás

parientes con apellido y linaje similares. Pero de ese modo nos convertimos con facilidad en familias de una sola dimensión, incluso claustrofóbicas. ¿Por qué no reunirnos durante ocasiones especiales? Libby Purves recomienda lo siguiente:

> El año familiar necesita tener hitos, algo en el calendario hacia lo cual dirigirse. Uno puede justificar dichos eventos al decir que representan la herencia cultural o la fe religiosa, o simplemente tomarlos como una excusa para divertirse, en especial en los momentos más aburridos del año. Hemos celebrado, en su momento, no solo cada uno de los cuatro cumpleaños y las navidades, sino también cada Año Nuevo, Epifanía, Día del Panqueque, Pascua, Cena de Acción de Gracias y varios acontecimientos más. Denme tiempo y buscaré formas de celebrar otras fechas especiales. Celebrar no tiene por qué ser costoso a nivel financiero: una bandera de papel para decorar con acuarela, una comida alrededor de la mesa, un juego compartido, etc.[6]

El encuentro de la familia extendida tiene sus aspectos positivos adicionales: como adultos tenemos la posibilidad de recibir la guía de los miembros mayores y más sabios, así como también contemplar ejemplos vivientes de lo que nuestros hijos llegarán a ser. Los niños disfrutan de sus primos, en especial aquellos que se comportan mal, y todos amamos una abuela cariñosa o un tío excéntrico. Esto es parte del alboroto de la vida real y nos ayuda en nuestra formación. Si no tuviéramos una familia extendida, seguramente existirán otras formas de generar el mismo ambiente. Una amiga nuestra (que es madre soltera) celebró este año una "Fiesta de panqueques" el martes de Carnaval a la cual invitó a veinte representantes de distintas generaciones.

Así como tienen su lugar los encuentros de las familias extendidas, también lo tiene el cuidado de las relaciones especiales a través de las generaciones. No seremos los únicos que nos beneficiemos de una relación más estrecha con nuestros padres; un abuelo puede desempeñar un rol muy importante en la vida de nuestros hijos.

Nicky   Cuando era pequeño, los sábados por la mañana solía acompañar a mi madre de visita a la casa de mi abuela. Esos momentos se han vuelto una parte especial de mis recuerdos de infancia. También deben haber suplido las necesidades de mi abuela, aunque en aquella época yo no lo considerara de ese modo.

Mediante el contacto con nuestros padres permitimos que nuestros hijos conozcan a sus abuelos y que nosotros podamos ver a nuestros padres desde una nueva perspectiva.

Nicky   Llegué a apreciar mucho más las maravillosas cualidades de amabilidad y humor en mi padre al verlo jugar con nuestros hijos. Supongo que me había olvidado de esos dones que disfruté en mi infancia o tal vez los había dado por sentado. Cuando se jubiló tenía más tiempo libre y sus nietos eran los principales beneficiarios de ello.

Algunos abuelos pueden desempeñar un papel muy especial en la vida de sus nietos. Y la llegada de un bebé a la familia puede reparar o cimentar las relaciones con la familia extendida. Justine, hija de Anita Roddick, fundadora de la compañía de cosméticos *The Body Shop*, escribe:

Mamá realmente me sorprendió al apegarse tanto a mi bebé desde el momento en que Maiya nació, a la vez que pude contemplar de qué forma emergió su instinto maternal de una manera completamente nueva. Sufrí la peor depresión post-parto y acudí a mamá: ella se quedó despierta toda la noche cuidando al bebé. [...] Ahora que Sammy [la otra hija de Justine] y yo nos mudamos, creo que Maiya cimentó la familia; le ha dado a mamá y papá un nuevo lazo de unión, por lo que mi niña también contribuyó con su relación.[7]

Muchos abuelos comentan acerca de la alegría que significa tener niños a su alrededor por quienes no sean los últimos responsables y a quienes puedan regresar a sus padres al final de la jornada. Pero los abuelos varían. Algunos renuncian fielmente a lo que sea por pasar tiempo con sus nietos. Si este fuera el caso, puede que los abuelos se involucren en un cuidado periódico de los niños e inevitablemente ejerzan más influencia en la crianza de nuestros hijos. Otros son menos entusiastas acerca de asumir un cuidado prolongado o quizá se relacionen con los nietos cuando sean un poco más grandes. No debemos esperar demasiado de nuestros padres. Después de todo, ellos no escogieron tener nietos y no tienen la misma responsabilidad que nosotros como padres.

Si nuestros padres fallecieron o viven lejos, merece la pena intentar que nuestros hijos entablen amistad con otras personas de una generación mayor. Hemos visto este tipo de relaciones en el contexto de nuestra iglesia, trayendo gran alegría para ambos grupos.

Entendimiento mutuo

Aun cuando las relaciones entre nosotros y nuestros padres y suegros sean saludables y agradables, existe la posibilidad de que surja conflicto. Somos una generación diferente y la brecha de dos generaciones entre los abuelos y los nietos es aun mayor. Así como nuestra vida ingresa a su fase más intensa, la de nuestros padres tiende a desacelerarse. Puede que debamos esforzarnos bastante para lograr una comprensión mutua. Es probable que no solo debamos enfrentar el dolor que implica una salud precaria sino también la logística compleja que conlleva priorizar las responsabilidades que tenemos para con nuestros hijos y nuestros padres.

Si por momentos no podemos entender las actitudes y opiniones de padres y suegros, quizá deberíamos dejar de intentarlo. En cambio, podríamos relajarnos un poco y apreciarlos por quiénes son en lugar de juzgarlos por quiénes no son. No estarán aquí por siempre.

Las reflexiones de Sheila Hancock acerca del proceso de conocer a su madre reflejan el caleidoscopio de emociones que muchas personas experimentan:

> Luego de la muerte de mi padre traje a mi madre a Londres, en donde residió en un pequeño apartamento cerca de mi casa. Por entonces tenía a Ellie Jane, de modo que había ciertos resquemores en cuanto a su interferencia entre nosotras. Cuando no estaba en casa, mi madre permanecía por su cuenta en aquel pequeño lugar. Yo no quería que estuviera todo el tiempo conmigo porque me encontraba armando mi propia vida. Seguramente se habrá sentido muy desdichada por ello y yo podría haber sido mucho más amable con ella, pero nunca me hizo notar su dolor.
>
> Ahora comprendo cómo se sufre cuando los hijos crecen y uno se siente ajeno a su mundo. Ahora lamento mucho no haber estado más con ella. Me produce gran pesar no haber conocido mejor a mi madre como mujer. Justo hacia el final de su vida, cuando me encargaba de cuidarla y atenderla, recuerdo una ocasión cuando la ayudaba a asearse y le dije: "Tienes una hermosa nariz". Ella dijo: "Toda mi vida odié mi nariz. Siempre consideré que era muy fea". Me conmovió que mi madre tuviera algún complejo en relación a su apariencia. Dije: "No puedo creerlo. Es una nariz maravillosa. Mi nariz es graciosa. Y la tuya es hermosa". Ella no tenía idea de que fuera hermosa. Pero probablemente nunca le dije tal cosa. Todo lo que dije fue: "No te pondrás *eso* durante el día de los padres en la escuela".

Creo que debajo de todo aquello había una mujer muy insegura, particularmente cuando su niña engreída comenzó a estudiar en la escuela superior y recibió mayor educación formal que ella. Sentía orgullo y temor por mí al mismo tiempo. Pienso que por momentos fui extremadamente ruda, haciendo gala de mis conocimientos recién adquiridos de una forma que no era exactamente humillante pero sí perturbadora. Intelectualmente comencé a superar a mis padres y no valoraba, en aquella época, la clase de sabiduría que ellos tuvieran. Ciertamente lo sé ahora.

Los archivos de la Academia Real de Artes Dramáticas (RADA, por sus siglas en inglés) conserva una carta de mi padre dirigida al director diciendo: "¿Está seguro de que mi hija tiene talento?". Mis padres siempre tuvieron temor y grandes ambiciones en relación a mi progreso. Me encantó que pudieran ver cuando comenzaba a ser exitosa, pero estaban demasiado abrumados por el mundo, al igual que yo. Cuando me encontraba en medio de mi carrera, mi madre me escribió diciendo: "No descuides a tu marido", y cosas que uno evitaría decir a las muchachas hoy en día. Avergüenzo a mis hijas de una manera diferente. Soy algo extravagante y expreso mis puntos de vista con mucha firmeza; grito cuando conduzco el automóvil y mi lenguaje es pésimo. Cuando estaban en la escuela, yo podía aparecer allí, vestida de manera incorrecta... ¡tal como lo hacía mi madre! Ahora desearía haber valorado más lo extraordinarios que fueron mis padres. De igual modo, considero con gran admiración de dónde procedieron mis padres y sus logros.[8]

Sea que tengamos recuerdos felices o tristes de nuestra infancia, sea que las relaciones entre nosotros y nuestros padres son pacíficas o tensionantes, compartimos el pasado mutuo; nos ubicamos en el mismo árbol familiar;

emanamos de la misma sangre; compartimos los recuerdos mutuos. Es normal querer ser parte del presente de cada uno: preocuparse por la vida del otro; compartir sus fracasos y éxitos; apoyar al otro en sus debilidades y valorar sus fortalezas.

Capítulo 14
Cómo dejar atrás el control parental

Debemos dejar a nuestros padres en el sentido de no esperar que nos den algo más.[1]

Robin Skinner y John Cleese

Risas, lágrimas, nudos en la garganta, expectación, nerviosismo y entusiasmo son parte de un día de bodas. Esto es cierto tanto para la novia como para el novio y por lo general también será cierto en relación a sus padres. En el libro de Génesis, el sentido del día de la boda se expresa simplemente así: "Por eso el hombre deja a su padre y a su madre..." (Génesis 2.24).

Recientemente hablamos con un padre el día después de la boda de su hijo. Sabíamos que eran una familia muy unida y que a él le agradaba su nueva nuera. Le preguntamos si había disfrutado de la boda. Vaciló antes de responder: "Es difícil poner en palabras lo que sentí; fue más complicado de lo que había pensado".

• A pesar del hecho de que su hijo había vivido lejos del hogar durante varios años, este padre había comprendido que una parte vital del matrimonio es *dejar* al padre y la madre. Como resultado, el día de la boda produjo en él una mezcla de alegría y pérdida, de ver hacia adelante con orgullo y hacia atrás con nostalgia.

Nicky Cuando estoy a cargo del servicio durante una boda, hay un momento particularmente conmovedor: cuando el padre de la novia me da la mano de su hija para que yo se la pase al novio. Esta acción simboliza que los padres dejan ir a sus hijos, pasándolos de las manos parentales hacia el cuidado mutuo que tendrán los integrantes del nuevo matrimonio. Es la culminación de años de responsabilidad desde la concepción de sus hijos hasta su matrimonio, cuando se forma una nueva unidad familiar. Los padres de la novia y del novio, en un momento las personas más importantes en la vida de sus hijos, por amor al matrimonio ahora deben hacer un paso al costado para amar y alentar de una nueva forma.

Algunos padres consideran que el momento de dejar ir a sus hijos es la parte más difícil de la crianza, como señala Victoria Glendinning:

Este proceso me resulta tan doloroso que cuando Simón, el menor, dejó nuestro hogar, y por primera vez no había ningún "niño" en la casa, tuve que escribir una nota severa para mí misma (me encontraba en un tren, recuerdo, y la redacté con lágrimas corriendo por mi rostro) a los efectos de recordarme que ya no tenía derechos sobre ellos, que recibí a mis hijos como préstamo y que si esperaba que me llamaran virtualmente de forma cotidiana yo era un monstruo y una tonta... Algunos quieren más contacto que otros. Otros son naturalmente más comunicativos. Esto no tiene absolutamente nada que ver con determinar quién ama más a quién.[2]

La necesidad de dejar a nuestros padres, un aspecto esencial del matrimonio, se olvida con facilidad hoy en día debido a que, al menos en

Occidente, la mayoría de las personas que contraen matrimonio dejaron el hogar parental algunos años antes. Aun así la importancia de "dejar" no solo es un asunto *físico sino psicológico y espiritual*. Durante muchos años el hogar en donde nacimos fue el centro de gravedad desde el que nos movimos hacia círculos de exploración e independencia cada vez más amplios.

Pero el centro seguía allí, el hogar al que inicialmente debíamos regresar y al que más tarde escogíamos volver cuando procurábamos consuelo, necesitábamos consejo, estábamos cortos de dinero o teníamos ropa para lavar. El hogar familiar era el lugar de autoridad, provisión y seguridad. Después de contraer matrimonio hay un nuevo centro, una nueva estructura para la toma de decisiones, un nuevo hogar. Nuestra lealtad y nuestro mayor compromiso ahora deben ser con nuestro cónyuge, entre nosotros; debe cortarse el "cordón umbilical".

Incluso si llevamos varios años de matrimonio, debemos preguntarnos si hemos dejado totalmente a nuestros padres. Evalúe junto a su cónyuge juntos las siguientes preguntas: ¿Consideramos que uno de nuestros padres tiene mayor importancia para nosotros que nuestro esposo o nuestra esposa? ¿Somos aún emocionalmente dependientes de nuestros padres? ¿Intentan controlar nuestra vida? ¿Esperamos que nuestro matrimonio sea como el de ellos?

En este capítulo consideraremos estrategias que nos ayudarán a dejar atrás el control parental perjudicial a fin de proteger y nutrir nuestro matrimonio.   •

Reconocer nuestra primera lealtad

Una mujer que estaba por casarse describió a su madre como "mi mejor amiga". Tenía razones para estar agradecida por haber disfrutado de una maravillosa crianza pero a su vez constituía un progreso significativo para ella poder ver a partir de entonces a su esposo como su mejor amigo, en quien podía confiar y de quien recibir apoyo emocional.

Ahora el nuevo centro de gravedad debe ser nuestro nuevo hogar y nuestra relación mutua. Incluso si nuestros padres atravesaran dificultades, nuestras lealtades deben cambiar. La escritora y periodista Julie Myerson comenta acerca de su propia experiencia:

> Mi madre fue abandonada por el hombre a quien amaba, y por mi parte yo conocí al amor de mi vida. ¿Acaso Jonathan reemplazó a mi madre como la persona más importante? Probablemente. Jonathan me indicó sin embargo de qué manera no me había separado emocionalmente de ella. Tiempo atrás era una muchacha de catorce años que le contaba todo a mi madre y luego, cuando tuve veintiún años, seguía contándole todo. Pero uno no tiene que hacer aquello luego de un tiempo.[3]

En muchos matrimonios nunca se considera esta necesidad de realizar un cambio de lealtades. En algunos casos una influencia perjudicial y poco saludable continúa existiendo por parte de los padres hacia los hijos, causando que el cónyuge se resienta y ejerciendo una tensión en el matrimonio. En otras familias se debe a que los padres fallaron en reconocer la necesidad de que su hijo tomara sus propias decisiones. La inseguridad y el temor por parte de los padres tal vez condujeron hacia un control excesivo. Otros padres han tratado de aferrarse a sus hijos con el fin de satisfacer su propia necesidad de afecto y apoyo.

No es habitual que los padres intenten quebrar el matrimonio de sus hijos. Interferir de forma inadecuada mediante consejos no solicitados o críticas ocurre más a menudo porque los padres suponen que necesitan de su ayuda. Nuestra responsabilidad conjunta es resistir dicha interferencia de forma amable y firme a la vez.

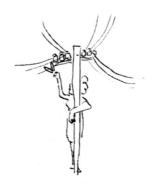

Esto resultará difícil si toda nuestra vida hemos sido obedientes o si uno de nuestros padres fuera controlador y manipulador. Puede surgir la presión emocional acompañada por la sugerencia de que nos comportamos de forma indiferente o desagradecida. Quizá sintamos como deslealtad no hacer lo que nuestros padres quisieran. Debemos recordarnos a nosotros mismos en dónde reside nuestra lealtad ahora.

Tomar nuestras propias decisiones

Es crucial para un matrimonio que se conversen los temas y se decida en relación a ellos dentro de la pareja. Debemos tomar nuestras propias decisiones con respecto a las vacaciones, el uso de nuestro dinero, la decoración y los muebles de nuestra casa, nuestra elección de empleo, la crianza de los hijos, la frecuencia de las visitas y mucho más.

Cuando Tom y Christine se casaron años atrás, se mudaron a la casa de ella. Debido a una enfermedad que debilita su cuerpo, Tom puede trabajar únicamente durante cuatro días a la semana y justo sus padres viven muy cerca. Le preguntamos a Christine cómo le parecía su vida matrimonial y nos contó acerca de un incidente particular que había ocasionado fricción entre ellos. Regresó a casa uno de los días en que su esposo no trabajaba y descubrió que él y su madre habían reubicado parte de los muebles de su casa. Todo podía reordenarse nuevamente y en ese sentido no tenía mayor importancia. Pero se sintió muy enojada al respecto, de una manera muy desmedida y fuera de proporción con lo sucedido, lo que requirió cierto tiempo para que Tom comprendiera por qué su esposa se preocupaba tanto.

Le preguntamos si su reacción fue mayor debido a que dicha casa era suya antes de casarse. En parte reconoció que sí. Sin embargo, el verdadero asunto era que Tom y su madre habían tomado la decisión acerca de los muebles y no ellos como matrimonio. Se trató de un incidente menor y aun así los sentimientos que generó fueron ciertamente profundos. Si se permite que continúe, esta clase de situación puede ocasionar división entre esposa y esposo.

Debido a su propia experiencia de vida, los padres a menudo tendrán valiosos consejos que dar y será muy útil que una pareja joven les preste atención. Pero será más importante que el matrimonio sea libre de tomar o dejar el consejo recibido. Nunca debemos efectuar una decisión importante con uno de nuestros padres sin dialogar primero con nuestro cónyuge. Ni tampoco debemos darle a nuestra esposa o nuestro esposo la impresión de valorar la opinión de uno de los padres por encima de la suya. Esto minará la confianza de nuestro cónyuge y conducirá a la tensión y el conflicto.

Incluso cuando una pareja recibe apoyo financiero de sus padres, debe ser libre de decidir cómo utiliza dicha ayuda. Conocemos una situación donde el esposo es norteamericano y la esposa inglesa. Ahora viven en los EE.UU. en una casa que edificaron los padres de él, que viven cerca de allí. La esposa particularmente se sentía restringida con relación a sus ideas acerca de la decoración de la vivienda al saber que sus suegros no siempre aprobaban sus gustos. Como resultado la pareja experimentó dificultades para hacer que su casa se sintiera verdaderamente propia y siempre ha existido un sentido de control externo.

Esta interferencia en la toma de decisiones a menudo puede exacerbarse ante el nacimiento de los hijos. La mayoría de las parejas tiene poca o ninguna experiencia en el cuidado de los niños antes de tenerlos. El consejo de los padres puede tomarse fácilmente como crítica e interferencia, en particular si la pareja se sintiera insegura en su nuevo rol. Además puede haber algunos aspectos donde decidamos educar a nuestros hijos de forma diferente a la que nosotros fuimos criados.

Nicky Nuestros padres nos dieron todo el ánimo y toda la libertad que necesitábamos para desarrollar la vida familiar según nuestros criterios. Aun así nos topamos con diferencias de opinión que pudieron causar dificultades. El siguiente ejemplo trivial puede servir de ilustración:

Cuando crecía y me desarrollaba, mi cabello estaba firmemente cepillado de izquierda a derecha con una parte recta en un costado (aunque durante los últimos veinte años dicha parte se ha ampliado tanto que ahora es difícil ver de qué lado está).

Por contraste, Sila y yo asumimos una actitud más liberal en cuanto a la elección de nuestros hijos acerca del estilo de su peinado. Lo peinaban para adelante, lo cepillaban hacia atrás, lo peinaban hacia arriba. Dejaban una raya al medio. Lo descoloraban. Algunas temporadas se lo dejaban crecer, en otras lo llevaban muy corto.

Para nosotros era una forma de permitir que nuestros hijos tomaran decisiones individuales y expresaran su personalidad. Nuestros padres, de un enfoque más tradicional, no siempre miraban con agrado dichos cortes de pelo y usualmente nos lo hacían saber.

Dependiendo de cuál de los padres expresara su comentario, uno de nosotros se sentía tentado a estar de acuerdo en vistas de que la lealtad hacia nuestros padres estaba arraigada con firmeza dentro de nosotros. En tales ocasiones debíamos tomar una decisión consciente de sostener aquello que habíamos acordado con relación a nuestra propia vida familiar.

Tiempo atrás oímos acerca de un matrimonio que se había quebrado luego de treinta años de convivencia. La razón que se dio para ello fue que la esposa nunca decidió ser libre de la actitud dominante de su madre. A pesar de dicha cantidad de tiempo la intromisión parental puede seguir causando problemas. No debe ignorarse esta influencia a la espera de que la situación se resuelva por sí misma.

Apoyarse mutuamente

Inmediatamente después del nacimiento de su primer hijo, algunos amigos nuestros tuvieron una diferencia de opinión con sus padres, hecho que precipitó emociones acaloradas. La pareja había decidido emplear un chupete que su bebé pudiera succionar a fin de detener su llanto. La esposa sabía que su suegra desaprobaría con firmeza dicha medida, por lo que estaba muy ansiosa al respecto, particularmente debido a que se hospedaría en la casa de sus suegros mientras su esposo salía de viaje por razones laborales. Sabía que no podría esconder el asunto durante una semana entera. En sus propias palabras, "estaba aterrorizada por tener que enfrentar a mi suegra".

Cuando le comentó a su marido lo que sentía, este dijo: "Ningún problema; llamaré a mi madre y solucionaré el asunto". Su madre explotó al otro lado del teléfono: "Ninguno de mis hijos ha usado un chupete jamás y ninguna persona verá a mis nietos usando uno". Luego de un intercambio bastante acalorado, el esposo concluyó la conversación diciéndole a su madre: "Es todo. Dije lo que pienso y no quiero volver a hablar del asunto de nuevo".

Incluso antes de ir a la casa de los suegros, la intervención del marido tuvo un efecto poderoso en su esposa. Ella dijo: "Sentí que habíamos tomado juntos esta decisión y que él permaneció firme a mi lado. Eso era todo lo que yo necesitaba. No me preocupaba lo que mi suegra dijera luego de eso". De hecho, su suegra nunca dijo una palabra con respecto al chupete durante toda la semana y el asunto jamás volvió a mencionarse.

David Mace, ex director de la Asociación Americana de Consejeros Matrimoniales y Familiares, comparte el siguiente consejo:

> Cuando un esposo y una esposa han acordado un parámetro determinado y se ponen firmes juntos en llevar a cabo lo resuelto, los intentos de aprovechamiento y manipulación fracasarán de manera invariable. Pero ante cualquier debilidad, toda grieta en la unidad del esposo y la esposa habilita a que los suegros abran una brecha entre ellos.[4]

Debemos presentar un frente unido. Esto implicará que rechacemos tomar partido a favor de nuestros padres y nos pongamos al lado de nuestro esposo o nuestra esposa, incluso contra las críticas si fuere necesario. Apoyarse uno al otro de manera consistente a través del tiempo ejercerá un efecto poderoso no solo al unirnos como pareja sino también al enviar un mensaje claro y amable hacia nuestros padres.

Establecer límites, si fuere necesario

Durante el Curso para Matrimonios, una pareja nos contó que el padre del esposo había estado solo durante muchos años. El padre llamaba a su hijo una o dos veces cada día, a menudo cuando estaban a punto de sentarse a comer en la noche o cuando estaban por irse a dormir. La madre del esposo había muerto cuando este tenía quince años de edad y, por ser el hijo mayor, había establecido una relación muy estrecha y especial con su padre. Esto no causaba ningún problema antes de que contrajeran matrimonio.

Cuando se casaron, sin embargo, se transformó en un gran inconveniente para su esposa, quien se sintió cada vez más molesta. Como su suegro vivía solo y la relación con su hijo era tan importante para él, se sentía culpable de mencionar el asunto a su esposo.

En un momento determinado comprendió que debía enfrentar la situación y dijo: "Las conversaciones telefónicas que sostienes con tu padre me resultan cada vez más difíciles de sobrellevar. La duración de los llamados es negativa para nosotros y cuando tu padre oye novedades con respecto a ti antes de que yo me entere de ellas, siento que me dejas afuera de tu vida. Luego, cuando me hablas, no quieres relatar todo de nuevo". Ambos conversaron sobre la situación y llegaron a una solución: que el esposo hablaría con su padre una vez al día desde la oficina.

Al principio no funcionó porque el padre seguía llamando cada noche. De modo que el hombre le dijo a su padre: "Cuando te levantes por la mañana, llámame a la oficina y me encantará hablar contigo; de otra forma no funcionará".

El padre puso a prueba esta nueva manera en repetidas ocasiones durante los días siguientes. Cada vez que llamaba por la noche, el esposo decía: "Disculpas, papá, no puedo hablar contigo ahora. ¿Te molestaría llamarme en la mañana así podemos tener una muy buena conversación?". Y luego de dos semanas, en palabras del esposo, "mi padre se adaptó al asunto". Como resultado, la esposa dijo que hubo muchos cambios en su matrimonio. "Mi esposo pone más énfasis en nuestra relación, dándole prioridad, y esto hizo que me sintiera realmente bien". También comentó que la relación de ambos con el hombre mayor se volvió mucho más estrecha que antes.

En situaciones semejantes el primer paso debe ser dialogar juntos acerca del dilema e intentar comprender los sentimientos del otro. Esto no será fácil. En forma instintiva queremos excusar a nuestros padres o acomodarnos a sus deseos, particularmente si los idealizamos o si están enfermos o viviendo en soledad. En su momento esto puede ocasionar que nos pongamos a la defensiva o desdeñemos la perspectiva del otro. Puede que ni siquiera reconozcamos el problema. Debemos oír con atención a nuestro cónyuge (tal como lo describimos en el Capítulo 4) y reconocer que existe un problema para él o ella. Por lo general, la escucha comprensiva ayudará a resolver la mitad de la situación. También debemos reconocer que nuestro cónyuge no ataca a nuestros padres o nuestra familia sino que demuestra una actitud adecuadamente protectora de la relación matrimonial. Así estaremos en una posición correcta para definir qué acción tomar, obteniendo consejo y ayuda externas si fuere necesario.

Una pareja recién casada nos describió durante una hora las dificultades que enfrentaban con sus padres. Ellos claramente querían continuar en control de la vida de su hija y no habían realizado ningún esfuerzo para desarrollar una relación con su yerno. Luego de escuchar y comprender los sentimientos de ambos, decidieron que la mejor manera para seguir adelante sería acordar una reunión con los padres de ella. No sabemos exactamente qué planeaban decir, pero les recomendamos incluir lo siguiente:

- Su reconocimiento por las formas en que sus padres intentaron proveer ayuda y apoyo.
- Su deseo de una continua relación estrecha con sus padres.
- Una explicación (con algunos ejemplos reales) del motivo por el que el esposo se sentía excluido y por qué eso ejercía una tensión en su vida matrimonial.
- Algunas sugerencias prácticas sobre cómo podrían trabajar juntos para optimizar la situación.

Un sábado se reunieron con los padres de ella y con valentía plantearon el tema durante una hora antes de retirarse. El ambiente era tenso. Los padres se mostraban reacios a escuchar lo que decían. Sin embargo, durante el curso de las semanas siguientes la pareja se esforzó en mantener la comunicación y, por ende, la situación mejoró paulatinamente. La confrontación fue dolorosa, pero el esfuerzo mereció la pena en el largo plazo.

Poner al cónyuge en primer lugar

Eric, que ahora está divorciado, admite que cuando su joven esposa lidiaba con su hijo de cuatro años de edad, un bebé, un trabajo de medio tiempo y una casa enorme y fría en un vecindario extraño, él solía detenerse en la cabaña de sus padres, ubicada cerca de su trabajo, para beber algo y dialogar en su camino de regreso a casa.

Allí, con una alfombra de pelo alto debajo de sus pies y un tazón lleno de palitos de queso hechos en casa al alcance de su mano, le contaba a su madre los triunfos y los retos de su día. Ella le prestaba atención con aprecio, interés y estímulo. Tal como todos lo haremos algún día, cuando podamos dormir y no seamos responsables por los calcetines de nadie más aparte de los nuestros. Cuando volvía a su casa para encontrar una esposa físicamente exhausta luego del tiempo de baño de sus bebés y rebuscaba sin esperanzas en los contenidos del refrigerador, no podía dejar de comparar los dos hogares y las dos mujeres. En voz alta. Fue el padre quien llamó la atención de su hijo al decirle durante una de sus visitas (con gran perspicacia para su generación) que tal vez su propia esposa se alegraría de contar con su ayuda para recostar a los pequeños. Pero para entonces ya era demasiado tarde. Eileen y los niños se fueron a vivir a la casa de la madre de ella.[5]

Pero no tiene por qué ser de esa manera si ponemos nuestras prioridades en orden. Melanie Thaw explica de qué manera la relación con su madre, Sheila Hancock, ahora resulta más sólida, aunque distinta:

> Definitivamente la maternidad nos unió más, pero también produjo un cambio en la relación debido al cambio en las responsabilidades. Ahora mi responsabilidad tiene que ser mi cónyuge y nuestro hijo. No quiero que parezca que estoy dejando de lado a mi madre, pero tal vez ella se sienta así. Ocurre que ya no es la única persona importante en mi vida. Su rol cambió... Y mamá es una excelente abuelita..."[6]

Capítulo 15
Cómo enfrentar los efectos de una infancia difícil

El amor... tiene el poder de rehacer las situaciones.[1]

Alan Storkey

Nuestro pasado afecta al presente, lo que a su vez afecta al futuro. En ningún lugar esto es tan cierto como en las relaciones familiares, ya sea para bien o para mal. Escribimos este capítulo para aquellos cuya infancia y educación arrojan una sombra sobre su propio matrimonio. Tal vez luchen para hacer frente a un pasado traumático o quizá no tengan conciencia de la conexión existente entre sus propias experiencias de entonces y su comportamiento actual.

La madre de Ted era una mujer fuerte y dinámica. Tenía una energía sin límites que canalizaba hacia sus tres hijos presionándolos para que alcanzaran el éxito en todo. Estaba motivada por una ambición obsesiva que no había satisfecho en su propia vida. El hermano mayor de Ted era extraordinario en los deportes y su hermana tocaba dos instrumentos musicales a alto nivel.

Siempre se esperó que Ted siguiera sus pasos. "Entrarás en el equipo de primera como tu hermano Robert", decía su madre. "He organizado para ti dos semanas de entrenamiento durante las vacaciones". "No, no puedes ir y quedarte con Phil ya que reservé una semana de navegación de vela ligera para que el año próximo puedas competir con Jane". La vida de Ted había estado organizada y planificada desde el momento en que nació. Nunca habían dejado que disintiera ni expresara sus sentimientos.

Cuando Julia, su esposa, sugirió que podrían ir el fin de semana a hacer ciclismo en la región de los lagos, su respuesta fue abrupta e hiriente: "¿Por qué tratas siempre de controlar mi vida?", expresión que desató una discusión acalorada. Las acusaciones fueron de un lado al otro, olvidando el tema de las bicicletas en el intercambio verbal. Para entonces Ted se había perfeccionado en el arte de concluir las discusiones con un comentario sarcástico que generalmente hacía llorar a Julia.

El resentimiento y la ira reprimida que tenía Ted por los intentos de su madre por controlar su vida siguieron en su interior al pasar los años. Se manifestaron, sin embargo, no hacia su madre sino contra su esposa, Julia. La confusión que tenían con relación a la fuente de tanto conflicto en su matrimonio causó que en un momento determinado buscaran ayuda profesional.

Ningún padre es perfecto y ninguno de nosotros tuvo una crianza perfecta. A veces no fue culpa de nuestros padres, pero en ocasiones sí. El dolor o la ira no resueltos podría ser consecuencia de la muerte de uno de los padres o su ausencia prolongada en el hogar. O puede que el origen se remonte al divorcio de nuestros padres, al abuso (fuera físico o emocional), al control excesivo o a la supresión de las emociones.

Algunos crecieron en un hogar donde el amor que recibían era condicional a su inteligencia, su apariencia, sus habilidades, su rendimiento escolar o la forma en que se comportaban en casa. La falla de los padres en mostrar amor incondicional es proclive a dejar heridas profundas. La clave es determinar si nuestros recuerdos de la infancia son felices o dolorosos. Para algunos, estos recuerdos son tan dolorosos que la amnesia se instaló en su mente y no pueden rememorar con facilidad lo que sintieron durante su crianza.

Como resultado de las experiencias de la infancia, puede que descubramos que en ocasiones reaccionamos en forma irracional hacia nuestro cónyuge o cualquier otro tercero. Estas reacciones pueden ser muy perturbadoras para nuestro esposo o nuestra esposa.

Inmediatamente después de que Miranda se casara, comenzó a experimentar una gran dificultad en la relación con su suegro. Al haber tenido solo dos varones, no estaba acostumbrado a relacionarse con mujeres de la generación de sus hijos. Cuanto más vulnerable se sentía Miranda, más dogmático se ponía el hombre. En reiteradas ocasiones, al visitar como pareja a sus suegros, terminaba llorando, para desconcierto de Patrick, su esposo. La situación se volvió tan mala que llegó a sentirse físicamente enferma y llena de temor durante las semanas previas a su visita en ocasión de la Navidad. Patrick comprendió que había un problema, por lo que decidieron buscar ayuda juntos.

Se supo que la infancia de Miranda había sido traumática. Sus padres siempre consideraron a su hermana como la hija favorita. A la edad de dieciocho, Miranda recibió una paliza por parte de su padre, quien le dijo que se fuera de la casa y de la familia para no regresar nuevamente. Sus padres subsecuentemente se divorciaron. A medida que Patrick y Miranda dialogaban al respecto, ella comprendió que sus dificultades para relacionarse con su suegro eran una reacción desmedida que ocurría como resultado del dolor profundo proveniente de su pasado.

En un matrimonio amoroso y con la ayuda de Dios, las heridas de esa clase pueden recibir sanidad. Buscar un alivio rápido no servirá de mucho. Sin embargo, es posible cambiar los sentimientos y restaurar nuestra capacidad de relacionarnos íntimamente.

Deberíamos ser conscientes de dos peligros con relación al dolor que proviene de nuestra infancia. Uno es el sentido de desesperanza en la persona que ha sido herida. Alguien así podría decir: "No puedo dejar de comportarme y reaccionar de la manera en que lo hago. Soy una víctima. Es así como soy y todo fue culpa de mis padres". No debemos negar nuestra responsabilidad. En cualquier momento, incluso al cargar heridas del pasado, podemos escoger mirar hacia las necesidades de los demás, incluyendo en ellos a nuestro cónyuge.

El segundo peligro es una falta de comprensión por parte del esposo o la esposa, quien tal vez culpe a su cónyuge en lugar de procurar brindarle ayuda. Su pareja debe entender que si bien es posible alcanzar la sanidad, con frecuencia demanda tiempo. Aquellas personas que fueron heridas profundamente puede que necesiten la ayuda de un consejero experimentado. Durante el proceso de sanidad se beneficiarán muchísimo del amor, el aliento y las oraciones de su cónyuge.

Si usted tuviera recuerdos dolorosos de su infancia que tal vez han afectado su matrimonio en la actualidad, le recomendamos que dialogue con su esposo o esposa acerca de los siguientes puntos. Si se quedaran atascados en una etapa o encontraran sentimientos que parezcan incontrolables y peligrosamente fuertes, será una decisión sabia buscar la ayuda de un pastor cristiano o un consejero.

Reconocer la fuente del dolor

Al comienzo del capítulo anterior observamos el rol de los padres con respecto al cuidado de las necesidades físicas y emocionales de sus hijos. Refiérase nuevamente a los dos diagramas para los "primeros años" y la "adolescencia" y pregúntese si sus padres, o cualquier otra persona que lo haya criado, proveyeron para dichas necesidades durante su infancia.

Puede ser duro enfrentar la situación con sinceridad y honestidad. En la mayoría de la gente existe un sentimiento de gran lealtad hacia sus padres y nadie quiere parecer desagradecido. Aquellos con necesidades no satisfechas durante su infancia consideran con relativa facilidad que ha sido su culpa que no les mostraran amor. Suponen que tal vez no han sido niños adorables ni merecedores de atención y por ello sus padres no se preocuparon en afirmar su personalidad. Es importante observar con sinceridad lo que estuviera faltando y las consecuencias que esto tiene ahora en nuestra relación.

No deberíamos sorprendernos si, al hacerlo, encontráramos un fuerte sentido de ira u otras emociones como la tristeza, el rechazo, el miedo y la vergüenza. Estas emociones han sido suprimidas durante un largo período de tiempo. Una mujer joven que llegó al Curso para Matrimonios, y que había tenido una relación difícil con su madre, describió cómo había pasado una noche arrojando zapatos alrededor de su dormitorio. Nunca antes había reconocido la ira escondida que tenía en su interior.

Si experimentáramos tales emociones, siempre podremos contarle a Dios cómo nos sentimos y buscar su consuelo y alivio. Cuanto más sinceros y honestos seamos en la oración, mejor. La Biblia utiliza distintas imágenes que retratan a Dios como padre y madre, lleno de compasión hacia nosotros y alentándonos a llevar toda necesidad ante él. Los salmistas eran capaces de expresar a Dios toda la gama de emociones humanas (ira, frustración, dolor, arrepentimiento así como también gratitud y alegría), y nosotros también podemos hacerlo. En palabras del apóstol Pedro: "Depositen en él toda ansiedad, porque él cuida de ustedes" (1 Pedro 5.7).

Compartan el dolor mutuo

Las necesidades no satisfechas de la infancia constituyen una especie de duelo. Si un esposo o una esposa puede hablar acerca de lo que careció en el pasado, su cónyuge puede intentar proporcionar apoyo emocional mediante su disposición a escuchar, sin por ello tratar de justificar los sentimientos o minimizar el efecto. La Biblia dice: "lloren con los que lloran" (Romanos 12.15). Este proceso de hablar abiertamente acerca del sentido de pérdida con alguien a quien le importemos traerá sanidad y asistencia durante el proceso de duelo.

Si nuestro cónyuge recordara una falta de afecto, afirmación o apoyo

durante su infancia, debemos poner especial cuidado en no agravar el
dolor al ignorar en nuestro matrimonio estas necesidades emocionales
subyacentes. Aquellos que ponen al descubierto el dolor de su infancia
necesitan recibir consuelo, sin exigirlo, por parte de su cónyuge.

Perdonar a quienes hayan causado heridas

En el Capítulo 12 vimos el proceso del perdón. Aquí van los puntos
nuevamente. Primero, perdonar es un acto de la voluntad. Debemos
perdonar a quienes nos hayan herido aunque no sintamos hacerlo. Para
algunos, las experiencias de la infancia se habrán convertido en una "zona
prohibida". Recibimos una carta de una mujer llamada Jennifer que
oportunamente participó en el Curso para Matrimonios y comprendió que
debía perdonar a su padrastro. Escribió lo siguiente:

> Tuve un padrastro llamado John. Mi madre se casó con
> él cuando yo tenía siete años y se divorció cuando llegué
> a mis quince. La solicitud de divorcio se hizo aduciendo
> "crueldad mental". Mi infancia fue una pesadilla. Mi mayor
> deseo era crecer tan pronto como fuera posible para escapar
> de la situación.
>
> Ahora tengo treinta y tres. He cargado con el odio y el
> pesar de dichos recuerdos durante dieciocho años, a pesar
> de llegar a ser una cristiana comprometida dos años atrás.
> Era una parte de mi vida que simplemente constituía una
> zona prohibida. Me encontraba muy desolada. ¿De qué
> forma podría perdonar a John por lo que había hecho?
> ¿Dónde estaría la justicia al hacerlo? Era una niña. Yo era
> la víctima. No lo había visto desde que tenía quince años.
> Él ni siquiera estaba pidiendo (hubiera preferido decir
> "mendigando") obtener el perdón.
>
> La combinación del Curso para Matrimonios, el libro

"Gracia divina versus condena humana" de Philip Yancey y la obra de Dios en mi vida me capacitaron para ver con claridad que debía lidiar con este asunto de una vez por todas, a menos que quisiera que los dieciocho años se transformaran en veintiocho, treinta y ocho, cuarenta y ocho... sin final.

Oré, estuve despierta durante muchas noches, lloré y añadí más oración. Luego le escribí una carta a John, perdonándolo por la herida y la angustia que experimenté como niña bajo su cuidado. Mientras escribía no tenía ni idea acerca de si él era consciente del impacto que ese aspecto de su vida había tenido en la mía, por lo que decidí dejar esa parte a Dios. Pero cuando dejé la carta en la oficina de correos supe que logré alcanzar la libertad.

Algún tiempo después nos enteramos de que el padrastro de Jennifer se puso en contacto con ella. Era incapaz de dimensionar el daño que le había causado cuando niña y no veía el motivo por el que necesitaba perdón. A pesar de esta reacción, Jennifer experimentó libertad completa del dolor que aquel hombre le había ocasionado.

Ante todo, el perdón es un acto de la voluntad. Segundo, es una decisión continua. Donde se nos haya herido profundamente, tendremos que mantenernos en la decisión de perdonar, incluso en forma cotidiana, la misma ofensa. Cuando perdonamos como un acto consciente, al igual que Jennifer, los sentimientos llegan como consecuencia.

Tercero, como vimos en la historia de Jennifer, nuestro perdón no debe ser condicional a la comprensión de nuestros padres (o padrastros) sobre los aspectos en donde hayan fallado ni tampoco al cambio de actitud en ellos. El perdón implica renunciar tanto al deseo de restitución y la expectativa de que nuestros padres satisfarán nuestras necesidades a partir de entonces. Esto es parte del proceso de dejar ir nuestra dependencia en relación a ellos.

No siempre será aconsejable ni tampoco posible expresar directamente nuestro perdón a quienes nos hayan herido. Si ambos padres hubieran fallecido o todo contacto con ellos se hubiera perdido, aún debemos soltar la ira que tuviéramos hacia ellos. En las siguientes páginas sugeriremos el bosquejo de una oración que podría ayudarnos a soltar aquellos sentimientos para entregárselos a Dios.

Buscar el amor de Dios

Podemos pedir que Dios sane nuestro sentido de pérdida al invitarlo como Padre perfecto para proveernos la seguridad que no hayamos recibido de nuestros padres. Su promesa para nosotros es: "Con amor eterno te he amado; por eso te sigo con fidelidad" (Jeremías 31.3). Su amor, por lo tanto, es capaz de satisfacer nuestras necesidades más profundas de aceptación, seguridad, atención, aliento y mucho más. Aun en su mejor expresión, el amor parental solamente es un pálido reflejo del amor fuerte, continuo e incondicional que Dios tiene por nosotros.

Dios nos invita a ser parte de su familia y experimentarlo como Padre: "Mas a cuantos lo recibieron [a Jesús], a los que creen en su nombre, les dio el derecho de ser hijos de Dios" (Juan 1.12). Cuando ponemos nuestra vida en las manos de Dios, nos da su Espíritu, quien nos llena con la seguridad de su amor: "Dios ha derramado su amor en nuestro corazón por el Espíritu Santo que nos ha dado" (Romanos 5.5).

A continuación compartimos una oración sugerida que podría emplear si usted acarreara heridas de su infancia:

> Señor, gracias por tu amor condicional por mí y por tu disposición a perdonarme gratuitamente. Gracias por las cosas buenas que mis padres me dieron. [Aquí ponga en palabras algunos buenos recuerdos]. Ahora traigo ante ti las distintas formas en que me fallaron y te pido que me ayudes a perdonarlos.
>
> [Luego diga:] Mi padre/madre (o cualquiera que fuera el término que utiliza normalmente) causó que me sintiera de

esta forma al fallar en cuanto a... [mencione las necesidades no satisfechas de su infancia]... pero decido perdonar.

Señor, gracias por ser un Padre perfecto. Por favor lléname ahora con tu Espíritu Santo de modo que pueda conocer tu amor por experiencia propia. Gracias por tu promesa de dar tu Espíritu de amor a todos lo que te lo pidan. Amén.

Al final del capítulo enumeramos algunas de las promesas de Dios. Medite en esas palabras. Atrévase a creer en el amor incondicional de Dios por usted. Al hacerlo, Dios gradualmente reemplazará el dolor de las necesidades no satisfechas de la niñez con un sentido de seguridad y consuelo.

Seguir adelante

Al perdonar a nuestros padres es probable que seamos conscientes de que hemos actuado en forma irracional y enfadado a otras personas, en especial a nuestros seres queridos, debido a los motivos subyacentes de satisfacer las necesidades de nuestra infancia. Quizá hemos tenido explosiones de ira en relación a nuestro cónyuge sin una razón evidente, o negado, enfadado y rechazado a quienes trataron de amarnos y acercarse a nosotros. Tal vez hayamos visitado y llamado por teléfono a nuestros padres con demasiada frecuencia, contándoles nuestros logros y anhelando escuchar la frase "bien hecho hijo" que estuvo ausente durante nuestra infancia. Aunque en ocasiones pueda sentirse imposiblemente difícil, con la ayuda de Dios y el aliento de nuestro cónyuge (y otras personas si fuere necesario), podemos abandonar dicha conducta.

El cambio, sin embargo, nos hace sentir inseguros. Victor Frankl describe la liberación de los judíos que sobrevivieron al campo de concentración de Dachau hacia el final de la guerra. Los prisioneros salieron al aire libre pero la luz del sol encandiló sus ojos de un modo tal que decidieron regresar a sus celdas.[2] A veces preferiríamos regresar a la familiaridad y seguridad de nuestras relaciones obviamente imperfectas y los antiguos patrones de conducta. Al movernos hacia adelante puede que nos sintamos expuestos y nos veamos en la necesidad de reafirmación. No deberíamos sorprendernos ni desilusionarnos por esto.

Si uno de los cónyuges hubiera tenido que lidiar con la peor parte de algún tipo de conducta irracional, no debería esperar cambios instantáneos. Lleva tiempo que los modos anteriores de reaccionar se reemplacen con nuevas maneras. Debemos ser gentiles, pacientes y alentadores.

Tener esperanza

No preparamos este capítulo para todos sino para aquellos cuyos dolores y enojos no resueltos de la infancia han producido gran tensión en su relación matrimonial. Si este capítulo tuviera relevancia en su vida, le animamos a que, por amor a su matrimonio y pese a la energía emocional requerida, sobrelleven juntos (y con la ayuda de un tercero, si fuere necesario) estos asuntos dolorosos. Los intentos de restaurar las relaciones con la familia extendida puede que sean correspondidos o no. Aun así merecerá la pena hacerlo por amor a nuestro matrimonio.

Tenemos un padre perfecto en Dios: "...lento para la ira y lleno de amor" (Jonás 4.2), siempre listo para escuchar, consolar y ayudar. Si nuestros padres hubieran fallado en cuanto a amarnos, tal vez al principio nos resulte difícil de aceptarlo. Las famosas palabras de 1 Corintios 13: "El amor todo lo disculpa, todo lo cree, todo lo espera, todo lo soporta" serán de inspiración y aliento a través del proceso.

A continuación compartimos una selección de promesas del amor de Dios que han resultado de ayuda y seguridad para muchas personas:

"Lo halló en una tierra desolada, en la rugiente soledad del yermo. Lo protegió y lo cuidó; lo guardó como a la niña de sus ojos; como un águila que agita el nido y revolotea sobre sus polluelos, que despliega su plumaje y los lleva sobre sus alas" (Deuteronomio 32.10-11).

"Todavía estaba lejos cuando su padre lo vio y se compadeció de él; salió corriendo a su encuentro, lo abrazó y lo besó" (Lucas 15.20).

"Tan compasivo es el Señor con los que le temen como lo es un padre con sus hijos" (Salmos 103.13).

"Así que no temas, porque yo estoy contigo; no te angusties, porque yo soy tu Dios. Te fortaleceré y te ayudaré; te sostendré con mi diestra victoriosa" (Isaías 41.10).

"Ustedes ya son hijos. Dios ha enviado a nuestros corazones el Espíritu de su Hijo, que clama: «¡Abba! ¡Padre!»" (Gálatas 4.6).

"Y nosotros hemos llegado a saber y creer que Dios nos ama" (1 Juan 4.16).

Conclusión

Esta es la experiencia de una mujer casada y su relación con la familia extendida:

> Mientras escuchaba a mis amigas acerca de lidiar con madres manipuladoras y frías, padres distantes, abuelas entrometidas y abuelos obsesivos, me cuestionaba si mi crianza había sido aburridamente simple. Pero ahora veo que debe haber sido, en ocasiones, muy compleja.
>
> Nuestros padres nos dieron a mi hermano y a mí una vida familiar muy real y normal. Por supuesto, de vez en cuando todos discutíamos (según mi madre) en las etapas entre aprender a caminar y aprender a conducir un automóvil, cuando mi hermano y yo reñíamos a cada hora.
>
> Pero a través de los "altos" y "bajos" de la vida familiar (y pese a todas nuestras imperfecciones) siempre nos comunicábamos, y lo seguimos haciendo. Cada noche compartíamos la cena y conversábamos acerca de cómo había transcurrido la jornada de cada uno, pidiendo el consejo de los demás e interesándonos en las luchas de todos.
>
> Mi primer novio llegó una noche en su motocicleta vestido de pies a cabeza con ropa de cuero. Mis padres lo invitaron instantáneamente a compartir la cena sin ningún

problema, murmuración ni ceño fruncido. Todo se desarrolló de forma perfectamente normal, con la excepción de que mi padre dijo: "¿Por qué no te quitas la chaqueta, muchacho? Los flecos están arrastrando la crema de puerros".

Y así siguió.

Y tiempo más tarde me casé, y creció la relación entre mi esposo Tim, mi hermano y por supuesto mis padres. Mi propia relación con ellos se expandió para incluir a Tim y también debe haber cambiado, pero no tengo idea con respecto a cómo ocurrió.

Creo que sin pensar realmente en ello, nos permitimos reagruparnos y reorganizarnos en nuestros nuevos roles. Luego tuvimos hijos y probablemente nos reorganizamos otra vez.

Charlamos por teléfono; llamamos para preguntar cuántas veces uno puede recalentar la carne molida; le preguntamos a papá cómo armar estanterías y esperamos que se ofrezca a hacerlo. Nos encontramos para almuerzos y cenas. A veces cuidan a los niños y podemos salir a solas. Nuestros padres están increíblemente ocupados. Nosotros también. Tuvimos que vivir con ellos por un tiempo entre mudanzas con un bebé de dieciocho meses con una tendencia a vaciar armarios y despertarse en la madrugada. Pero esa es otra historia. Sí, el conjunto es espectacularmente abrumador. Y amo cada aspecto de ello, absolutamente.

Aunque los integrantes de dicha familia estaban lejos de ser perfectos (de hecho, destacarían sus muchas imperfecciones) experimentaban cimientos firmes sobre los cuales podían edificar sus propios matrimonios.

En las áreas en donde nuestro pasado haya sido doloroso, nuestro matrimonio no tiene por qué peligrar. De hecho, el matrimonio en sí mismo puede ser una relación sanadora. Una amiga nuestra nos contó tiempo atrás lo doloroso que había sido descubrir cuando niña que era adoptada. No podía aceptar que no tenía ninguna relación de sangre conocida. Cuando quedó embarazada y comenzó su propia familia, descubrió que su dolor experimentó sanidad. Esta llegó mediante su matrimonio y su experiencia de la vida familiar.

Un hombre que tuvo una relación difícil con su padre habló de la emoción de formar una relación saludable y afectuosa con su suegro. Se convenció finalmente de que no había nada incorrecto en él como hijo. Era una persona digna de recibir aceptación.

Aquellos que tuvieron padres negligentes o crueles a veces se preocupan acerca de su propia capacidad de ser buenos padres. Pero al descubrir la alegría de tener y amar a sus propios hijos, nuevamente el pasado puede experimentar sanidad. Victoria Glendinning escribe:

> Tuve una infancia muy difícil. La reescribí, con felicidad, mediante la infancia de mis hijos.[3]

Para todos nosotros, el matrimonio puede ser una relación sanadora. Es el lugar donde las inseguridades y las dudas personales que acarreamos pueden darse a conocer y revertirse. Por medio del amor de Dios y el amor de nuestro cónyuge, pueden completarse las brechas existentes, revocarse las palabras hirientes y reedificarse nuestra confianza personal.

Sexta regla de oro del matrimonio

Honren a sus padres y procuren que no ejerzan control sobre ustedes.

Vida sexual sana

Capítulo 16
Sexo, ¿de qué se trata todo esto?

El sexo tiene un propósito... abolir el aislamiento. Algunas personas escogen aislarse. No lo hacen porque en el fondo prefieran el aislamiento sino debido al temor al rechazo y el distanciamiento. Aun así, si no nos exponemos nosotros mismos, ¿cómo llegaremos a descubrir las maravillas de envolverse y perderse en el otro?[1]

John White

El sexo es el mayor desarrollador de intimidad. No tratamos el tema recién ahora por no considerarlo una parte importante del matrimonio, sino debido a que cada uno de los demás aspectos de la vida matrimonial afectan la manera en que hacemos el amor y el hacer el amor afecta cada uno de los aspectos de nuestro matrimonio. Cuando nuestra relación sexual es una expresión vital del amor mutuo, experimentamos una unidad que permea cada rincón de nuestro ser.

Dios ama la sexualidad. Él la inventó. Nos diseñó para deleitarnos en la atracción que sentimos hacia nuestro cónyuge. La capacidad de expresar amor a través de la unión de nuestros cuerpos es un don que proviene de aquel que es amor puro. Su intención es que disfrutemos al máximo del sexo dentro del compromiso amoroso del matrimonio, donde nada se esconde ni se retiene ante el otro. Mike Mason describe este acto de "desnudez total":

> Estar desnudo con otra persona es una especie de foto o demostración simbólica de perfecta sinceridad, perfecta confianza, perfecta generosidad y perfecto compromiso, y si el corazón no se desnuda junto al cuerpo, entonces toda la acción se vuelve una mentira y una burla. Se convierte en una participación en una contradicción absurda y trágica: el ofrecimiento del cuerpo pero la retención del ser interior. La exposición del cuerpo en un encuentro personal es semejante a contar nuestro secreto más profundo: luego de eso no hay punto de retorno, ninguna pretensión de que el secreto aún nos pertenezca o que el otro lo desconozca. Es, en efecto, el último paso en las relaciones humanas y por lo tanto nunca debería tomarse a la ligera. No es un paso que establece intimidad profunda sino uno que presupone su existencia.[2]

Nuestra percepción y experiencia del sexo pueden variar y ser muy distintas. En el siglo XXI la sexualidad se representa de manera incorrecta, al tiempo que se exagera y se sobredimensiona. Lo hemos visto por todas partes: en ocasiones abaratada, en otras sentimentalizada, por momentos idolatrada, pero casi siempre fuera del contexto del matrimonio. Algunos se han vuelto adictos al sexo. Otros se han cansado, como ilustró tiempo atrás el titular en la portada de un periódico: "Por qué el sexo dejó de ser *sexy*".

Muchas personas (incluyéndonos) aprendieron acerca del sexo gracias a su grupo de pares, quienes a una edad increíblemente temprana parecían tener una gran autoridad en el asunto. Luego resultaba evidente que eran igualmente ignorantes o no contaban con la información necesaria.

Nuestra educación habrá desempeñado un aspecto importante en cuanto a la forma en que consideramos el sexo. Libby Purves describió las actitudes que encontró en la escuela: "...había una o dos [maestras] excesivamente púdicas, como la maestra de disciplina que llegó a prohibir que la radio estuviera encendida en los baños durante la mañana porque no consideraba decente que las muchachas oyeran voces marcadamente masculinas cuando

SEXO, ¿DE QUÉ SE TRATA TODO ESTO?

estuvieran desvestidas".[3] Qué contraste con la actitud de muchas escuelas en la actualidad, donde no se enseña ningún límite en particular con excepción de que, de ser posible, el sexo sea seguro.

En relación a la historia, la iglesia debe cargar con parte de la culpa por una falsa comprensión de la sexualidad. La Biblia es clara con respecto a que el sexo dentro del matrimonio es bueno, pero la iglesia no siempre reflejó dicha enseñanza de manera adecuada. En el siglo IV, Agustín habló de "la vergüenza que conlleva todo encuentro sexual". Otros teólogos fueron más lejos. Algunos advertían a las parejas casadas diciendo que el Espíritu Santo dejaba el dormitorio cuando se unían en una relación sexual. Por lo tanto, cuanto menos sexo, mejor era.

Pero quizá la mayor influencia en la formación de nuestras actitudes haya sido el punto de vista de nuestros padres en relación al sexo. En algunos hogares nunca se dialoga abiertamente sobre el tema o se habla pero de manera inadecuada, con bromas baratas o lenguaje soez. Para otros, el temor de sus padres y la sobre protección causaron una falsa culpabilidad que los ha dejado con la sensación de que todo lo relacionado al sexo es sucio. Trágicamente, algunas parejas batallan con una postura distorsionada con respecto al sexo por haber sufrido los horrores del abuso sexual, mientras que otras trasladan a su matrimonio las consecuencias dolorosas de las relaciones sexuales del pasado.

Supuestamente hoy en día existe una gran apertura con relación al sexo y la sexualidad, pero aun así mucha gente siente vergüenza de hablar sinceramente con su cónyuge acerca del sexo en su matrimonio. Es una paradoja extraña: el sexo está muy de moda en la sociedad pero en privado no lo mencionamos, en especial si tuviéramos problemas.

Antes de conversar acerca del sexo en un nivel práctico haremos un esbozo de cuatro principios bíblicos que proporcionan el marco para una relación sexual satisfactoria dentro de un matrimonio afectuoso y duradero.

Sexo: una fuerza poderosa

"De la costilla que le había quitado al hombre, Dios el Señor

hizo una mujer y se la presentó al hombre, el cual exclamó:
«Esta sí es hueso de mis huesos y carne de mi carne. Se
llamará 'mujer' porque del hombre fue sacada». Por eso el
hombre deja a su padre y a su madre, y se une a su mujer, y
los dos se funden en un solo ser" (Génesis 2.22-24).

La expresión moderna que podría equipararse con las palabras de Adán
cuando posó sus ojos por primera vez en Eva podría comenzar con un largo
suspiro diciendo "¡Wow!". El maravilloso plan de Dios para el matrimonio
es que el anhelo que un esposo y una esposa tengan de estar juntos culmine
en la unión sexual. Cuando se practica afectuosamente, con amor, el sexo
expresa y genera unicidad.

Esta es la razón por la que el sexo fuera del matrimonio es tan dañino.
La unión sexual entre un hombre y una mujer siempre será mucho más que
una conexión física temporal. Nos afecta en un nivel emocional, psicológico
y espiritual profundo. Las dos hojas de papel sobre las que hablamos en el
Capítulo 1, unidas con pegamento para volverse una sola hoja, no pueden
separarse sin que se produzcan daños en ambas.

El sexo fue diseñado por Dios como una expresión de la relación exclusiva
y comprometida entre un hombre y una mujer. Cada vez que expresamos
nuestro amor mutuo a través de la unión física de nuestros cuerpos, la
conexión entre nosotros se hace más sólida y profunda.

Sexo: una vida de descubrimiento

La segunda referencia viene del libro de Cantares. Justo a la mitad de la Biblia
se encuentra un bello poema erótico que describe la relación apasionada entre
un hombre y su nueva esposa. El escritor no tiene reparos para celebrar el
misterioso poder del regalo de Dios del amor sexual. Las metáforas poéticas,
aunque oscuras en una primera lectura, no dejan dudas de que la intención
de Dios es que disfrutemos explorando el cuerpo de nuestro cónyuge y nos
deleitemos en atracción, excitación y clímax mutuos. No hay indicio alguno
de vergüenza, culpa o turbación.

¡Coman y beban, amigos,

y embriáguense de amor! (Cantares 5.1)

En Cantares, hacer el amor madura gradualmente durante el curso del poema a medida que se desarrolla la relación de la pareja. Quizá esto deje entrever un poco más la razón por la cual el propósito de Dios es que el sexo se practique solamente dentro del matrimonio.

Por contraste, la impresión que dejan incontables películas de la actualidad es que el sexo es más excitante cuando una relación fuere nueva o adúltera. Este mito causa que muchos supongan que, como una esposa o un esposo se vuelven familiarmente comunes entre sí, la excitación menguará de forma inevitable. Y entonces se piensa que solo la aventura y el secretismo de un romance pueden generar la excitación sexual otra vez.

Pero esta no es la forma en que Dios diseñó nuestros cuerpos. Más bien se trata de que, a medida que crezcamos en la comprensión de cómo nos excitamos y damos placer mutuo, nuestra relación sexual se desarrolle y el disfrute se incremente con los años, nutriendo la vida matrimonial por entero al expresar y recibir amor. Esta convicción llevó al escritor de Proverbios a señalar con tanto sentimiento: "¡Goza con la esposa de tu juventud! [...] ¡Que sus pechos te satisfagan siempre! ¡Que su amor te cautive todo el tiempo!" (Proverbios 5.18-19).

Una pareja en la que ambos tenían cerca de setenta años de edad escribió acerca de su experiencia luego de treinta y seis años de matrimonio:

> El encuentro sexual es ante todo para que una pareja profundice su relación de amor. Si esto no fuera así, Dios no hubiera permitido que esta parte de nuestro ser creciera en vigor y entusiasmo en cada etapa de nuestra vida, tanto como cuando criábamos a nuestros hijos como cuando teníamos cincuenta, sesenta y ahora setenta años de edad (¡y estamos muy felices de que sea de este modo!).[4]

Cuando un esposo y una esposa asumen una perspectiva de largo plazo, son ampliamente recompensados. El autor y psiquiatra cristiano John White comenta:

> El sexo se diseñó para ponerle fin a la soledad. [...] La comunión (la cercanía, la intimidad, el conocerse y darse a conocer, el amarse y recibir amor) es una compleja estructura viva que lleva años desarrollar. Comienza como una planta delicada y bella, vibrante y llena de vida. Crece hasta convertirse en un árbol sólido con raíces profundas que lo sustentan a lo largo de sequías y tormentas.[5]

Debido a la capacidad que tiene el sexo de generar placer e intimidad, las imágenes del libro de Cantares también se emplean como una metáfora de la estrecha relación personal que Dios desea tener con nosotros.

Sexo: un ingrediente esencial

La tercera referencia viene de la primera carta de Pablo a la iglesia en Corinto, una ciudad notoria por su libertinaje sexual.

El hombre debe cumplir su deber conyugal con su esposa, e igualmente la mujer con su esposo. La mujer ya no tiene derecho sobre su propio cuerpo, sino su esposo. Tampoco el hombre tiene derecho sobre su propio cuerpo, sino su esposa. No se nieguen el uno al otro, a no ser de común acuerdo, y sólo por un tiempo, para dedicarse a la oración. No tarden en volver a unirse nuevamente; de lo contrario, pueden caer en tentación de Satanás, por falta de dominio propio (1 Corintios 7.3-5).

En ocasiones estos versículos se utilizaron de forma errónea, en particular por maridos que requieren que sus esposas satisfagan todo deseo y antojo sexual. Esto contradice el punto principal de este pasaje, que es recordar a esposos y esposas sus *deberes* con relación al otro en lugar de referirse a sus derechos. Ni el esposo ni la esposa deben evitar la expresión física de hacer el amor excepto por acuerdo mutuo durante un período limitado. Ambos deben reconocer que su relación sexual no es la guinda del pastel en su matrimonio sino un ingrediente esencial del pastel en sí.

Como vimos anteriormente, la ley romana le concedía a un esposo los derechos absolutos sobre su esposa. Por ello, la enseñanza de Pablo sobre esta entrega mutua del cuerpo de cada uno hacia el otro era algo revolucionario en el primer siglo. Hoy en día también es relevante.

Un artículo publicado por el periódico *The Sunday Times* acerca de la *Encuesta Nacional Británica sobre Actitudes Sexuales y Estilos de Vida* mostró que, aunque el sexo fuera del matrimonio suele relacionarse ampliamente como parte normal de las relaciones, dentro del matrimonio miles de parejas "han rechazado el sexo a favor de la castidad. [...] La investigación demuestra que una de cada treinta parejas opta por el celibato en sus relaciones, ya sea porque no tienen tiempo o porque no tienen inclinación hacia el sexo".[6]

Por lo general se supone que las relaciones sexuales tienen una duración de vida determinada. Liz Hodgkinson, autora de *Sex is Not Compulsory* (en español:

"El sexo no es obligatorio"), escribe: "Para algunos puede que sea una semana, para otros podrían ser veinte años. Pero si uno trata de extender su relación sexual más allá de la vida normal, se buscará problemas pues el sexo ya no volverá a ser espontáneo ni agradable".[7]

Esto es un triste malentendido con respecto a la manera en que funciona el sexo. Dios diseñó el sexo para disfrutarse dentro de una relación matrimonial duradera y su intención es que sea gratificante (aunque cambiante) a lo largo de nuestra vida. A medida que nos conocemos entre nosotros con mayor profundidad a través de los años, el potencial para la intimidad y el gozo mediante la conexión sexual se incrementa, no decrece. Lejos de abandonar la relación cuando el deseo sexual disminuya por un tiempo, una pareja debe descubrir nuevas formas de excitarse y satisfacerse mutuamente.

Si fuéramos negligentes con respecto al mandamiento bíblico y evitamos tener ocasiones periódicas para hacer el amor (excepto por motivos de salud o recuperación física luego de dar a luz), nos volveremos personas separadas en cada nivel de la vida. La falta de hacer el amor en un matrimonio debe tomarse con seriedad. Puede conducir a sentimientos de aislamiento y soledad. Y cuando nos sentimos solitarios somos vulnerables a las tentaciones externas.

Sexo: un acto de entrega

La cuarta referencia viene de la enseñanza integral del Nuevo Testamento con respecto al matrimonio. No se refiere exclusivamente a la relación sexual pero ciertamente la incluye:

> Sométanse unos a otros, por reverencia a Cristo. Esposas, sométanse a sus propios esposos como al Señor. Esposos, amen a sus esposas, así como Cristo amó a la iglesia y se entregó por ella. [...] Así mismo el esposo debe amar a su esposa como a su propio cuerpo. El que ama a su esposa

se ama a sí mismo, pues nadie ha odiado jamás a su propio cuerpo; al contrario, lo alimenta y lo cuida, así como Cristo hace con la iglesia, porque somos miembros de su cuerpo. «Por eso dejará el hombre a su padre y a su madre, y se unirá a su esposa, y los dos llegarán a ser un solo cuerpo». Esto es un misterio profundo; yo me refiero a Cristo y a la iglesia. En todo caso, cada uno de ustedes ame también a su esposa como a sí mismo, y que la esposa respete a su esposo (Efesios 5.21, 22, 25, 28-33).

La vida sexual sana requiere que tanto el esposo como la esposa consideren cuál es la mejor manera de darse placer mutuo al hacer el amor. Gran parte del deseo sexual estimulante y satisfactorio de nuestro tiempo se ha vuelto una actividad orientada hacia la propia persona. El énfasis está en *mi* derecho de satisfacer *mi* deseo en la manera que *yo* decida. Sin embargo, el sexo no es un don para la gratificación personal. Es una forma de entregarnos al otro, sometiéndose a las necesidades y los deseos de cada uno.

"Eso fue impresionante... Yo soy impresionante".

El acto sexual es la forma más íntima de mostrar amor a nuestro cónyuge e implica hacer sacrificios por el otro. Una pareja debe aprender cómo entregarse mutuamente. En varias ocasiones y por diversas razones cada uno de nosotros tendrá un nivel diferente de deseo sexual, en especial durante los períodos de estrés o con la llegada de un hijo. Para uno, el amor sacrificial podría significar mostrar moderación. Para el otro, hacer el amor a pesar del cansancio.

El concepto de entregarse al otro mediante el sexo puede ser difícil de asimilar. Mucha gente crece pensando que el sexo es algo que se debe tomar, ganar o manipular. Por ello el arte de darse uno mismo a otra persona puede parecer extraño al principio; pero debemos cultivar este arte en cada aspecto del matrimonio, particularmente en el área del sexo.

> No nos casamos para copular. [...] Nos casamos para establecer una alianza de ayuda y servicio mutuos, y como una expresión de amor. La intimidad [sexual] en dicho contexto es el sello del compromiso. También es una comunicación delicada de amor y confianza por la cual un hombre y una mujer se conocen entre sí de forma mucho más profunda.[8]

Capítulo 17
Seis características de los grandes amantes

[El sexo] celebra lo que ocurre en los demás aspectos de la vida de una pareja. [1]

Alan Storkey

El hecho más básico y sin embargo más importante de comprender acerca de la sexualidad es que los hombres y las mujeres fuimos creados como personas diferentes. Algunos describen las diferencias del siguiente modo:

Los hombres por lo general ponen el foco en el sexo; las mujeres en el romance. Los hombres piensan en el destino; las mujeres en el trayecto. Los hombres son como las cocinas a gas: se calientan de forma instantánea y se enfrían con rapidez. Las mujeres se parecen a las cocinas eléctricas: les lleva tiempo calentarse pero permanecen calientes durante más tiempo.

Dios diseñó que los hombres y las mujeres nos excitáramos de maneras diferentes. Es la combinación lo que puede generar una relación sexual satisfactoria y duradera. Si las mujeres hubieran sido diseñadas como los hombres, todo terminaría en treinta segundos y el sexo no sería el gran desarrollador de intimidad que Dios se propuso que fuera.

Tanto esposos como esposas tienen que entender y disfrutar estas diferencias; de otro modo podrían representar problemas insuperables. Un esposo debe aprender a ser amable y paciente, concediendo tiempo para que su esposa se excite. Por su parte, una esposa debe entender su propia sexualidad y la de su marido. Para ella, el proceso de excitación suele ser más complejo que para su esposo y el sexo tal vez no pueda separarse con facilidad del resto de la vida. Estas diferencias en nuestras reacciones sexuales a menudo conducen a malos entendidos y conflictos, los cuales afectan negativamente la vida matrimonial por completo. Lo que sigue a continuación es la primera de seis cualidades importantes que permitirán que la acción de hacer el amor se desarrolle y optimice.

Comunicación

Para muchas personas, todo el tema de la intimidad sexual es profundamente privado. Sin embargo, si podemos ser abiertos y sinceros entre nosotros, fortaleceremos grandemente nuestra confianza y cercanía mutuas.

Una pareja que asistió al Curso para Matrimonios describió el efecto que implica hablar más abiertamente:

Carol   Antes de participar en el Curso para Matrimonios consideraba que nuestra vida sexual era buena. Pensaba que mi marido tenía todos los problemas y que yo no tenía ninguno. Yo estaba bastante feliz por la forma en que funcionaban las cosas.

Richard Si alguien me hubiera dicho: "¿Tienes algún problema en tu vida sexual?", probablemente hubiera respondido: "No". Pero para mí había un problema. Siempre parecía que debía preguntar: "¿Te apetece?". Me sentía impotente. Parecía no haber forma de poder influir en la respuesta de Carol.

Carol Durante el curso tuvimos que poner por escrito una puntuación para evaluar la amistad, la intimidad espiritual y la intimidad física en nuestro matrimonio. Fue una conmoción para mí cuando mi esposo me mostró lo que había escrito: en una escala de veinte puntos, nuestra amistad tenía dieciocho; nuestra relación espiritual diecinueve y nuestra relación física... ¡dos! ¡Realmente era así! Luego, cuando hablamos juntos, por primera vez escuché genuinamente a Richard y me esforcé por comprender cuál le parecía que fuera el problema. Tomé el asunto con mucha seriedad. Hasta entonces yo pensaba que él era siempre demandante y que no me comprendía; pero allí comencé a darme cuenta de lo importante que era para él esa parte de nuestro matrimonio.

Antes del Curso para Matrimonios nunca sostuve en realidad una postura bíblica con respecto al sexo. No había considerado lo crucial e importante que es. Pensaba que éramos grandes amigos, que estábamos espiritualmente alineados y que si nuestro sexo no era tan bueno realmente no importaba. Durante el curso comprendí que sufría de ciertos bloqueos y estos impedían que fuéramos sexualmente libres entre nosotros.

Cuando yo tenía doce años, recuerdo ingresar al dormitorio de mis padres mientras hacían el amor. Nadie, incluyendo mis padres, me había hablado acerca del sexo. No tenía ninguna comprensión de lo que estaban haciendo pero no *parecía* como que tuviera algo que ver con el amor. Me avergonzaba tanto el incidente que al otro día me fui a la escuela antes de que mis padres se despertaran. Más tarde se sentaron para dialogar conmigo, mostrándose extremadamente incómodos, y trataron de explicarme. Desde aquel día el sexo se había vuelto un tema muy penoso para mí. Algunos años después descubrí que mi padre había sido infiel a mi padre y en lo profundo de mi ser comencé a creer que era imposible confiar en los hombres en el plano sexual.

No le había contado a Richard nada de esto antes de participar del Curso para Matrimonios, pero él vivía a la sombra del efecto que esto tenía sobre mí. Cuando se lo conté una noche, en la oscuridad, sintiendo una mezcla de vergüenza y pena, él se mostró muy amable y tierno. Entonces pasé algún tiempo hablando y orando acerca de esto con una de las líderes del curso y, con el amor y el apoyo de Richard, pude resolver el asunto.

Richard Fue tan bueno para mí poder ser sincero y darnos un "dos" como calificación en dicho aspecto de nuestra vida. La mejor parte fue que mi esposa me escuchara y me tomara seriamente en lugar de sentirse como una riña entre animales, lo cual refleja la manera en que me sentí en oportunidades anteriores. Lo segundo fue que decidí enfriar el asunto un poco y comenzamos a experimentar mediante el establecimiento de acuerdos. Acordamos hacer el amor una vez por semana. Mientras tanto yo trataría de ser más romántico.

Sostener una perspectiva cristiana es realmente valioso porque implica que el sexo es más que un proceso físico instintivo. Se ha convertido en algo que es parte de nuestra relación íntima. También me di cuenta de que me estuve comportando como una víctima y no era claro en mis demandas.

Carol Desde que completé el Curso para Matrimonios descubrí cuán maravilloso puede ser el sexo. Ahora que nuestra relación física no es más algo separado ni aislado, nuestro crecimiento juntos se ha vuelto repentinamente una realidad. Solía pensar que si hablábamos acerca de lo que fuera, nuestro matrimonio funcionaría bien. Ahora veo que nuestra relación sexual es una forma de comunicarnos en el matrimonio que resulta tan importante como las palabras que expresamos.

Muchos maridos tienen un impulso sexual más fuerte que sus esposas, lo cual, sin una buena comunicación, hace que muchas mujeres se sientan inadecuadas o intimidadas en el plano sexual. Debemos aprender a abrirnos mutuamente, expresar nuestro deseo de hacer el amor, decirle a nuestro cónyuge qué disfrutamos y qué no nos resulta agradable. Las suposiciones con respecto al otro o las generalizaciones sobre el género no resultan útiles. Algunas esposas tienen un impulso sexual mayor que el de sus maridos, y algunos esposos se sienten inadecuados porque no satisfacen las expectativas que nuestra cultura pone sobre ellos. Ninguna pareja es un estereotipo. Todos diferimos en los picos y valles de nuestro deseo sexual. Escucharse mutuamente y expresar nuestros sentimientos acerca del sexo es importante como cualquier otra área de comunicación en nuestro matrimonio.

Durante el acto de hacer el amor, las esposas deben decir a sus maridos qué las excita y cuándo están listas para el coito, mientras que los maridos deben expresar a sus esposas qué no hacer si estuvieran luchando por demorar el orgasmo. Cuanto más conozcamos con respecto al otro, más disfrutaremos al hacer el amor. Cualquier avergonzamiento desaparece rápidamente una vez que comienza esta clase de comunicación.

Las experiencias sexuales pasadas pueden afectarnos profundamente:

puede que haya una reticencia a entregarnos por temor a que nos hieran nuevamente o tal vez los malos recuerdos inhiban nuestra libertad. Es importante exponer mutuamente nuestros temores más profundos en relación a este aspecto complejo de nuestra personalidad. Porque al comunicarnos verbalmente (a menudo con sentimientos dolorosos de vulnerabilidad) nuestro cónyuge podrá consolarnos y animarnos, y nuestros sentimientos de rechazo y alejamiento se reemplazarán por calidez y amistad. Y esta aceptación puede entonces expresarse mediante una relación sexual afectuosa. El asunto así se vuelve un círculo virtuoso: al hacer el amor, sanamos los malos recuerdos, los cuales en su momento llevan a una reducción del temor y un aumento del deseo.

Ternura

La intimidad sexual surge de la ternura: constituyen dos lados de la misma moneda. La ternura es un aspecto vital de nuestra relación y el acto sexual parecerá vacío y unidimensional sin ella. La ternura involucra apartar tiempo para hacer el amor. Tiempo para relajarse de las presiones del día. Tiempo para desarrollar el romance y el deseo. Tiempo para disfrutar estar físicamente cerca. Tiempo para amarnos mutuamente con nuestras palabras: amabilidad, ternura, palabras de afirmación. No importa si se utilizan las mismas palabras una y otra vez si realmente las decimos con sentido y significado.

Así como una orquesta comienza con el oboe y luego los demás instrumentos se ponen a tono, del mismo modo la ternura implica ponerse a tono con las necesidades emocionales del otro. Si no apartamos tiempo y solo buscamos alcanzar el orgasmo, el sexo se transformará en algo mecánico.

Algunos maridos solo tocan a sus esposas cuando quieren sexo. Esto envía señales terribles a la mujer. De hecho, puede llevar a que un matrimonio no tenga ningún contacto físico debido a que la esposa se niega y desiste, resentida de la actitud y las intenciones de su marido. Si ella sintiera en alguna medida que su esposo la utiliza, su cuerpo se apagará y se producirá el aislamiento. Para que una mujer se entregue a su esposo debe sentir seguridad. Debe sentirse amada. Debe sentirse especial. No sugerimos que la ternura y la pasión sean mutuamente exclusivas pero, para la mujer en particular, la satisfacción emocional puede ser tan satisfactoria como un orgasmo.

El programa televisivo *Six O'Clock News*, de la cadena BBC, reportó tiempo atrás que en alguna etapa de su vida, una de tres esposas en el Reino Unido experimenta violencia doméstica. Es una terrible revocación de aquellas palabras en Efesios a las que nos referimos en el capítulo anterior: "Esposos, amen a sus esposas, así como Cristo amó a la iglesia y se entregó por ella..." (Efesios 5.25). En una tradicional boda judía, en lugar de poner una sortija o un anillo en el dedo de su esposa, el hombre se quita su chaqueta y la coloca en derredor de ella como un símbolo de su promesa de protegerla.

Se solicitó que un determinado número de mujeres respondiera qué hace que un hombre sea un buen amante. Sus respuestas revelaron que no son las proezas atléticas ni el tamaño de los músculos ni el tamaño de ninguna otra cosa más, sino la *ternura*. Esta cualidad ocupó un lugar más alto en las encuestas que la técnica física. El amor sexual no puede funcionar con un trasfondo de egoísmo, explotación, crítica o aspereza.

¿Loción para después de afeitarse?

Cuando una mujer se siente segura, especial y bella, su mente y su cuerpo responderán sexualmente hacia su marido, y esto optimizará su satisfacción mutua. El dormitorio debería ser un lugar donde la esposa pueda afirmar: "Me cuidan, aman y aprecian. En un mundo donde podrían subestimarme, tratarme con desdén o ridiculizarme, hay un hombre que me conoce como nadie más y es tierno conmigo".

Sensibilidad

Muchos maridos como Richard, si se les pregunta sobre su vida sexual, responderán que su esposa no es muy sensible, no responde. La Biblia habla de una mujer como un jardín secreto: "...jardín cerrado...¡jardín cerrado, sellado manantial!" (Cantares 4.12).

Sila   Conozco un antiguo y hermoso jardín inglés que me gusta mucho. Frente a la casa hay setos en los bordes. Al doblar la esquina, a lo largo de un extenso césped, hay un cerco de arbustos divididos por un arco. Al pasar por el arco se desciende unos peldaños hacia un jardín secreto que está en un nivel inferior. En el extremo hay una abertura en un viejo muro que conduce a través de un pequeño e íntimo rosedal con una fuente circular en medio. Más allá, pasando las glicinas trepadoras, las rosas y clemátides, uno se encuentra con un gran huerto amurallado. En verano, hay colchones de amapolas rosadas, anaranjadas y rojas, todo mezclado entre sí. El jardín conduce a un huerto lleno de manzanos, ciruelos y damascenos con un portal al final que permite el paso hacia el campo.

Sin importar el tiempo climático ni la estación, este jardín excita la curiosidad e invita a explorarlo, ofreciendo siempre un nuevo descubrimiento en rincones hasta entonces inexplorados. Es en este sentido que el libro de Cantares hace uso de un jardín como imagen de la sexualidad femenina; hay mucho para descubrir y deleitarse durante toda una vida.

Las metáforas en el libro de Cantares resuenan con placer y deleite a los oídos de ambos amantes. Esta mujer es consciente de su sexualidad y no está cohibida por la timidez o la restricción. Toma la iniciativa de dar la bienvenida a su esposo dentro de su jardín, "¡Viento del norte, despierta! ¡Viento del sur, ven acá! Soplen en mi jardín; ¡esparzan su fragancia! Que venga mi amado a su jardín y pruebe sus frutos exquisitos" (Cantares 4.16).

La sensibilidad de una esposa es el secreto para el bienestar emocional de su esposo. Una esposa puede interpretar con demasiada facilidad el deseo de su esposo de tener sexo como un anhelo puramente físico o como una demanda insensible. Un marido necesita saber que le resulta atractivo a su esposa. Necesita saber cuánto de su amor desea su esposa. Necesita oír que su esposa dice cuán especial (en un sentido físico tanto como en otros aspectos) es él para ella. Un esposo necesita sentir la excitación y la expectación del deseo de su esposa y todos los deleites que ella quiere compartir con él. Como dijo un esposo: "Cuando ella dice que no, me siento rechazado. Ese 'no' no significa un 'no' a la relación sexual, como ella podría sentir. Es uno 'no' hacia mí como hombre. Y me siento vulnerable al pedir o tomar la iniciativa".[2]

Para la mayoría de las mujeres, así como para un número significativo de hombres, el sexo comienza como una decisión y luego llega la excitación y el despertar sexual. En ocasiones ser sensible implicará tomar la iniciativa de hacer el amor como una decisión deliberada. Consciente de ello o no, la esposa tiene la llave que abre la puerta al jardín. Debe elegir explorarlo junto a su esposo.

Algunas mujeres, sin embargo, no saben que la llave y tal vez ni siquiera el jardín existen; otras temen lo que pudieran encontrar detrás del portal; para otras, su experiencia pasada en cuanto al jardín ha sido traumática y negativa. Dentro de la seguridad y el compromiso del matrimonio es posible enfrentar estos asuntos. Una esposa necesita creer en la posibilidad del placer y la satisfacción a través del acto de hacer el amor. En algunos casos se requiere gran valentía. Necesitará ayuda y apoyo de un marido paciente, afectivo y sensible a fin de entregarse libremente a él. Se requiere un ambiente de confianza. Lo ideal es que el marido y la mujer entren al jardín tomados de la mano, y comiencen a explorar y disfrutarlo juntos.

Más adelante en el poema la novia dice: "Vayamos temprano a los viñedos... ¡Allí te brindaré mis caricias!... hay a nuestras puertas toda clase de exquisitos frutos, lo mismo nuevos que añejos, que he guardado para ti, amor mío" (Cantares 7.12-13). La mayoría de los esposos se apresurarían a regresar a casa si oyeran propuestas así de parte de su esposa.

Romanticismo

El romanticismo tiene el potencial de atraernos hacia un mundo que solo pertenece a nosotros dos: un mundo en el que se despierta nuestra imaginación y se estimulan nuestros sentidos. Impide que el sexo se transforme en algo mecánico y rutinario. El romanticismo genera el marco para hacer el amor de modo que se involucre cada parte de nuestro ser, atrayéndonos juntos. Y por lo general desempeña un papel muy importante en la excitación sexual, tanto en los hombres como en las mujeres.

Nicky Durante el Día de las Madres decidí realizar una cena especial para Sila. Luego le pregunté qué deseaba hacer durante el resto de la noche. Más temprano había visto por TV junto a nuestros hijos la primera mitad de *Jane Eyre* y luego grabó el resto del programa. Sugirió que lo miráramos juntos. Ni una pulgada de carne desnuda debajo del cuello se mostró en toda la película, sin embargo ¡no podía creer cuán excitante resultó aquella historia de amor para Sila!

Si se descuidara el romance y nuestro matrimonio girara en torno a realizas las tareas domésticas y pagar las cuentas, podremos acabar como compañeros de equipo en lugar de ser amantes. Incluso puede haber una incomodidad entre nosotros en relación al sexo, lo que al principio hubiera parecido inconcebible.

Esposos y esposas pueden generar romanticismo entre sí. Esto no tiene por qué demandar grandes gastos financieros. Simplemente necesitamos hacer algo distinto a la rutina normal: una caminata junto al río, un picnic en el parque o una salida al cine. Si tuvieran la posibilidad de salir de la ciudad por un fin de semana, el cambio de entorno a menudo generará sentimientos de romanticismo.

Nicky A lo largo de los años realicé varios intentos de romanticismo; no tuve éxito en todos los casos. Un recuerdo particularmente incómodo es una visita al teatro para ver el musical *Les Misérables* en ocasión de nuestro décimo aniversario de bodas.

Tenía la esperanza ingenua de combinar dicha visita con un picnic en un parque cercano. No solo que no había ningún parque a la vista y que el intervalo era extremadamente breve sino que, debido al tamaño exagerado de mi picnic romántico, tuve que transcurrir la función teatral entera con una gran canasta perforando mis rodillas.

Sila Nicky estaba resuelto a llevar a cabo su plan y no permitir que su cena romántica estilo picnic se perdiera. Terminamos extendiendo nuestra manta en las escalinatas entre el primer y el segundo piso. Nos sentamos a ambos costados de la escalera de estilo eduardiano del teatro, al tiempo que Nicky me entregaba una rosa de color rojo para acompañar una copa de champaña y un plato de comida fría deliciosa, todo mientras la gente nos echaba miradas curiosas al subir o bajar por las escaleras.

Fue una velada memorable (de hecho, ¡nunca la olvidaré!), aunque me puso muy feliz que nadie en el auditorio –o, mejor dicho, en las escaleras– nos reconociera. Y las intenciones de Nicky significaron mucho para mí aunque el encuentro no funcionara tal como lo había planeado.

Expectación

Uno de los secretos de la vida sexual sana es comprender que nuestra mente es nuestro recurso sexual más importante. En una relación saludable, la expectación desarrolla el deseo que conduce al acto sexual más satisfactorio. Como señaló un esposo: "El mejor sexo comienza en el desayuno".

Algunas parejas desarrollan un código secreto para generar expectación. Una esposa nos contó acerca de una noche que ella y su marido apartaron para compartir juntos como pareja. Estaban a punto de irse a la cama cuando una amiga llamó para decir que estaba llevando algo de comida para una fiesta que celebrarían al día siguiente. Pensando rápidamente el asunto, le pidieron que dejara los alimentos frente a la puerta principal de la casa. Desde aquella noche, las palabras "alimentos en la puerta" han adquirido un sentido totalmente nuevo para ellos.

Nicky En vistas de la importancia de la mente en relación al acto sexual, un esposo debe reservar sus pensamientos sexuales para su esposa y viceversa. Muchos hombres en algún punto de su vida, a menudo durante la época en que asistían a clases, se han expuesto a la pornografía. Hoy en día, con la pornografía en la Internet, la tentación es más fuerte que nunca. El peligro del material pornográfico es que excita nuestros deseos sexuales de una forma que conduce a la lujuria en lugar de hacerlo hacia una relación amorosa y afectiva. Fácilmente puede volverse una adicción.

La pornografía nos deshumaniza y puede robarnos el verdadero contentamiento sexual. Las mujeres se convierten en objetos con los cuales excitarse y entonces satisfacer los deseos sexuales de los hombres. En la cultura actual, es difícil para un hombre evitar algún grado de excitación mediante lo que ve en las publicidades, las portadas de las revistas o en los filmes. Por amor a su matrimonio es vital que cualquier tipo de pensamiento erótico se dirija hacia su esposa.

Además, puede que debamos encontrar formas de protegernos. Para quienes viajar y hospedarse en hoteles constituya un requerimiento laboral, la televisión puede significar una gran trampa, en especial donde exista la posibilidad de ver canales pornográficos. Esta será una tentación particular para un hombre que se encuentre cansado y extrañe la compañía íntima de su esposa. Un amigo nuestro pide que el hotel quite el televisor de su cuarto o, cuando esté montado en una pared, decide entregar el mando a distancia al personal del hotel.

Tengo otro amigo que tiene un programa en su computadora para bloquear la pornografía de su navegador de Internet. Límites como estos, que se imponen por cuenta propia, no son señal de debilidad sino de sabiduría, y la relación matrimonial se fortalecerá debido a ello.

Si un esposo (o una esposa) tuviera problemas de adicción a la pornografía, sugerimos encarecidamente buscar otra persona del mismo sexo con quien dialogar al respecto, y luego pedir el perdón de Dios y su ayuda a fin de lograr ser libre de la adicción. Será importante perseverar en cuanto a la rendición de cuentas hacia dicha persona en el futuro, permitiendo que pregunte con regularidad cómo le está yendo.

Sila   Mientras que para muchos hombres el placer ficticio viene mediante la pornografía, para muchas mujeres el peligro reside en dar rienda suelta a las fantasías. Al ser entrevistada por un periódico dominical, una famosa actriz habló cándidamente de sus relaciones sexuales y le contó al periodista que ella piensa con regularidad en otros hombres cuando hace el amor con su esposo. Esto pudo haber incrementado sus deseos sexuales pero seguramente no contribuyó con su matrimonio.

Una mujer puede volverse adicta a las fantasías a través de lo que lee u observa, haciendo que en comparación la vida real parezca aburrida, rutinaria y carente del amor y la intimidad que tanto anhela. Muchas novelas populares fomentan dichas fantasías. Pero buscar escapar de la realidad de forma regular a través de lo que con frecuencia se aduce como divertimento inofensivo puede ser peligroso para nuestro matrimonio.

El Nuevo Testamento enfatiza la necesidad de disciplinar nuestra mente: "Por último, hermanos, consideren bien todo lo verdadero, todo lo respetable, todo lo justo, todo lo puro, todo lo amable, todo lo digno de admiración, en fin, todo lo que sea excelente o merezca elogio" (Filipenses 4.8).

Variedad

La sexta y última cualidad esencial para una vida sexual sana es generar variedad. Todos tendemos a tener un cuidado especial con las cosas nuevas. Una vez compramos un automóvil nuevo y lo tratábamos con "guantes". Durante los primeros días no permitíamos que los niños comieran ningún alimento en la parte trasera; pero algunos años después no nos causaba ninguna molestia consumir una comida de McDonald's de tres ingredientes, con ketchup, bebidas y helado derretido. Nuestra actitud había cambiado por completo. Tenemos menos cuidado con algo cuando deja de ser nuevo. La familiaridad produce complacencia.

Es durante la instancia de la familiaridad en nuestra relación sexual que resulta apelativa la idea de tener una aventura amorosa. Una vida sexual sana necesita creatividad, consideración y variedad. Algunas de las siguientes sugerencias pueden parecer imprácticas, pero es asombroso cuánto esfuerzo pone la gente en llevar a cabo una romance extramarital. Debemos emplear una cantidad similar de imaginación, y más, en nuestro matrimonio.

- *Variar el lugar en donde hacemos el amor.* No tiene por qué ser siempre en su dormitorio. ¿Qué tal el sofá, debajo de la ducha o frente a un hogar a leña? Si hubiera otros adultos viviendo en nuestra casa, merecerá la pena hacer que una noche a la semana ¡sea nuestra propia noche exclusiva!

Podemos ser claros con respecto al tiempo que necesitamos en soledad.

- Cuando los niños están cerca las opciones son más limitadas. Tener una traba discreta pero eficiente en la puerta del dormitorio cuando los niños fueren lo suficientemente mayores como para intentar entrar es importante, tanto por amor a los hijos como para posibilitar que nos relajemos por completo. La relajación es esencial para una vida sexual sana.

- Planificar una noche o dos lejos de casa en un marco diferente puede ser un gran antídoto para el aburrimiento y el exceso de familiaridad. Esto no tiene por qué ser costoso a nivel financiero. Una o dos veces por año podrían pedir que algunos amigos cuidaran de sus niños, o incluso intercambiar casas, como sugerimos en el Capítulo 1.

- *Variar los momentos en los que hacemos el amor,* no siempre la última cosa que hagamos por la noche, cuando nos sentimos exhaustos. De nuevo, esto es obviamente más difícil con los niños. Podríamos tratar de hacer el amor tan pronto como estemos seguros de que se hayan dormido o, si fueren mayores, pedirles si quisieran pasar una noche en la casa de un amigo de vez en cuando.

- *Intentar hacer el amor antes de comer.* Ni los hombres ni las mujeres están en su mejor condición sexual luego de una gran comida, en especial si transcurrió tarde en la noche. El alcohol también puede tener un efecto perjudicial. Dos o tres copas de vino pueden dañar la capacidad de una mujer para tener un orgasmo y de un hombre para mantener una erección. Algunos cambios en nuestros hábitos alimenticios pueden regenerar la calidad de nuestra vida sexual. Apartar tiempo para hacer el amor es tan importante como separar tiempo para salir juntos de paseo.

"¿Sientes el olor a quemado?"

- *Variar el ambiente.* Por ejemplo, poner algo de música o intentar una iluminación diferente. Hacer el amor bajo una lámpara de 100-watt no genera el ambiente más romántico. Experimenten con velas y candelas, oscuridad, luz de luna o lumbre de un hogar a leña. En el libro de Cantares el acto sexual involucra la evocación y el disfrute de cada uno de los cinco sentidos. Como señaló una mujer: "Hacer el amor es por lo menos setenta y cinco por ciento sensualidad y, a lo sumo, veinticinco por ciento sexualidad".[3] La sensualidad estimula la imaginación y optimiza el disfrute.

- *Variar la rutina.* Fácilmente podemos caer en un patrón que nos lleve a hacer el amor siempre de la misma manera porque sabemos que de ese modo funciona. Nos sentimos cómodos con lo que conocemos y estamos habituados a realizar. Al ser sensibles al disfrute mutuo, es bueno ser creativos. Variar quién de los dos inicia las cosas. La variedad y el romanticismo nos ayudan a añadir pensamientos y deseos eróticos adecuados a la mente de cada uno, además de incrementar nuestra pasión mutua.

Sin embargo habrá ocasiones en las que demasiada experimentación se tornará inapropiada, en particular si la mujer estuviera recuperándose del parto y el sexo le resultara un poco extraño.

A veces la gente nos pregunta qué *permite* la Biblia realizar en términos de prácticas sexuales dentro del matrimonio. No es específica en cuanto a

los detalles, pero hay ciertos principios que actúan como límites seguros.
El más importante es que todo lo que hagamos debe ser mutuamente
acordado, mostrando respeto por la dignidad del otro. ¿Esta práctica nos
trae alegría y satisfacción a ambos? ¿O hace que nuestro cónyuge se sienta
incómodo, avergonzado o utilizado? ¿Nos llevará al orgasmo mutuo? ¿Causa
que centremos nuestros pensamientos exclusivamente en nuestro esposo o
nuestra esposa?

Dios nos diseñó para amarnos mutuamente a través de la relación
sexual dentro del matrimonio. Él no se sorprende ni se conmociona porque
disfrutemos de nuestra sexualidad. Fue su idea. Nos creó como seres
espirituales, emocionales y sexuales. Se propuso que nuestro cuerpo fuera
deseable y placentero para el hombre y la mujer y así, de forma deliberada,
en la unión sexual creó posibilidades de exploración para toda la vida.

Capítulo 18
Proteger nuestro matrimonio

> *Neciamente una vez intenté clasificar a la gente que había tenido*
> *aventuras extramaritales del mismo modo que los ornitólogos clasifican*
> *a las aves. Pero renuncié al intento. Los adúlteros no pueden clasificarse.*
> *Pueden ser viejos o jóvenes; cultos o vulgares; lujuriosos o refinados;*
> *egoístas o generosos; amables o crueles; e incluso, si usáramos el término*
> *con el mínimo grado de flexibilidad, espirituales o carnales. [...]*
> *Cualquier persona casada puede cometer adulterio. Judíos, católicos,*
> *puritanos y pentecostales, todos pueden llegar a cometer adulterio; una*
> *convención de negocios y un avivamiento religioso pueden ser ocasiones*
> *para ello mientras que los automóviles, consultorios médicos, casas y*
> *oficinas de iglesia constituyen lugares posibles para su práctica.*[1]
>
> **John White**

Nadie está exento del peligro de tener una aventura extramarital. Todos somos capaces de ser atraídos por otra persona, a veces cuando menos lo esperamos. El rey David, uno de los reyes más famosos del Antiguo Testamento, sucumbió una noche mientras recorría la azotea de su palacio: "Una tarde, al levantarse David de la cama, comenzó a pasearse por la azotea del palacio, y desde allí vio a una mujer que se estaba bañando. La mujer era sumamente hermosa, por lo que David mandó que averiguaran quién era" (2 Samuel 11.2-3). La mujer, llamada Betsabé, era esposa de un soldado leal en el ejército de David. Pero ya era demasiado tarde. Incluso antes de que la llevara a su cama, David había ido demasiado lejos. Cuando se permitió a sí mismo acariciar pensamientos de adulterio estableció la dirección de sus acciones, las cuales tuvieron terribles consecuencias para su familia durante muchos años.

El predominio de romances fuera del matrimonio y su amplia aceptación actual no reduce el dolor que ocasionan en cada persona involucrada. La siguiente historia sobre una adolescente de nombre Judy apareció en un periódico nacional:

> Judy pensaba que sus padres, con veintitrés años de casados, tenían una relación inquebrantable, pero durante una aburrida tarde dieciocho meses atrás, su padre le contó que desde hacía dos años tenía una relación extramarital con una amiga de la familia. La muchacha describió sus sentimientos de traición, dolor e ira ante la infidelidad de su padre. "No sé si puedo perdonarlo. [...] Mis amigos me dicen. 'Es tu papá. Mira todas las cosas que hizo por ti', y pienso: 'Bueno, claro, me leyó cuentos a la hora de dormir, pero eso no justifica lo que hizo'. Es una de las cosas más egoístas que alguien podría hacer jamás. Éramos la típica familia feliz, tres niños, dos gatos y un perro. Siento mucha tristeza y dolor de que mi papá hiciera esto y pensara que todo funcionaría igual. Ahora, mi único contacto con él es el dinero que deposita en mi cuenta cada mes".[2]

Es muy fácil entrar en una aventura extramarital, pero el dolor y el daño consiguientes no son fácilmente reparables. Un matrimonio se edifica sobre la confianza y, una vez que se ha abusado de ella, volver a establecerla implica un proceso lento y doloroso. Un romance fuera del matrimonio se presenta atractivo en el corto plazo, prometiendo cercanía emocional, conversaciones íntimas y sexo excitante. Pero en el largo plazo conduce a muchos lamentos cuando se rompe el matrimonio y se destruye la vida familiar.

En los votos efectuados durante una boda cristiana nos hacemos eco de las Escrituras y, en presencia de nuestra familia y nuestros amigos y ante la mirada de Dios, prometemos "ser fieles... renunciando a todos los demás". Cuando un esposo o una esposa rompe ese voto, su cónyuge (y sus hijos, si los tuvieran) enfrentan un terrible sentido de traición.

> Porque la traición a un voto es traición a una persona. El coito no es la cosa "perversa" en la traición. El coito es bueno (así como las manzanas son buenas). Es el robo y el engaño lo que hacen que el adulterio sea malo, no la relación sexual propiamente dicha. Una manzana robada puede ser dulce y comerla puede significar una experiencia profundamente saludable. Nunca en mi vida he probado algo tan *bueno* como la trucha conseguimos una vez mediante la pesca furtiva en la Isla de Skye. La cocinamos a la orilla del lago sobre un fuego a base de trozos de madera que estaban dispersos en el lugar, justo cuando caía el sol y las olas verde–azuladas golpeaban suavemente las rocas de la playa. Mi corazón estaba henchido de gozo. Realmente no me sentía mal por haber realizado una pesca furtiva. Pero la alegría de la trucha robada no hizo que la pesca furtiva fuera correcta.[3]

Hoy en día la gente prefiere llevar adelante su vida en base a sentimientos en vez de hacerlo en base a reglas, pero nuestros sentimientos son cambiantes y notoriamente engañosos. Dios nos da una ley que prohíbe el adulterio no para arruinar nuestra diversión sino para proteger la vida familiar y evitar que nos dañemos mutuamente y a nosotros mismos. En el Nuevo Testamento se nos dice: "Tengan todos en alta estima el matrimonio y la fidelidad conyugal..." (Hebreos 13.4).

Habrá algunos lectores, sin embargo, que estén llevando adelante una relación que mantienen en secreto sin que su esposo o esposa lo sepa, otros que saben que su cónyuge tiene un romance y aun otros que se sienten atraídos hacia una persona determinada y que se debaten entre el deseo de permanecer fieles y el poder de la atracción.

Ser sabios

Un romance fuera del matrimonio no suele ser premeditado. Catherine, una mujer casada que se sintió atraída hacia una relación con otro hombre, nos contó su experiencia. Fue tomada por sorpresa por lo repentino y lo fuerte de sus emociones. Debido a que la atracción no era sexual, le parecía algo "puro y bueno", por lo menos al principio. Llevaba siete años de casada y se vio a sí misma fuertemente atraída hacia Rob, un colega en el trabajo. Luchó en privado con sus sentimientos durante seis semanas.

Entonces una noche salió junto a un grupo de su trabajo, incluyendo a Rob. Luego de algunos tragos se vio a sí misma contándole lo que sentía. Él estuvo dispuesto a avanzar con la relación. Para Catherine el atractivo era el sentido de cercanía con un hombre que la escuchaba y parecía entenderla. Él deseaba tener una relación sexual con una mujer que le resultaba atractiva.

Catherine nos contó que finalmente evitó comenzar un romance debido a que comprendió dos cosas. Lo primero surgió mediante un libro cristiano sobre el matrimonio, que le permitió distinguir entre la atracción inicial, por la cual no era responsable, y la decisión de seguir adelante con dichos pensamientos, de los cuales sí tenía responsabilidad.

Lo segundo que comprendió fue que no era lo suficientemente fuerte como para enfrentar la tentación por su cuenta. Clamó por el auxilio de Dios, pidiendo su perdón y ayuda. Como resultado habló en confidencia con una mujer mayor en quien podía confiar, buscando su apoyo y consejo. Al compartir su confusión interior, no se sintió más sola en la lucha y pudo ver los asuntos de forma mucho más clara. Entonces Catherine se determinó a establecer límites para evitar ser infiel. Como su trabajo la obligaba a estar con Rob, se preparó para cambiar de trabajo si fuera necesario, aunque en el proceso transfirieron a dicho hombre a otra oficina.

Mientras tanto, como ella retenía estos pensamientos en secreto sin contárselos a su esposo, Simón, comenzó a crecer una brecha entre ambos. Sentía que su esposa había cerrado toda posibilidad de comunicación en un nivel profundo y no lograba saber la razón. Al comenzar a tomar acciones para evitar cometer una infidelidad, Catherine fue capaz de contarle el motivo del cambio evidente en ella. Entonces le pidió que la perdonara.

Desde que expuso abiertamente lo que le ocurría, Catherine se determinó a concentrar su pensamientos en su esposo y en todo lo que era bueno acerca de su matrimonio. Simón comenzó a tener más cuidado en cuanto a escuchar, animar y afirmar a su esposa. No solo se ha salvado su matrimonio sino que ambos crecieron en intimidad como resultado de la crisis. De hecho, amigos suyos que no supieron nada con respecto a estos eventos han comentado de forma espontánea que parecen una pareja que acaba de enamorarse.

Invertir tiempo y energía en la relación matrimonial

Casi siempre la causa raíz de una aventura extramarital es una falta de intimidad en el matrimonio. Al menos por un tiempo el romance satisface el deseo insatisfecho que un esposo o una esposa tuviera en cuanto a atención, respeto, afecto o emoción. Por ello, la mejor protección en contra de la infidelidad es cuidar de nuestro matrimonio de modo que nuestra relación crezca en fortaleza, cercanía y profundidad. Charlotte, madre de dos y empleada bancaria en la ciudad de Londres, describe lo que puede ocurrir:

> Aunque no lo comprendía en aquel momento, cuando me casé con John mi actitud hacia él cambio y comencé a darlo por sentado. Él buscaba la unión y la intimidad del matrimonio pero yo aún quería ser una chica de ciudad, por lo que salía todo el tiempo en la confianza de saber que tenía el apoyo de mi esposo en casa. Llevábamos vidas separadas pero perfectamente felices hasta que tuvimos a nuestro primer hijo. Adoraba ser madre pero aún intentaba salir todo lo que pudiera. Allí fue cuando las cosas empeoraron entre John y yo, porque ya no teníamos tiempo para compartir juntos. Nunca dejé de amar a John, pero me volví más y más irritable y de mal humor

para con él. No tenía idea de que se estaba volviendo menos enamorado de mí, pero se desarrolló un resentimiento y para la época en que nació nuestro segundo hijo, él comenzó a tener una aventura con otra mujer.[4]

Al fallar en cuanto a trabajar en su relación, Charlotte y John se desarrollaron como personas separadas. Fallaron con respecto a lograr que sus raíces crecieran entrelazadas.

Si no pasamos tiempo juntos, no profundizamos nuestra comunicación, no hacemos el amor ni resolvemos nuestras heridas, nuestra relación tendrá cimientos débiles. Y si nuestro amor solamente fuera superficial, seremos más propensos a la tentación, más críticos, menos comprensivos, menos perdonadores. Puede que batallemos en cuanto a aceptar los cambios que conllevan las distintas etapas de la vida o la llegada de los hijos. Puede que idealicemos las relaciones de otras personas y fantaseemos con otros hombres u otras mujeres. Como un árbol sin raíces, no lograremos resistir las tormentas.

Y también perderemos nuestra oportunidad. La alegría no se halla en una relación nueva y superficial, tampoco en cuartos de hotel dando nombres falsos, ni en escapadas culposas. El verdadero gozo reside en "la belleza de aquellas manos, el reconocimiento del sonido de los pasos en el sendero o la contemplación del rostro del que uno puede leer hasta el último milímetro del movimiento muscular".[5]

Establecer límites

La infidelidad comienza o se detiene en la mente. Esto fue cierto para el rey David. Fue cierto para Catherine. Ha sido cierto para todos a través de las eras sin importar la edad, la cultura o el género. No siempre podemos evitar que alguien nos atraiga pero podemos decidir controlar o no dichos pensamientos. Por amor a nuestro matrimonio debemos apartar esos pensamientos antes de que se les permita volverse habituales y frecuentes.

La enseñanza de Jesús establece límites a fin de proteger nuestro corazón y nuestra mente:

> Ustedes han oído que se dijo: "No cometas adulterio". Pero yo les digo que cualquiera que mira a una mujer y la codicia ya ha cometido adulterio con ella en el corazón (Mateo 5.27-28).

La enseñanza de Jesús se aplica igualmente a cualquier mujer que dé lugar a pensamientos lujuriosos en relación a otro hombre. Cuando nos damos cuenta de una atracción creciente, debemos determinarnos a no pasar tiempo a solas con la persona en cuestión o incluso dejar de verla por completo. Una invitación a comer juntos debe rechazarse. Decir "no" a tiempo puede evitar muchos problemas después.

Muchos romances extramaritales comienzan sin una atracción sexual inmediata sino mediante una conversación íntima. Cuando una persona del sexo opuesto nos permite ingresar al mundo privado de sus pensamientos y emociones, se genera una cercanía peligrosa (y atractiva). Al seguir adelante con la atracción puede que comencemos a sentirnos mejor comprendidos o más necesitados por ella que por nuestro esposo o nuestra esposa. Si alguna vez sintiéramos que hemos cruzado (incluso ligeramente) este límite, el mejor curso de acción será contarle a nuestro cónyuge el contenido de la conversación tan pronto como fuere posible.

Hablar con alguien sobre los sentimientos

En las situaciones en donde hayamos permitido el desarrollo de fuertes sentimientos de atracción o estos nos hayan tomado por sorpresa, hablar con alguien más suele hacer que disminuya el poder que ejercen sobre nuestra vida. Una pareja nos contó que en distintas ocasiones durante su primer año de matrimonio ambos se vieron atraídos fuertemente hacia otras personas. Cuanto más tiempo guardaban sus pensamientos en secreto, más fuerte se volvía la atracción. Solo cuando se confesaron entre sí lo que sentían la burbuja logró romperse y el enamoramiento se apagó rápidamente. Si hablar con nuestro esposo o nuestra esposa pareciera imposible, debemos encontrar a alguien de confianza y contarle lo que nos ocurre.

Cuando más tiempo dure la infidelidad, más difícil será regresar. La gente que se ha entregado al sendero de la infidelidad suele referirse al poder de lo que sienten. Dicen que nunca antes experimentaron semejantes emociones intensas por otra persona y que esas emociones parecen auténticas y buenas. A veces afirman que se sienten vivos por primera vez en la vida y que esta puede ser la única oportunidad que tengan en su existencia para experimentar un "amor" semejante. Sienten que son arrastrados sin remedio a un futuro de libertad y felicidad.

Dichos sentimientos son ciertamente poco fiables. Se requiere perspectiva de largo plazo: en su momento este apasionamiento (como cualquier otro) se desgastará, punto en el que su cónyuge no parecerá tan inadecuado y frecuentemente mirarán hacia atrás con un gran lamento por el matrimonio y la vida familiar que destruyeron. Aunque la finalización de un romance extramarital pueda ser la decisión más difícil que alguna vez tomen, en años venideros verán hacia atrás y considerarán que ha sido lo mejor.

Asumir una postura firme

¿Qué deberíamos hacer si descubrimos que nuestro cónyuge tiene una aventura extramarital? ¿Se nos pide que perdonemos y continuemos amando con la esperanza de recuperarlo? Ciertamente tanto el perdón como el amor son esenciales. Pero esto no significa consentir ni pasar por alto la conducta de un cónyuge cuando resultare destructiva para el matrimonio. Hay momentos cuando actuar más amorosamente requiere que seamos duros y asumamos una postura firme. Gary Chapman nos da el siguiente consejo:

> Algunas cosas no son admisibles en un matrimonio. Frente
> a la persistencia del abuso físico, la infidelidad sexual, el

abuso sexual de niños, el alcoholismo o la adicción a las
drogas en un matrimonio, es momento de efectuar una
acción amorosa.[6]

Dichas actitudes y acciones, si se dejaran sin control, destruirán nuestra
persona y nuestro matrimonio. El amor requiere que perdonemos, pero en
ocasiones también que confrontemos.

Lisa nunca se había puesto firme ante las tácticas de acoso de su esposo
Martín. Él siempre se salía con las suyas y ella había perdido la confianza
en sí misma. Luego de ocho años de matrimonio descubrió que su marido
tenía un romance con una vecina. Él prometió que abandonaría la relación
por amor a su matrimonio y sus tres hijos. Pero en tres ocasiones adicionales
Lisa descubrió que el romance continuaba. Y en cada circunstancia él
prometía que terminaría. Finalmente, por el consejo de una amiga, ella
decidió tomar medidas.

Le dijo que había socavado la confianza en su relación y que debía
marcharse de la casa. Si persistía en ser infiel, el matrimonio llegaría a su
fin. Sin embargo, si probaba con sus acciones así como con sus palabras que
quería regresar, habría una posibilidad de que su matrimonio se salvara. Por
primera vez en su vida matrimonial Lisa se puso firme en cuanto a lo que ella
entendía que era correcto.

Los conocimos cuando llevaban varios meses de separación, momento en
el que Martín quería regresar al hogar. Su respeto por Lisa había aumentado
desde que ella estableció un límite claro con respecto a su comportamiento. Se
dio cuenta de que no podría salirse con las suyas. Debía tomar una decisión
entre el romance extramarital y su familia. La postura firme de Lisa fue más
amorosa que su conformidad previa porque concedió más esperanza para que
ambos volvieran a estar juntos y que se restaurara su matrimonio.

No abandonar demasiado pronto

Charlotte, la empleada bancaria de la ciudad, no abandonó la esperanza de
que su esposo, John, volviera junto a ella. En su momento él le contó que la

aventura había llegado a su fin y que estaba de acuerdo en regresar al hogar. Charlotte explica:

> Se comprometió a quedarse pero debimos aguardar otro año más para que se sintiera feliz en casa. Y durante ese período de tiempo ni siquiera me tocó en la cama y apenas me dirigió la palabra. Parecía furioso por haber regresado y en todo momento me decía que seguía enamorado de la otra mujer.
>
> El verano siguiente a su regreso me fui de vacaciones con uno de mis hijos, dejando a nuestro otro hijo con John. Fueron unas vacaciones maravillosas y ni una vez llamé por teléfono a mi marido. Sin embargo, al quinto día de estar fuera me llamó para decirme lo mucho que nos extrañaba. Ese fue el punto de inflexión. Exactamente dos años después de su extravío volvió de regreso a mí.
>
> Lentamente comenzamos a reconstruir nuestro matrimonio.[7]

Si usted o su cónyuge estuviera o ha estado involucrado en un romance y lucha por reconstruir su matrimonio, recomendamos leer uno de los libros que aparecen en la bibliografía que figura al final, bajo el título: "Reconstrucción de un matrimonio". Conocemos parejas, algunas de ellas citadas en este libro, que volvieron a estar juntas luego de una relación adúltera, determinadas a nutrir y proteger su matrimonio. Pero es importante saber que la reconstrucción de la confianza requiere tiempo. Un cónyuge infiel no puede esperar que su pareja actúe como si nada hubiera ocurrido. Deberá ser sensible y paciente, comprendiendo el abanico de emociones (desde la ira al temor) que su esposo o esposa probablemente sienta.

Para algunos, el perdón deberá ser una decisión cotidiana. Un hombre, cuya mujer tuvo tiempo atrás una aventura, nos contó que cada vez que discuten él piensa: "¿Qué derecho tiene de estar en desacuerdo conmigo luego de lo que hizo?". Pero sabe que el perdón significa no usar el pasado en contra de ella. Debe dar la chance para que ella y su matrimonio comiencen de nuevo. Mientras tanto su esposa ha tenido que aprender cómo ser libre de la culpa continua al aprender a creer que Dios y su esposo han perdonado su comportamiento pasado.

Capítulo 19
Mantener vivo el sexo

La unión sexual dice verdaderamente: "Te amo", y el mensaje conlleva mucha repetición.[1]

Alan Storkey

Ser negligentes en cuanto a enfrentar cualquiera de las áreas tratadas en este libro podría hacer que un matrimonio se expusiera al riesgo de una aventura extramarital, pero fallar con respecto al desarrollo de nuestra relación sexual haría que el matrimonio fuera especialmente vulnerable a ello. Nuestros deseos y nuestras respuestas sexuales son complejas. Aun los matrimonios más sólidos tienen sus temporadas en las que mengua el deseo y surgen las dificultades. Sin demora debemos enfrentarlas y asumir el reto que nos plantean. Si permitimos que la intimidad sexual quede paulatinamente fuera de nuestro matrimonio, nuestra relación perderá su cualidad especial.

Existen algunas parejas para quienes el encuentro sexual les resulta difícil debido a una enfermedad debilitante. Pero la dimensión sexual de su relación aún es vital y hay otros medios aparte del encuentro sexual pleno por los cuales podemos satisfacer la necesidad que tiene nuestro cónyuge de ser amado y cuidado de una forma sexualmente satisfactoria.

Esta sección no es una guía completa sobre cada dificultad sexual. No trataremos con los aspectos dolorosos del abuso, la violencia o el descubrimiento de que nuestro cónyuge tiene tendencias homosexuales.

Tampoco veremos las consecuencias de la infertilidad, la pérdida de un embarazo, o el aborto. Estos pueden dejar cicatrices emocionales, dolor reprimido, culpabilidad persistente y sentimientos de temor o desesperación en torno al sexo.

Nuestra recomendación sería hablar en confianza con una persona (o una pareja) que esté bien calificada para ofrecer consejos en relación a dichos temas dolorosos. Un médico o un líder de iglesia pueden indicar el tratamiento con un consejero específico. En la parte final incluimos una lista de libros recomendados que tienen un punto de vista cristiano sobre estas temáticas, así como también un directorio de organizaciones que proporcionan ayuda específica. Si usted se identificara con alguno de los temas mencionados más arriba, no baje los brazos. Conocemos a muchos que, a través de un nuevo descubrimiento del amor y el poder de Dios, han hallado sanidad para su pasado y esperanza para su futuro.

La mayoría de los matrimonios será susceptible de tener dificultades en un momento u otro. Algunas parejas siguen juntas en una rutina desapasionada, ya sea porque no saben cómo resolver la dificultad o porque han dejado pasar tanto tiempo que ya no son lo suficientemente cercanos como para enfrentar juntos la situación. Hemos visto matrimonios que pudieron salir juntos de los valles más profundos simplemente al enfrentar su situación, hablar entre ellos y estar dispuestos a cambiar.

Lo que sigue a continuación son las cinco razones más comunes por las que la relación sexual en un matrimonio puede sufrir dificultades, esfumarse o nunca ponerse en marcha. Cada una de estas situaciones puede enfrentarse y rectificarse.

Baja autoestima

Una baja autoestima y la actitud que tengamos hacia nuestro cuerpo ejercen un efecto profundo sobre nuestros deseos sexuales. El libro de Cantares habla explícitamente acerca de los atributos físicos del hombre y la mujer que los atraen y cautivan (ver Cantares 1.15-16; 4.1-7). La perspectiva bíblica es una aceptación abierta de nuestro cuerpo y el de nuestro cónyuge. Dios no nos creó con cuerpos similares a las súper modelos o los atletas. Nos hizo a cada uno de manera singular, por lo que existe una variedad infinita. Nos hizo altos o bajos, grandes o pequeños, negros, marrones o blancos, con formas y tonalidades bien variadas.

Hoy en día los medios de comunicación tratan de imponernos qué significa ser una persona bella. Los detalles específicos cambian mientras los modelos van y vienen, pero el mensaje permanece claro: deberíamos ser mujeres muy delgadas u hombres de contextura muscular evidente. Las mujeres tal vez sientan con mayor fuerza la presión de adecuarse a una forma particular de belleza. De acuerdo a algunas encuestas, más del ochenta por ciento de las mujeres en el Reino Unido están insatisfechas con su cuerpo y un treinta por ciento de ellas sufre desórdenes alimenticios. Un número creciente de mujeres no conocen su peso corporal natural y más saludable, y viven en una continua dieta que raya con la inanición. El apartarse de este tipo de dietas puede resultar en un incremento de peso, lo que puede conducir a sentimientos de culpa y disgusto. Es importante buscar ayuda si consideráramos que podemos tener tendencias anoréxicas o bulímicas, o si estuviéramos obsesionados con la ejercitación extrema para mantener el peso corporal (en la parte final podrá ver algunos libros que sugerimos sobre dichos temas).

Pero contrario a todo eso podemos elegir ayudarnos a nosotros mismos y a nuestro cónyuge. No debemos comparar el cuerpo de nuestro esposo o nuestra esposa ni el propio con las tendencias actuales de la moda. En especial para la mujer, el disfrute sexual se ve profundamente afectado por la manera en que se siente acerca de sí misma. Una pobre imagen corporal y una baja autoestima producirán un cortocircuito en su capacidad de excitarse y alcanzar el orgasmo.

Cada uno de nosotros puede desarrollar la autoestima de nuestro cónyuge al decirle, de forma habitual, cuán atractivo y bello nos resulta (si no lo hiciéramos, se abriría la posibilidad de que alguien más lo hiciera, lo que expondría a nuestro matrimonio al peligro de una aventura extramarital).

Entonces debe haber una regla implícita entre nosotros de nunca criticar ni tener expectativas irracionales del cuerpo del otro.

Al mismo tiempo es importante reconocer que *dentro del matrimonio* debemos continuar esforzándonos con nuestra apariencia por amor a nuestro cónyuge, tal como solíamos hacerlo cuando comenzamos a salir juntos. De otro modo fácilmente podríamos caer en un círculo vicioso. Pensamos: "Mi cónyuge ya no se interesa en cómo me veo", o: "Él nunca dice cuán atractiva le parezco", o: "Actualmente nunca me dice que le apasiono o logro excitarla". Y luego perdemos la confianza y la motivación al tratar de ser atractivos para el otro: se vuelve demasiado incómodo y parece algo innecesario. Pero es casi seguro que nuestro cónyuge se sentía atraído físicamente hacia nosotros cuando nos casamos y aún hay mucho que podríamos hacer para que continúe de ese modo.

Al hacer el amor verbal y físicamente, tierna y apasionadamente, extraeremos la belleza inherente que reside en ambos. A menudo hemos notado que cuando alguien sabe que lo aman su belleza se incrementa. Irradia una belleza interior y de manera sutil esto puede conducir a un cambio en su apariencia física. La belleza se desarrolla en una cultura de amor.

Emociones no resueltas

Nunca debería usarse el sexo como una alternativa para resolver problemas o conflictos. Los sentimientos que no se expresan, tales como la ansiedad, la desconfianza o el resentimiento, afectarán la intimidad sexual. Por lo general un hombre tal vez utilice el sexo como un escape temporal del dolor o la ira, mientras que las emociones negativas a menudo causarán que una mujer se aísle y se apague.

La falta de deseo sexual o la incapacidad de darnos a nosotros mismos de forma completa puede venir como resultado de heridas no resueltas dentro del matrimonio, de relaciones sexuales previas o incluso de nuestra crianza. Si fuere necesario, refiérase nuevamente al Capítulo 12 para explorar el proceso de dialogar con respecto a las maneras en que se hayan herido mutuamente, y al Capítulo 15 por formas de enfrentar el dolor de la infancia. Muchas parejas nos han contado de qué modo su acto sexual se ha beneficiado luego de enfrentar esos asuntos juntos. Se libera energía renovada y se experimenta un nuevo nivel de intimidad.

Problemas físicos

Hay tres problemas físicos que afectan a muchas parejas. Primero, la incapacidad de una esposa de alcanzar el orgasmo. Segundo, la incapacidad de un esposo de controlar la eyaculación durante el tiempo requerido para que su esposa pase de la excitación al orgasmo. Tercero, la dificultad de un esposo de lograr mantener la erección, por ejemplo: la impotencia. Es posible superar estos problemas con ayuda y orientación de un médico, un consejero especializado o incluso la lectura de un buen libro sobre el tema. La causa de estos problemas raramente es un defecto físico. Casi todas las mujeres son físicamente capaces de alcanzar el orgasmo y la mayoría de los hombres pueden aprender cómo controlar la eyaculación. La impotencia no es una condición sin esperanza; en una gran cantidad de casos puede curarse, sea con medicación o buena orientación profesional.

Un libro muy útil para superar dichos problemas físicos, escrito desde una perspectiva médica y cristiana, es *Una celebración del sexo,* del Dr. Douglas E.

Rosenau. Además de consejos generales acerca de cómo desarrollar la relación sexual, el libro contiene descripciones detalladas de formas en que podemos ayudarnos mutuamente en esos tres aspectos.

Cansancio

El cansancio probablemente sea el factor más común de perturbación de la vida sexual de una pareja. Esto puede ocurrir en cualquier etapa de la vida matrimonial, sea en los primeros meses, un tiempo después ante la llegada de los hijos o a medida que una carrera profesional se vuelva cada vez más demandante. Sea cual fuere la presión recibida, el agotamiento físico y mental usualmente provoca que nuestra vida sexual sea la primera víctima. La negligencia puede ser imperceptible en un comienzo, pero si se permite que se vuelva un patrón de conducta, con demasiada facilidad el sexo puede volverse algo inexistente. Bill Hybels señala:

Dios pide que seamos seres sexuales en un mundo imperfecto. A medida que las hormonas y el romanticismo iniciales se apagan en nuestro matrimonio, la realidad cotidiana llega a ocupar su lugar, demandando nuestro tiempo, energía y compromiso. Ya no somos más "tú y yo" sino "tú y yo más los bebés, el trabajo, el perro, la iglesia, las cuentas a pagar y la máquina lavadora averiada".[2]

Con frecuencia, el cansancio implica que lo más fácil que nos surge hacer por la noche es echarnos frente al televisor y renunciar a comunicarnos verbal o físicamente.

No existe un remedio sencillo ni fácil. Ser conscientes del peligro al que exponemos nuestra relación sexual es una parte de la batalla. También servirán de ayuda algunos cambios en nuestro estilo de vida. Por extraño que parezca, más ejercitación puede hacer que sintamos menos cansancio. Muchos de nosotros hacemos muy poco o prácticamente nada al respecto. Nos sentamos en el automóvil o detrás de un escritorio o estamos en casa todo el día. El ejercicio es benéfico para nuestra salud en todos los aspectos (a menos que se convierta en una obsesión) y especialmente para nuestro disfrute del sexo. Nos sentimos con más energía. Merece la pena hallar una forma de ejercitación que nos resulte práctica, quizá quince minutos de caminata veloz o ir al trabajo en bicicleta.

En otros casos es probable que resulte necesario establecer límites claros con respecto al tiempo que cada cónyuge pasa en el trabajo y en el hogar. Generar momentos de relajación y romanticismo juntos, y planificar un fin de semana como matrimonio, ayudarán a prevenir el agotamiento.

En el largo plazo, a pesar de sentir cansancio, merecerá la pena sacrificarnos al dormir menos de lo que nos gustaría (o consideramos que necesitamos) si ello implicara que dicha dimensión esencial de nuestro matrimonio pueda continuar viva y activa.

Ajustes y cambios luego de dar a luz

Durante el embarazo y en torno al tiempo de dar a luz una mujer está en su punto más vulnerable. Inevitablemente ocurre un cambio dramático en el acto sexual de una pareja. Un esposo debe ser lo más sensible, atento y protector que pueda. Hay vida (sexual) después del parto, pero se requiere amor desinteresado y comprensión tanto del esposo como de la esposa.

Un esposo debe apreciar totalmente los cambios físicos que ocurren en su esposa antes, durante y después de dar a luz. Entonces puede mostrar la ternura necesaria y permitir que ella lo guíe con respecto al momento en que podrán volver a hacer el amor. El cambio en la forma de la vagina, la tendencia a estar menos lubricada y las cicatrices posibles causadas por el desgarro deben tenerse en cuenta.

Un esposo debe recorrer un camino delicado entre estar ansioso en demasía por tocar a su esposa por temor a herirla y mostrar un entusiasmo inusual por retomar su relación sexual antes de que ella se haya recuperado físicamente.

Cada pareja debe definir lo adecuado para su propia realidad. Esto requiere apertura y sinceridad, particularmente por parte de la esposa al explicar cómo se siente tanto física como emocionalmente. Amamantar al bebé y el cansancio aparejado afectan la libido de una mujer. ¡No desespere! El tiempo trae sanidad, al igual que los ejercicios pélvicos. Estos se han diseñado no solo para recuperar la figura previa al embarazo sino también para asegurar que una mujer continúe disfrutando un orgasmo satisfactorio (ver el libro *El placer sexual ordenado por Dios* para conocer más detalles acerca del músculo pubocoxígeo).

Por lo general, en el corto plazo una madre *dejará de tener sexo* durante el tiempo en que se conecta con su nuevo bebé y lo alimenta. Esto es normal y natural. Lo que no resulta natural es cuando esto se utiliza como una excusa para continuar "sin sexo" por varios meses o incluso durante un año. Una esposa tiene que entender la dificultad que experimenta su esposo al ver el cambio que ella tiene en cuanto a dejar de ser "esposa y amante" para ser "esposa y madre". Sus pechos, que han sido una fuente de placer exclusiva para él, aparentemente ahora son monopolizados por alguien más. Una esposa debe ayudar a su esposo a ajustarse a la nueva situación y recuperar la imagen de ella como un ser sexual.

Cuando más involucrados estén ambos con el bebé que han dado a luz, asumiendo responsabilidad conjunta y aprendiendo juntos a medida que el niño crece, más cercanos y atraídos se sentirán el uno hacia el otro. Si el esposo siguiera adelante como si nada hubiera cambiado, fácilmente se dará paso al aislamiento y la separación. Para una esposa, el esposo ideal es aquel que comparte con ella la experiencia plena. Ella lo considera bajo una nueva luz y eso genera intimidad y atracción sexual. Más que en ninguna otra temporada de la vida la pareja debe comprender lo que significa darse a sí mismos mutuamente de manera atenta y cariñosa. No es inusual que se requiera un año antes de que una mujer vuelva a sentirse normal con relación al sexo.

Finalmente, debemos tener cuidado con respecto a llevar al bebé a nuestra cama. Obviamente cuando son muy pequeños es natural hacerlo para alimentarlos durante la noche, aunque incluso en tales ocasiones muchas madres prefieren levantarse y amamantar sentadas en una silla. Sin embargo, luego de que la etapa de recién nacido haya transcurrido, tener al bebé en nuestra cama se vuelve algo que no resulta de provecho. Resulta difícil cambiar ciertas normas de conducta en los niños pequeños; intentar hacerlo con un bebé de dieciocho meses puede ser traumático para todos. Un niño en la cama de la pareja (o en el dormitorio matrimonial) ¡dañará seriamente la vida sexual! Nuestra sugerencia es no permitir que se desarrolle un hábito al respecto.

El nacimiento de un hijo no debería conducir a una disminución del disfrute sexual (de hecho, todo lo contrario) al considerar que una pareja experimenta el milagro de crear una nueva vida mediante la acción de hacer el amor.

Aun si usted hiciera [todo lo que puede] para evitar que ocurra otro milagro, aquel sentimiento seguirá allí: el milagro de la vida intentando ocurrir. Y el hecho extraordinario es que el sexo es incluso mejor (y tal vez distinto) en el lado opuesto del parto. Hombres y mujeres que comprenden esta realidad permanecen juntos. Los que no logren entender esto (las mujeres que se enfrían por completo o se entregan a regañadientes como un favor, los hombres que no ven la diferencia y se quejan de la redondez y el cansancio de la mujer maternal) serán más propensos a caer en un caos miserable de aventuras y distanciamientos. Realice su elección. Prepárese para aceptar el cambio, así como la primavera se torna en verano y más tarde en otoño. Como en tantos aspectos de la vida familiar, no podrá obtener todo, pero puede, con paciencia y humor, obtener una buena dosis de su experiencia.[3]

Conclusión

Nuestra cultura nos bombardea con mucha información distorsionada con respecto al sexo. "Hazlo con varios compañeros sexuales diferentes; te volverás una persona más madura y un mejor amante". "El sexo es solo una manera de gozar de tu cuerpo. Si se siente bien, ¡hazlo!". "Si se aman uno al otro, tengan sexo. No hay ninguna necesidad de esperar hasta contraer matrimonio".

Y luego están las mentiras con respecto al sexo dentro del matrimonio. "Cásate con alguien que te atraiga físicamente y el sexo será instantáneamente maravilloso". "No esperes satisfacer tu necesidad sexual con el mismo hombre o la misma mujer durante toda tu vida. ¡Experimenta! ¡Fantasea! ¡Coquetea con otros! Sé realista. El sexo siempre se apaga paulatinamente".

Es fácil engañarse y confundirse. La verdad es que Dios nos concede el sexo como un regalo de amor. Miles de parejas han descubierto que el mejor sexo se experimenta dentro de una relación matrimonial amorosa. Una sexualidad así va más allá de la gratificación física. Genera una conexión emocional, psicológica e incluso espiritual profunda que tiene el poder de comunicar amor de una manera que trasciende las palabras. Nuestra relación sexual puede expresar nuestro amor mutuo de forma tierna, periódica y apasionada en el transcurso de los años de vida matrimonial.

Cuando se usa de forma incorrecta, el sexo tiene el poder de sumirnos en las profundidades del dolor y el aislamiento; pero, cuando se emplea correctamente, puede elevarnos a las alturas de la unicidad y el gozo extasiado.

Séptima regla de oro del matrimonio

No sean negligentes en cuanto a la intimidad sexual.

Epílogo

Capítulo 20

La oportunidad de toda una vida

¡La cuerda de tres hilos no se rompe fácilmente!

Eclesiastés 4.12

Una pareja de ancianos celebraba sus bodas de platino. El reportero de una estación de radio llegó al evento para cubrir la historia y una vez allí hizo lo mejor que pudo para que el hombre entrado en años (que estaba muy sordo) comprendiera sus preguntas. "Setenta años es mucho tiempo", gritó junto al oído del hombre mayor. "¿Alguna vez consideró el divorcio?". El anciano jugueteó con la pregunta. Entonces respondió: "¿Divorcio? No, no puedo decir que haya contemplado dicha posibilidad. Eso sí, he considerado el homicidio... ¡en muchas ocasiones!"[1]

El secreto de un matrimonio largo y feliz reside, de acuerdo a las palabras del salmista, donde "el amor y la lealtad se encuentran" (Salmos 85.10). Usted conocerá, esperamos, parejas que llevan veinticinco años o más de matrimonio cuyas vidas están entrelazadas en una interdependencia de amor.

A través del tiempo han desarrollado una comprensión profunda de las necesidades y los deseos de cada uno, su amor ha madurado y crecido de manera estable con el paso del tiempo; juntos han capeado las tormentas de las decepciones y tragedias de la vida; aprecian las fortalezas y aceptan las debilidades del otro; han aprendido a disculparse por sus propios actos

de egoísmo, así como perdonarse mutuamente; se han apoyado uno al
otro durante las tensiones físicas que implicó criar niños pequeños y el
agotamiento emocional de guiar adolescentes; ahora saborean las nuevas
oportunidades de unidad presentadas por el "nido vacío".

En un matrimonio así, el amor y la fidelidad se encontraron y es por
este motivo que Dios concedió el matrimonio a la humanidad, de modo
que fuera una gran bendición. De hecho, este es el potencial tanto para
el matrimonio de usted como para el nuestro. Porque hemos sido creados
para el amor por el Dios que es amor. Somos capaces de experimentar la
amistad, el compañerismo, el amor romántico y el amor sexual. Fuimos
creados para sentirnos amados y dar amor. Además de que se nos creó
para la fidelidad por el Dios que cumple sus promesas. Somos capaces de
comprometernos y de escoger la honestidad y la lealtad.

El amor acompañado de fidelidad es la fuerza más poderosa para el bien
en el mundo y Dios planificó que esto fuera el corazón mismo de la relación
matrimonial. A pesar de sus propias fallas en este aspecto, Martin Luther
King Jr. reconoció que esta clase de amor "es la fuerza más duradera en el
mundo. Es la llave que abre la puerta que lleva a la realidad última".

Mucha gente se pregunta por qué el matrimonio experimenta tantos
problemas en la actualidad. La razón abrumadora es que se ha separado al
amor de la fidelidad. El compromiso pasó de moda. El amor *sin* fidelidad
es inconstante, dañino y doloroso. No es más que un apasionamiento físico
que nos abandona tan aleatoriamente como surgió, evaporándose como el
rocío de la mañana.

Detrás de todo el humor (y a pesar de varias bodas), el clímax del
filme *Cuatro bodas y un funeral* es una reflexión precisa del temor al
compromiso que tiene nuestra sociedad occidental. Al inicio de la
película, el personaje principal, Charles, comienza su discurso en la boda
de su mejor amigo con las siguientes palabras: "Estoy, por supuesto,
asombrosamente perplejo ante cualquier persona que realice un
compromiso como este". El filme concluye con la escena en que Charles
realiza algo así como una "no propuesta" a la heroína, Carrie. Las últimas

imágenes dan la impresión de que ellos vivieron felices por siempre.

El problema es que en la vida real las relaciones se desarrollan en base al compromiso. Tom Marshall, en su libro *Relaciones saludables*, dice: "... en vistas de que la intimidad genera vulnerabilidad se requiere compromiso para proveerle seguridad. [...] La tragedia actual es que la gente está tan hambrienta de intimidad y en simultáneo tan temerosa del compromiso que busca intimidad en relaciones sin compromiso y una y otra vez cosecha heridas devastadoras".[2]

El matrimonio, en términos bíblicos, es un pacto en el que un hombre y una mujer realizan mutuamente promesas vinculantes. Algunas parejas que decidieron convivir sin casarse aseguran, quizá correctamente, que son más comprometidas que las demás parejas casadas de su entorno. Ciertamente estar comprometidos en un ochenta por ciento es mejor que estarlo en un sesenta por ciento. Pero ese no es el punto. El matrimonio consiste en un compromiso del cien por ciento con la otra persona, y saber que nuestro cónyuge no se irá si el desacuerdo fuere demasiado serio o el acto sexual no llegara a ser lo suficientemente bueno. Esa es la única forma en que podemos desarrollar la confianza auténtica.

Dentro de dicho pacto se halla un terreno seguro en el cual resulta posible edificar un matrimonio íntimo y sólido. Sin tal compromiso cada cónyuge inevitablemente se refrenará por temor a la decepción. El compromiso proporciona seguridad y confianza: no hay asunto que no pueda enfrentarse ni problema que no tenga posibilidad de consideración.

El amor fiel requiere que vayamos en contra de la cultura contemporánea. El desarrollo de relaciones a largo plazo conlleva un costo más alto que la satisfacción de nuestros deseos en el corto plazo. Para algunas parejas, el primer año, aun la luna de miel, constituye una agonía. Cada día los dolorosos ajustes los tientan a mirar por encima de sus hombros, cuestionando su decisión. Mike Mason retrata una imagen realista de lo que esto implica:

Un matrimonio [...] puede compararse con un árbol enorme

que crece en forma recta a través del centro de la sala de estar de nuestra casa. Es algo que está allí, y es enorme, y todo lo demás debe construirse alrededor de ello. Y donde sea que uno se dirigiere (el refrigerador, la cama, el baño o la puerta principal) será necesario tener en cuenta al árbol. No se puede pasar a través de él, tendremos que rodearlo respetuosamente. Es algo más grande y fuerte que uno mismo. Claro, podría talarse, pero no sin ocasionar daños a la vivienda. Y ciertamente es bello, singular, exótico; pero también, enfrentémoslo, a veces es una enorme inconveniencia.[3]

El amor fiel implica que debemos prepararnos para cambiar y adaptarnos mutuamente. Un padre cuya hija tocaba el violín encontró un instrumento costoso en una tienda de baratijas a un precio realmente bajo. Estaba contentísimo... hasta que descubrió que las perillas de ajuste eran inamovibles. Alguien les había aplicado pegamento para que se quedaran en el mismo sitio. Pero por supuesto el violín no logró permanecer afinado de ese modo. La puesta a punto es una rutina esencial para cada músico. Lo mismo en el matrimonio. Debemos realizar ajustes frecuentes.

Para muchas personas el logro más significativo de su vida será desarrollar un matrimonio amoroso. Sus hijos se beneficiarán de la seguridad que proporciona un hogar cariñoso y estable. Sus amigos disfrutarán el desborde y la calidez de su amor. Su sociedad será más sólida y saludable por su contribución. Barbara Bush, ex primera dama de los EE.UU., dijo lo siguiente durante la graduación de un grupo de estudiantes en el Wellesley College:

> Al considerar la importancia de sus obligaciones como médicos, abogados o líderes de negocios, recuerden que en primer lugar ustedes son seres humanos y las conexiones humanas (con el cónyuge, los hijos, los amigos) son las inversiones más importantes que podrán hacer jamás. Al final de su vida no se

arrepentirán de no haber aprobado un examen más, no haber ganado otro juicio o no haber cerrado tal o cual negocio. Pero se lamentarán del tiempo que no pasaron con su cónyuge, sus hijos, sus amigos, o sus padres. [...] Nuestro éxito como sociedad no depende de lo que suceda en la Casa Blanca sino de lo que ocurra dentro de sus hogares.[4]

Edificar un matrimonio sólido no solo propicia las mayores recompensas sino que también ocupa un lugar noble y santo en los propósitos de Dios. Dietrich Bonhoeffer, el pastor de Alemania que fue ejecutado durante la Segunda Guerra Mundial por su oposición al Tercer Reich, escribió una carta desde la prisión para su sobrina en vísperas de su boda:

El matrimonio es más que el amor del uno por el otro. Tiene una dignidad y un poder superiores porque es una santa ordenanza de Dios a través de la que él desea perpetuar a la raza humana hasta el final de los tiempos. En el amor de ambos solo se ven a ustedes mismos en el mundo, pero en su matrimonio ustedes están conectados a una cadena que une a las generaciones, las cuales Dios ocasiona que vengan y pasen para su gloria, y llamándolas a su reino. En el amor ustedes ven solamente el cielo de su propia felicidad, pero el matrimonio los coloca en un puesto de responsabilidad para con el mundo y con la humanidad. Su amor es una posesión privada, pero el matrimonio es más que algo personal; es una posición, un cargo.[5]

La Biblia considera al matrimonio como el compromiso de entregar nuestra vida por amor a otra persona. "Esposos, amen a sus esposas, así como Cristo amó a la iglesia y se entregó por ella" (Efesios 5.25). Su ejemplo de amor es nuestro modelo para amar a nuestro cónyuge.

Cuando nos casamos nos estamos abriendo por completo, de cabo a rabo, ante la otra persona. Hacer el amor, que es el acto central del matrimonio, es simplemente otra forma de darnos a nosotros mismos. La total renuncia y entrega de todo es lo más parecido en este lado del cielo al éxtasis y la intimidad espirituales que algún día tendremos con Dios. *Así* es como nos amó Cristo. Él se dio a sí mismo por nosotros en forma completa y total. No hubo nada que retuviera para sí.[6]

En el día de nuestra boda los dos hilos de nuestras vidas separadas se anudan entre sí y durante nuestro matrimonio dichos hilos se enroscan alrededor de nosotros, retorciéndose juntos hacia la unicidad. Pero ¿cómo pueden mantenerse unidos en armonía sin desenredarse, deshilacharse o incluso romperse? ¿Qué se supone que hagamos frente a la cruda realidad de la vida cotidiana, cuando pareciera que el amor se esfuma o se seca? ¿Qué hacer si no podemos hallar los recursos o tener la voluntad para seguir amando a nuestro cónyuge? ¿Existe alguna respuesta a todo esto?

Creemos que la única respuesta valedera está afuera de nosotros mismos: "¡La cuerda de tres hilos no se rompe fácilmente!", dice el escritor de Eclesiastés en el Antiguo Testamento (Eclesiastés 4.12). Hay un tercer hilo, una tercera persona en la relación. Se trata de Jesucristo, quien nutre al matrimonio desde su mismo centro neurálgico, de modo que no tengamos que confiar solo en el poder de la voluntad humana. Él es el hilo invisible que convierte la unión de dos partes de la relación matrimonial en una cuerda de tres hilos, tejido por las manos de Dios.

Oh, Señor, hazme un instrumento de tu paz;
Donde haya odio, permite que siembre amor;
Donde haya ofensa, perdón;
Donde haya discordia, unión;
Donde haya duda, fe;

Donde haya desesperación, esperanza;

Donde haya tinieblas, luz;

Donde haya tristeza, alegría.

Concede que no busque tanto ser consolado, sino consolar;

Ser comprendido, sino comprender;

Ser amado, sino amar.

Porque es dando que recibimos,

Perdonando que se nos perdona;

Y muriendo que nacemos a la vida eterna.

La oración de San Francisco de Asís
(1182-1226)

•

Apéndice 1
¿Preparados para el matrimonio?

¿Cómo sabemos si somos el uno para el otro? ¿Qué ocurriría si no fuéramos compatibles? ¿Es normal tener dudas? ¿Tenemos una visión realista de la vida matrimonial? Cuando contemplamos la posibilidad del matrimonio, estas podrían ser algunas de las preguntas que nos realicemos. Tales cuestiones deben enfrentarse con sinceridad y honestidad.

En este Apéndice enumeramos *siete pruebas* de amor que hemos diseñado para poner en evidencia si tenemos los cimientos sobre los cuales desarrollar un matrimonio sólido.[1] Estas pruebas no solo mostrarán si somos el uno para el otro, sino también si estamos preparados para casarnos. El matrimonio debe basarse en algo más que el enamoramiento. Los sentimientos de "estar enamorados" no sustentarán un matrimonio durante toda una vida. El enamoramiento y la pasión se desgastan pero los siguientes siete aspectos del amor pueden crecer con fuerza a lo largo de los años.

315

Prueba 1: ¿Quisiera compartir el resto de mi vida con esta persona?

El matrimonio consiste en dos personas individuales, quienes han llevado vidas individuales, que se unen y comparten todo. Considerar esta realidad ¿me llena de emoción o incertidumbre?

El matrimonio no permite que sigamos como dos personas independientes que viven bajo el mismo techo, duermen en la misma cama y pasan mucho más tiempo juntos. El matrimonio implica estar listos para compartir con otra persona nuestra vida por completo.

¿Estoy preparado para compartir mi tiempo? Estamos acostumbrados a organizar nuestro propio calendario según nuestro criterio. Ahora tendremos que elaborar *nuestra* agenda juntos. El matrimonio no significa pasar cada minuto juntos, pero implica que siempre tomemos al otro en cuenta al hacer nuestros planes.

¿Estoy listo para compartir mi dinero? ¿Podría decir con sinceridad: "Todo lo que es mío pasará a ser nuestro"? En el matrimonio no hay nada que sea solamente "mío" porque prometemos en nuestros votos que "compartiré todos mis bienes terrenales contigo". Toda posesión que yo tenga, grande o pequeña, valiosa o sentimental, debe compartirse con otra personal. ¿Estoy preparado para ello?

Prueba 2: ¿Nuestro amor me provee energía y fortaleza o me consume?

Si la relación fuere saludable, nos sentiremos más vivos cuando estemos juntos y más motivados para vivir conforme a nuestro máximo potencial. El amor de la otra persona nos libera para lograr el propósito para el cual fuimos creados. El matrimonio (contrario a la percepción que muchos tienen) puede ser liberador. La experiencia de un matrimonio sólido es vivir una vida que se renueva por el amor del otro.

Nuestros mejores amigos o nuestra familia son a menudo las personas que reconocen con mayor precisión el efecto que la relación tiene sobre nosotros. Si extraemos lo mejor de ambos los demás querrán estar cerca de nosotros. ¿Estar juntos hace que cada uno sea una mejor persona?

Esta segunda prueba revela si nuestro amor nos motiva e inspira. Para algunas parejas el gran esfuerzo que implica cuidar que la relación continúe las consume y ocasiona que se sientan atrapadas. Esa no es una base saludable para la vida matrimonial. Tal vez hayan salido con su pareja por algún tiempo y tengan temor de causar heridas al romper la relación. Pero si la relación no tuviere futuro a largo plazo será mejor concluirla pronto en lugar de hacerlo más tarde.

Prueba 3: ¿Respeto a esta persona?

Sin duda hubo diferentes aspectos que nos atrajeron mutuamente. El respeto, sin embargo, es mucho más profundo que la mera atracción.

¿Respeto el carácter de esta persona? Descubrimos el carácter de alguien al ver la forma en que se relaciona con los demás: de qué modo trata a los ancianos, la gente más joven, su familia, sus pares, los que tienen un trasfondo, una cultura o una raza diferentes. ¿Muestra compasión, valentía, perseverancia, paciencia, coherencia y otras cualidades que tenemos en alta estima? Puede que se trate de una persona sumamente apuesta, tenga un excelente empleo, sea una cocinera brillante o una atleta sobresaliente, ¿pero es amable? (si quedaran dudas, observe la forma en que trata a su madre).

" Si ganáramos una apuesta en la carrera de caballos, podríamos duplicar el presupuesto de nuestra luna de miel"

¿Respeto su criterio? ¿Y qué con respecto a las decisiones que toma, sean grandes o pequeñas, con relación a la profesión, el dinero o la familia? ¿Somos compatibles en cuanto a nuestras creencias y valores centrales? No sería sabio casarse con alguien que sostenga puntos de vista opuestos en las cosas que más apreciamos. Por ejemplo, ¿estamos de acuerdo en cuestiones de fe, asuntos éticos, educación, hijos? Descubrir más tarde que nuestro cónyuge no quiere tener hijos puede ser una experiencia dolorosa con implicancias para el resto de nuestra vida.

Si usted es cristiano, el mandato de la Biblia de no formar "yunta con los incrédulos" (2 Corintios 6.14) es un consejo importante para quienes consideran la posibilidad de casarse. ¿Esta persona quiere seguir y servir a Dios de todo corazón en cada aspecto de su vida? ¿Busca a Dios como el único que tiene un plan y un propósito para su vida (y por lo tanto para su vida juntos)?

¿Puedo decir "tendría orgullo de unirme de por vida a esta persona"? Una pregunta reveladora que podríamos efectuar es: "¿Me gustaría que esta persona fuera la madre o el padre de mis hijos?"

Prueba 4: ¿Acepto a esta persona tal cual es?

Ninguno de nosotros es perfecto. Todos tenemos debilidades, peculiaridades y malos hábitos. ¿Qué nos molesta de esta persona? Debemos asegurarnos de que podríamos vivir juntos y amarnos mutuamente aun si ninguna de estas cosas cambiara.

No debemos contraer matrimonio a plazos, esperando que cambie esto o aquello en relación a nuestro cónyuge cuando estemos casados. Usualmente enfrentaremos la decepción.

El comportamiento adictivo, como el alcohol, las drogas, el juego o la pornografía, a menudo requieren ayuda profesional y debe enfrentarse antes del matrimonio, porque casarse no resolverá por sí mismo estas adicciones.

Prueba 5: ¿Somos capaces de admitir nuestros errores, disculparnos y pedirnos perdón?

Las ideas conflictivas y los sentimientos negativos son una parte inevitable de cualquier relación estrecha. John Gray dice en su libro titulado *Los hombres son de Marte, las mujeres son de Venus*: "Algunas personas pelean todo el tiempo y gradualmente su amor muere. Otros suprimen sus verdaderos sentimientos a fin de evitar el conflicto y las discusiones. Como resultado de suprimir sus genuinos sentimientos también pierden contacto con sus sentimientos de amor. Una pareja lleva adelante una guerra, la otra lleva a cabo una guerra fría".[2]

Ninguno de estos enfoques funciona. Cuando nos herimos mutuamente debemos ser capaces de exponer abiertamente lo que ocurre, dejar de lado nuestro orgullo, pedir disculpas y perdonar. Esto requiere buena comunicación. ¿Hemos, como pareja, solucionado los desacuerdos entre nosotros de una forma constructiva? El aspecto principal de esta prueba no es la existencia o la ausencia de conflicto, sino nuestra capacidad para resolverlo.

Prueba 6: ¿Tenemos intereses en común que sirvan de fundamento y base para la amistad?

¿Nos divertimos juntos? Las amistades se edifican en experiencias compartidas. Las actividades que se comparten conducen a confidencias[3] y recuerdos compartidos. ¿Hemos hallado intereses que disfrutemos juntos? El matrimonio no implica compartir todos los intereses pero será importante que una vez que estemos casados continuemos realizamos actividades conjuntas que ambos disfrutemos como matrimonio a fin de mantener nuestra amistad en crecimiento.

Prueba 7: ¿Hemos enfrentado juntos las distintas temporadas y una variedad de situaciones?

¿Nos hemos visto atravesar el verano y el invierno, con pantalones cortos así como vistiendo abrigos? ¿O solamente nos hemos contemplado con el cabello recién lavado y listos para salir? ¿Conocemos a la persona completa? ¿Nos hemos conocido mutuamente no solo cuando las cosas van bien sino también durante épocas difíciles? ¿De qué modo reacciona cada uno bajo el estrés o durante una crisis?

Algunas personas se apresuran a ingresar al matrimonio porque sufrieron heridas de relaciones previas o experimentaron una tragedia en su vida.

Casarse como una manera de escapar al dolor constituye una base insegura para cualquier relación. Solamente el tiempo compartido juntos revelará a la persona real. Como alguien dijo en cierta ocasión: "El amor es lo que has pasado junto a alguien".

Conclusión

Algunas personas pueden responder de manera afirmativa a cada una de las siete pruebas y aun así luchar en cuanto a asumir el compromiso del matrimonio debido a que en su pasado alguien en quien confiaban las decepcionó. El matrimonio de sus padres tal vez fue abusivo; su padre o su madre quizá dejaron el hogar familiar cuando eran muy pequeños; a lo mejor sufrieron el quiebre de una relación anterior que esperaban que durara toda la vida.

El primer paso para superar el temor al compromiso es reconocer su fuente. Suele ser de ayuda hablar al respecto con un amigo de confianza, un líder de iglesia o un consejero (por lo general es mejor conversar con respecto a las dudas sobre nuestra relación con alguien aparte de nuestra pareja).

El segundo paso es perdonar a quienes nos hayan herido (si se tratara de uno de los padres, utilice la oración en la página 242 de este libro como una base). Cuando el perdón fuere un proceso continuo cada vez que resurja el dolor, la ira o la decepción, los recuerdos gradualmente tendrán menos asidero en nosotros. Para muchos, sin embargo, el temor al compromiso se resuelve en última instancia solo al saber y reconocer la fidelidad de su pareja, al crecer en la confianza y al experimentar de primera mano un matrimonio amoroso.

Tenemos amigos felizmente casados que podrían haber respondido que sí a las siete pruebas pero durante el día de su boda continuaban luchando con la vacilación y las dudas. Demanda valentía atar el nudo y decir palabras que afectarán el resto de nuestra vida.

Conocemos a otros que han sido lo suficientemente valientes como para quebrar un compromiso a pocas semanas o incluso días de su boda. Algunos luego se han casado con otra persona, otros permanecieron solteros. Ninguno de ellos se ha arrepentido de su decisión. Es mucho mejor ser solteros e independientes y emplear nuestra libertad para servir a Dios y alcanzar nuestro máximo potencial en él, desarrollando muchas amistades en el camino, que sufrir las consecuencias de haber elegido mal a nuestro esposo o nuestra esposa.

Apéndice 2
Compromiso, sexo y luna de miel

Compromiso

El compromiso es un tiempo de preparación, no solo para la boda sino principalmente para el matrimonio. Es un período de tiempo para desarrollar nuestra amistad, para comprender más acerca del otro y, por sobre todo, para descubrir las expectativas que cada uno de nosotros lleva a la vida matrimonial. Esperamos que resulte de ayuda conversar sobre el contenido de este libro. Algo de tensión y malos entendidos son comunes, y los planes de boda a menudo funcionan como catalizadores. Aprender a resolver los desacuerdos es una parte valiosa de la preparación.

Límites sexuales durante el compromiso

El compromiso también puede ser un tiempo de aprendizaje para controlar nuestros deseos físicos. El plan de Dios es que el momento de entregarnos mutuamente a nivel sexual esté en línea con el compromiso que hayamos hecho en nuestros votos matrimoniales. Mike Mason escribe acerca del acto sexual:

> Como un gesto simbólico de perfecta confianza y rendición,
> se requiere un marco o una estructura de perfecta sumisión en

donde poder llevarlo a cabo. Requiere la seguridad de la más
perfecta de las reafirmaciones y los compromisos a los cuales
dos personas pueden acceder, lo que no es otra cosa que el
contrato amoroso del matrimonio.[1]

Algunos afirman que debemos descubrir si somos sexualmente
compatibles antes del matrimonio. Pero vivir juntos a modo de prueba no
es un examen valedero.

Durante el mes de julio de 1998, la organización denominada *The Family
and Child Protection Group* (en español: "Grupo de protección familiar e
infantil"), designada por la cámara de lores y comunes, presentó un informe
ante el Ministerio del Interior del Reino Unido titulado "La familia importa".
El grupo encontró que la "convivencia antes del matrimonio no desarrolla una
relación segura en la experiencia de la vasta mayoría de los concubinos...". La
tasa de divorcio entre aquellos que convivieron antes de casarse duplicó la de
aquellos que no lo hicieron.

El motivo de ello es que una relación sexual nos hace vulnerables.
Dicha vulnerabilidad requiere confianza y esta solo puede existir
dentro del marco de los votos matrimoniales. Dentro de una relación
de compromiso total somos verdaderamente libres para entregarnos
mutuamente sin reservas. No es la experiencia sexual, la capacidad física o
la química correcta lo que importa; en cambio, es el amor comprometido
y abnegado lo que produce el mejor sexo.

El estribillo en el libro de Cantares, que se repite tres veces, reconoce
esta necesidad de preservar el deseo físico hasta que llegue el momento
indicado para darnos mutuamente en amor: "Yo les ruego, mujeres de
Jerusalén [...] que no desvelen ni molesten a mi amada hasta que ella
quiera despertar" (Cantares 2.7; 3.5; 8.4). Debido al poder del deseo
sexual tenemos la responsabilidad mutua de no "desvelar" ni "despertar"
al otro más allá de los límites del control propio. Descubrimos muchísimo
acerca del valor de los límites sexuales durante los cuatro años que
estuvimos juntos antes de casarnos.

Nicky Después de habernos conocido durante dieciséis meses estábamos muy enamorados, seriamente comprometidos el uno con el otro, por lo que parecía normal comenzar a dormir juntos.

Sila Yo tenía dieciocho años, era independiente y amaba a Nicky tanto como podía imaginar que era posible amar a alguien. Al mirar retrospectivamente reconozco que nuestra relación adquirió una intensidad totalmente distinta cuando comenzamos a acostarnos juntos, aunque en lo más profundo también teníamos un sentimiento de culpabilidad. Conocía la postura de mis padres con respecto al sexo fuera del matrimonio, pero siempre los rechacé como principios cristianos tradicionales que no tenían importancia para mí.

Mi amor por Nicky era diferente. Estaba profundamente comprometida con esta relación; no estaba yendo de cama en cama con diferentes hombres y me parecía la forma más natural de expresar mi gran amor por él. Me convencí a mí misma de que esto era razonable porque así quería que fuera.

Inicialmente a principios de 1974, cuando Nicky y yo comenzamos a hablar del cristianismo, no tenía una verdadera comprensión de las implicancias para nuestra relación.

Nicky Gradualmente, al empezar a considerar y explorar la fe cristiana, mi conciencia me dijo que si consagraba mi vida a Jesucristo significaría no volver a acostarnos juntos antes del matrimonio. Eso me hizo temer de que luego comenzáramos a distanciarnos. Así que, tanto como pude, no le expresé a Sila mi opinión sobre el tema.

En el momento en que comprendí que debía tomar una decisión de una forma u otra, recuerdo que escribí una especie de oración: "Dios, creo que estás aquí. Me parece que creo que Jesucristo es el Hijo de Dios y que Él resucitó de entre los muertos, y por lo tanto necesito hacer un compromiso contigo. Pero no tengo la fortaleza para hacerlo a menos de que también convenzas a Sila".

Sila   Cuando escuché a David MacInnes hablar acerca de Jesucristo, hablaba como si lo conociera de forma personal, así como yo conocía a Nicky. Esto fue una revelación para mí. Gradualmente comencé a considerar que si abrazaba la fe cristiana se obrarían cambios en ciertos aspectos de mi vida, incluyendo las relaciones sexuales. Nadie nos lo había dicho. Fue una percepción gradual que culminó en una clara convicción del mejor camino para ambos. La noche que nos comprometimos a seguir el camino de Dios supimos que debíamos esperar hasta la boda antes de hacer nuevamente el amor.

Nicky   Durante las siguientes semanas dormí sobre el suelo, porque descubrimos que la cercanía íntima al dormir en la misma cama, sin hacer el amor, era demasiado difícil para nosotros. Algunos meses después nos dimos cuenta de que era más fácil no dormir siquiera en la misma habitación. Llegamos a comprender que es mejor guardar esta clase de intimidad para el matrimonio.

Este cambio fue un proceso para nosotros y estábamos agradecidos por la forma en que Dios nos llevó de una etapa a la próxima. Lejos de separarnos, Él proporcionó una nueva libertad a nuestra relación, una cercanía que no habíamos conocido antes y una mayor confianza mutua.

En los dos años y medio entre el tiempo en que dejamos de dormir juntos y la boda, aprendimos mucho. El aspecto físico de nuestra relación no siempre resultó fácil, pero fuimos comprendiendo mejor por qué Dios creó el sexo para desarrollar una profunda relación a lo largo de la vida matrimonial. Aprendimos la diferencia entre la lujuria y encontrar formas de demostrar nuestro amor a través del cuidado y el afecto físico apropiado.

Ahora podemos ver que esto fue una lección importante que aprender, porque aun dentro del matrimonio tenemos la capacidad de herirnos mutuamente a través de la relación sexual. Es posible buscar solo la gratificación de nuestros propios deseos en lugar de amar y brindarnos el uno al otro.

También aprendimos la necesidad de ayudarnos mutuamente. Es fácil realizar un juego que implique excitar al otro para que haga algo que nos excite y que nos lleve a reaccionar... etc. Si llegáramos más allá de nuestra intención, decimos: "¡No es *mi* culpa porque tú me incitaste!". Pero comprendimos que ambos debíamos asumir la responsabilidad de ayudarnos.

A continuación compartimos algunos consejos prácticos que nosotros y otras parejas que han procurado guardar el sexo para el matrimonio encuentran de utilidad:

- Reconocer lo que cada uno siente que lo excita particularmente, ya sea a través de la vista, de las palabras o del tacto. En general, los hombres se excitan rápido a través de la vista mientras que las mujeres se estimulan mediante la intimidad emocional (*dentro* del matrimonio, cuando buscamos deliberadamente excitarnos el uno al otro, es también importante reconocer estas diferencias).
- Tratar de no ponerse en situaciones en las que sería posible ir fácilmente a la cama sin temor de ser interrumpidos o descubiertos. Por ejemplo, quedarse una noche a solas en una casa o ir de vacaciones solos generará para muchas parejas una tentación mayor de lo que es posible resistir. Es mejor ir con otros amigos. Contar con terceras personas "para vigilar" puede parecer anticuado, ¡pero resulta especialmente efectivo!

- Recomendamos enfáticamente no dormir en la misma cama, aun si se haya decidido no hacer el amor. Ese nivel de intimidad conducirá naturalmente al acto sexual. Las parejas que se hayan puesto en situaciones que requieran un enorme control propio encontrarán que esto puede acarrear sentimientos de culpabilidad en cuanto al sexo *dentro* del matrimonio. Una pareja que dormía regularmente en la misma cama luchó tanto para restringirse antes de la boda que, una vez casados, tuvo dificultad para hacer el amor libremente.

- En lo que se refiere hasta dónde llegar en el terreno sexual antes de la boda, cada pareja necesita establecer sus propios límites. Los nuestros incluían no acostarnos uno al lado del otro y evitar estar desnudos o parcialmente desnudos frente al otro. Dicha exposición debería ser debidamente guardada para la noche de bodas.

Practicar tales restricciones es duro, pero retendremos la maravillosa anticipación de entregarnos mutuamente en el momento más perfecto. Una amiga nuestra escribió:

> Antes de ser cristiana había asistido a muchas bodas. Como Charles en *Cuatro bodas y un funeral*, encontraba que casi no había un sábado sin una boda. Generalmente, eran actos emotivos con hermosos vestidos, palabras amables y buen vino. Sin embargo, nunca olvidaré la primera boda a la que asistí en donde yo sabía con seguridad que el día de la boda marcaba el comienzo de la relación sexual de la pareja. Había algo distinto en el ambiente: una claridad perceptible, un sentimiento impresionante de fragilidad, preciosidad y pureza. La mirada en sus ojos al hacerse los votos es algo que describiré a mis hijos.

Nuestra historia sexual anterior

La intención de Dios es que tanto el esposo como la esposa sean vírgenes cuando se casen. Ya hablamos acerca de las razones para el celibato. Pero si a causa de experiencias sexuales del pasado hubiera dolor, culpabilidad, celos o falta de perdón, será necesario tratar estas emociones antes de la boda.

Una relación sexual previa, fuera secreta o no, puede empañar nuestro matrimonio. Lejos de proveer una experiencia que ayude puede dar lugar a la falta de confianza, los celos y los recuerdos destructivos. La respuesta cristiana es llevar nuestro pasado sexual a Dios y buscar su perdón y limpieza de los errores del pasado.

Sugerimos que se den a conocer al prometido o a la prometida las relaciones sexuales del pasado, pidiendo su perdón. No necesitamos entrar en detalles ya que eso sería dañino y podría causar mayor dolor. Así Dios podrá traer la sanidad, la libertad y el gozo de un nuevo comienzo.

Tal vez tengamos temor de herir a nuestro prometido, pero los secretos son peligrosos en el matrimonio. Los secretos pueden herir y causar enormes daños cuando se revelan tarde en la relación de la pareja. Si declarar esto mutuamente causa una preocupación, un buen líder de iglesia o un consejero podrían ayudar. Se necesitará valor, pero tales confesiones asegurarán que el futuro juntos se base firmemente sobre un cimiento de confianza, apertura y perdón.

Sería sabio buscar asesoramiento antes de hablar sobre temas como el aborto, la adicción, la pornografía, la prostitución, el travestismo o las experiencias homosexuales. Es importante buscar a alguien que comprenda estos temas. Esto podría iniciar un proceso para lidiar con el pasado, algo que puede requerir meses o incluso años, en los que el apoyo mutuo será esencial.

Algunas parejas se culpabilizan por haber ido más allá de sus primeras intenciones en su mutua relación sexual antes de la boda. Sus deseos sexuales se salieron de control y uno de ellos condujo al otro a la excitación contra sus deseos reales. Estos lamentos y pesares pueden ser llevados a Dios y comentados en pareja, buscando perdón y paz. Al hablar abierta y honestamente a Dios, su promesa hacia nosotros es: "Por lo tanto, si alguno está en Cristo, es una nueva creación. ¡Lo viejo ha pasado, ha llegado ya lo nuevo!" (2 Corintios 5.17). Entonces, de forma maravillosa podemos acceder al matrimonio experimentando una liberación de nuestro pasado.

La luna de miel

Estar preparados

Para estar bien informados, sugerimos que más o menos un mes antes de la boda los dos futuros cónyuges lean un buen libro sobre las relaciones sexuales desde una perspectiva cristiana (ver la bibliografía recomendada al final). Una vez casados, traten de comentar juntos dicho libro. Esto facilitará empezar a hablar sobre el sexo de forma abierta (¡entre los dos!). También dará una buena base por si más tarde hubiere problemas. Toda relación a lo largo de la vida encontrará períodos en que las cosas no irán tan bien. En cierta etapa, y muy a menudo debido al estrés, muchos hombres experimentarán algún grado de impotencia, y una gran cantidad de mujeres, cuando lleguen los hijos, tendrán menos deseos sexuales.

Si hubiere ansiedades o preguntas para las que no se sabe la respuesta, un médico podría ayudar, o tal vez conversar con un amigo que conozca bien a los dos y en quien se pueda confiar.

Ser realistas

Reconozca la necesidad de recuperarse de las muchas demandas del día de la boda. También deberían tratar de organizar una luna de miel en la que ambos pudieran relajarse más allá de lo imaginado. Probablemente, no es el momento para ir a descubrir la Antártida, recorrer el Amazonas en una canoa o escalar los montes del Himalaya. El propósito de la luna de miel es relajarse, adaptarse y gozar del tiempo juntos. Demasiados viajes duros o un gran número de visitas turísticas arruinan este propósito. No es el momento para planificar las vacaciones más espectaculares de toda la vida. Es mejor reservar eso para dentro de un año o más adelante; probablemente entonces será mucho más divertido.

No esperar demasiado en poco tiempo

La luna de miel es solamente el principio de una vida de descubrimientos. Hay que tener una visión de largo alcance. Con respecto al sexo, no se debería pretender disfrutar de una vez toda la experiencia soñada. Es un tiempo para el cariño, la ternura y la paciencia. Conservar el sentido del humor ayudará a permanecer relajados. No hay que asustarse si las cosas no llegaran a resultar como en las películas, por ejemplo: sexo instantáneo, espontáneo y multi orgásmico. Puede pasar cierto tiempo antes de experimentar un orgasmo mutuo o simultáneo.

Tanto durante y después del momento en que se hace el amor, no hay que tener temor de hablar sobre lo que produce, o no produce, placer. Ello aumentará la comprensión de cómo excitarse mutuamente. Al principio esto puede parecer extraño y poco natural, pero si las relaciones físicas han de optimizarse, la comunicación resultará esencial. Toda timidez y vergüenza desaparecerán pronto.

Hablar acerca de sus expectativas

Es fácil tener mutuamente expectativas no comunicadas y no realistas. Los cónyuges no deberían sentirse presionados a hacer el amor en el instante en que se cruce el umbral del dormitorio. Pero hay que sentirse libres de hacerlo. Hay que estar seguros de haber hablado sobre este momento para no comenzar el matrimonio con inseguridad o incomprensión. De repente, haber cruzado la frontera entre el "no está bien" al "está bien" puede parecer extraño y tal vez cada uno reaccione diferente.

Un esposo nos contó que mientras se preparaba en el cuarto de baño, su flamante esposa estaba tan exhausta por la boda que se durmió enseguida. Él se quedó despierto toda la noche muy desilusionado, pensando que al casarse había cometido un terrible error. Las cosas mejoraron considerablemente cuando hablaron al día siguiente sobre sus distintas expectativas; y tuvieron una maravillosa luna de miel.

Mantener el sentido del humor

Las lunas de miel no se pueden pronosticar. Una pareja nos contó que en su primer día se quemaron tanto bajo el sol que no pudieron tocarse durante el resto de la semana. Afortunadamente vieron el lado cómico de la situación. Otro marido recién casado describió cómo, en la primera noche, las cosas no fueron según lo planeado:

> Cuando finalmente llegamos al hotel eran las once de la noche. Lo vimos más pequeño de lo que parecía en el folleto publicitario y sentí que mi corazón se hundía. Prácticamente, la única contribución que yo había hecho para la boda era encargarme de reservar el hotel. El día había transcurrido bien y mi esposa estaba radiante. ¡Quería tanto que esa noche fuera memorable! Encontramos nuestra habitación y era encantadora, y Jane sonrió al ver la botella fría de vino y las rosas sobre la cama. Comencé a relajarme; todo iba a ser fantástico.
>
> Y podría haberlo sido. Pero horrorizado noté que no había una cama de matrimonio... sino dos individuales. Rápidamente busqué al encargado. "Es nuestra luna de miel y se supone que esta es nuestra habitación para la luna de miel", protesté.
>
> Disculpándose, me explicó que, debido a un error, otra pareja había ocupado la habitación para los recién casados y ya estaban instalados en ella.
>
> "Pero aquí hay camas individuales", le dije. En ese momento debería haber argumentado y exigido mis derechos.

Pero, cuando el encargado sugirió una solución, la acepté, al decirme que antes había dado resultado.

Nos dijo: "Les envío unas sogas y pueden atar las dos camas juntas".

"¡Envíenlas ya mismo!", contesté.

Y así, durante la noche que había esperado durante veintiocho años, la noche con la que había soñado largamente, las camas se separaron cuando estaba haciendo mis mejores esfuerzos. Jane y yo caímos al suelo. Miré al techo y quería morir, pero justo entonces Jane se acercó a mi oído y me susurró: "Querido... creo haber sentido que la tierra se movía".[2]

Apéndice 3
Elaboración de un presupuesto

Según una encuesta de Relate, un servicio de consejería matrimonial en el Reino Unido, la mayoría de las discusiones acerca del dinero se centran en las prioridades para gastarlo. Si el dinero causara problemas en su matrimonio, será beneficioso ponerse de acuerdo en un plan con respecto a la manera en que lo utilizarán, sea como pareja o como familia. Claro, un presupuesto no es una fórmula mágica, pero el mismo proceso de confeccionarlo juntos conlleva una buena cantidad de beneficios. El primero es que nuestra posición financiera resulta evidentemente clara para ambos. En segundo lugar, debemos hablar sobre cómo gastaremos el dinero. En tercer lugar, al asignar una cantidad determinada para cada tipo de gasto, ambos estaremos libres para escoger lo que compremos dentro de ciertos límites.

Como en cualquier zona de conflicto, el dinero puede ser un elemento que se interponga y afecte toda nuestra relación o un problema que, al tratarlo juntos, nos acerque mutuamente en ese proceso.

Preparar un presupuesto puede eliminar el temor de sentirnos fuera de control, la culpabilidad de haber derrochado el dinero y el conflicto que surge al echarnos mutuamente la culpa cuando ocurre un déficit.

Sabemos que algunos matrimonios han pasado de la aspereza a la armonía gracias a dialogar y tomar decisiones conjuntas sobre las finanzas.

Si el dinero fuera una fuente de tensión, recomendamos seguir los tres pasos siguientes (parecen obvios y simples, pero es sorprendente comprobar cuán pocos de nosotros nos sentamos y resolvemos juntos este tema).

Descubrir su verdadera posición financiera

Calcule cuánto posee o cuánto debe

Es importante buscar un momento en que no se esté cansado, ni distraído, ni se corra peligro de experimentar molestias. Luego es necesario reunir el estado de las cuentas bancarias, las facturas impagas, las libretas de ahorro, los estados de cuenta de las tarjetas de crédito, etc. Debemos ser honestos el uno con el otro. Si se hubiera gastado demasiado y estuviéramos endeudados, resultará difícil pero merecerá la pena el esfuerzo. La ansiedad acerca del dinero puede convertirse en un secreto oscuro. Cuando los temores están al descubierto pierden su poder sobre nosotros.

Debemos ser amables entre nosotros. Ninguno logra hacer siempre bien todas las cosas. Si vemos que estamos en deuda, parte de la conversación deberá girar en torno a la manera de salir de ella. No hay que tener miedo ni vergüenza de solicitar la ayuda de personas con más experiencia en el asunto. Cuanto más rápido se trate el problema, más pronto se solucionará.

Calcule sus ingresos

A fin de planificar nuestros gastos necesitamos saber cuánto dinero ingresa y a dónde se destina. Lo más sencillo es considerar cuál es el total de lo que ganamos conjuntamente. Debemos anotar todas las fuentes de ingresos y las cantidades que obtengamos, deduciendo los impuestos allí donde fuere necesario. Esta cifra puede establecerse como el promedio del ingreso mensual. Registre dicho importe en un "Planificador de presupuesto mensual" similar al que compartimos al final de este Apéndice.

Calcule lo que gasta

Muchas parejas se encuentran con demasiadas limitaciones económicas, pero no son conscientes de adónde se dirige su dinero. En consecuencia, pueden echar la culpa erróneamente a ciertos gastos, como causantes de la deuda. Para tener un cuadro justo de nuestros gastos puede ser necesario escribir durante el transcurso de uno o dos meses cada pago que hagamos.

Esta información, junto con el estado de cuentas bancario y de la tarjeta de crédito, debería permitirnos establecer nuestro promedio de gastos mensuales (para aquellos gastos que no se paguen mensualmente, tales como el automóvil, los seguros, las vacaciones, etc., será necesario establecer un importe anual y dividirlo entre doce).

Es importante registrar esta información en la hoja de planificación del presupuesto, creando tantas categorías como fuere necesario. Se debería empezar con los gastos fijos, tales como hipotecas o alquiler, gas y electricidad, seguro y costos de transporte. Después, colocar los gastos donde haya posibilidad de mayor flexibilidad, tales como los de la comida, la limpieza y el mantenimiento de la casa, la ropa, los regalos, la hospitalidad y los deportes.

Luego, restar lo que gastemos de lo que ganamos (si el resultado no concordara con el estado bancario, entonces ¡el banco ha cometido un error o nosotros hemos olvidado algo!). Podemos hallar, por supuesto, que nos queda una cifra negativa. Estamos gastando más de nuestros ingresos y tenemos que tomar medidas urgentes.

Dialogar acerca del futuro

El segundo paso es planificar el uso del dinero, asignando cantidades específicas a los diferentes tipos de gastos. El objetivo es establecer un presupuesto dentro de lo que fueran nuestros ingresos que refleje las prioridades que hayamos acordado, ahorrando lo suficiente para lo inesperado.

Tanto el esposo como la esposa deberán hacer sacrificios, pero la mayoría de las parejas encuentran más fácil hablar sobre el futuro que explicar el pasado. Si no fuere posible ponerse de acuerdo será necesario interrumpir las conversaciones para dar tiempo a considerar (y orar por) el punto de vista del otro. Es importante buscar otra oportunidad para volver a hablar cuando el ambiente estuviera más calmo.

La gran ventaja de llegar a un acuerdo es que entonces podremos gastar el dinero hasta la suma límite acordada, sin sentirnos culpables ni ocultarnos la verdad.

Decidir cómo mantener el control

Nombrar a un director financiero

Una cosa es establecer un presupuesto y otra es cumplirlo. Es conveniente decidir quién de nosotros está más preparado para llevar el control, pagar las cuentas e iniciar una revisión periódica.

Controlar la tarjeta de crédito

Para muchas personas la mayor dificultad con respecto a controlar sus gastos son las tarjetas de crédito. Hay dos peligros. El primero, es que uno no nota que está gastando dinero. El segundo es que no hay un medio automático para saber cuánto nos queda en el presupuesto. Así, algunas parejas decidieron dejar de emplear las tarjetas de crédito y volvieron a usar solamente dinero en efectivo. Aunque resulta menos cómodo, esta decisión les permitió controlar lo que gastan y así lograron evitar un sinnúmero de conflictos en su matrimonio.

Diez sugerencias para gastos libres de culpa

A continuación compartimos un sistema sencillo. Nos llevó alrededor de diez años elaborarlo:

1. Tome una hoja en blanco. Lleve un registro de la cifra total del dinero que haya asignado para las cosas esenciales (alimentos, medicamentos, etc.) durante este mes.
2. Cada vez que gaste dinero en cosas esenciales, tome nota de ello, deduciéndolo del total. Los dos cónyuges deben hacerlo.
3. Si retira dinero del cajero automático probablemente lo gaste en cosas esenciales. Reste también ese monto. Es fácil olvidar lo que se extraiga del cajero automático, en especial si uno lo desea así.
4. Al finalizar la semana evalúe su accionar. ¿Tendrá que reducir gastos durante la semana próxima o podrá relajarse un poco? Sea sincero con

usted mismo. Devuelva alguno de los productos que haya adquirido, si fuera necesario hacerlo.

5. Comience una nueva página al inicio de cada semana con el nuevo monto total. Continúe restando todo lo que gaste en cosas esenciales.

6. No es extraño que durante la última semana del mes se dé paso a la mentira, el deseo de abandonar o comer montones de frijoles horneados. Por lo visto son muy buenos para usted... aparentemente.

7. Otros gastos como ropa nueva y salir de paseo deben categorizarse (lamentablemente) como no esenciales.

8. Nota: no tenemos que comprar cosas no esenciales. Podremos vivir (aunque nos cueste) sin encargar comida a domicilio, ni asistir al partido de fútbol ni comprarnos calzado nuevo. Hay ciertos momentos en que debemos decir "no" principalmente a nosotros mismos más que a la otra persona.

9. Emplee el mismo sistema para "no esenciales" que usa con los "esenciales". El deseo de mentir, olvidar u omitir ciertas cosas puede tornarse más apremiante.

10. Cuando haya dinero disponible será posible disfrutar al máximo de las compras, de una cena romántica, de un fin de semana en un centro de salud o asistir a un partido del equipo favorito de fútbol.

Debemos admitir que el sistema únicamente será bueno si lo fueren quienes lo utilicen. Hemos tenido períodos en nuestro matrimonio en los que el dinero era escaso y debimos administrarlo con rigurosidad. En otras épocas hemos tenido más y fuimos menos cuidadosos con respecto a llevar un registro de todos los gastos. Sin embargo, tarde o temprano debimos retornar al sistema de revisar nuestra economía y controlarla otra vez.

En ocasiones, cuando una pareja no puede llegar a fin de mes, el problema puede ser que no cuenten con ingresos suficientes como para solventarse a sí mismos. A menudo ocurre que el problema está en los gastos. Rob Parsons escribe acerca de su infancia:

Mi padre era cartero y mi madre se dedicaba a la limpieza. Vivíamos en una casa alquilada y la vida era muy sencilla y austera. Las cosas no esenciales como calefacción en las habitaciones, alfombras a medida, papel higiénico (¡no preguntes!) eran cosas de otro mundo. No comí en un restaurante hasta que tuve dieciséis años. Pero en aquel hogar tenía todo lo que necesitaba, incluyendo consejos sabios de un padre que a veces se sentaba aparte conmigo para recitarme las palabras del Sr. Micawber del libro *David Copperfield*, escrito por Dickens: "Ingreso anual: veinte chelines; gastos: diecinueve chelines y seis peniques; resultado: felicidad. Ingreso anual: veinte chelines; gastos: veinte chelines y seis peniques; resultado: tristeza". Creer en ese principio implicaba que mi padre nunca estuviera endeudado. Uno podría pensar que pagó un precio inaceptable por eso. Nunca experimentó vacaciones fuera de casa ni tuvo cuenta bancaria propia, y nunca llegó a probar la pasta italiana. Pero jamás conocí a un hombre tan contento y satisfecho.[1]

Planificador de presupuesto mensual

Promedio mensual de ingresos (señale una cifra anual)

Salarios conjuntos $_____

Otras fuentes de ingresos $_____

Total (1) $_____ ÷ 12 = $_____

	Real	Presupuesto
Gastos regulares fijos (señale una cifra anual)		
Alquiler/Hipoteca	$_____	$_____
Impuestos municipales	$_____	$_____
Servicios (gas, electricidad, agua)	$_____	$_____
Seguro médico	$_____	$_____
Reembolso de préstamos	$_____	$_____
Transportación	$_____	$_____
Seguro del automóvil	$_____	$_____
Donaciones caritativas	$_____	$_____
Otros	$_____	$_____
Total (2) $_____ ÷ 12 =	$_____	$_____
(mensual)	(mensual)	

Gastos "esenciales" flexibles (estime una cifra anual)		
Domésticos (alimentos, farmacia, etc.)	$_____	$_____
Vestimenta/calzado	$_____	$_____
Reparaciones del automóvil, gasolina	$_____	$_____
Teléfono	$_____	$_____
Otros	$_____	$_____
Total (3) $_____ ÷ 12 =	$_____	$_____
(mensual)	(mensual)	

Gastos flexibles "no esenciales" (estime la cifra anual)		
Entretenimiento/hospitalidad	$_____	$_____
Regalos	$_____	$_____
Deporte/ocio	$_____	$_____
Vacaciones	$_____	$_____
Salidas	$_____	$_____
TV, suscripciones, etc. $_____	$_____	
Otros	$_____	$_____
Total (4) $_____ ÷ 12 =	$_____	$_____
(mensual)	(mensual)	

Monto mensual para ahorro/emergencias

Total (5) $_____ $_____

Sume el total de los gastos mensuales

(2, 3, 4, 5) $_____ $_____

Compare con el total de los ingresos mensuales $_____ $_____

(1)

Orar juntos

Para algunas de las personas que leen este libro, contemplar la idea de orar puede significar un concepto bizarro y extraño. Hay quienes opinan que la oración es un signo de debilidad y que demuestra inmadurez intelectual. Se les ha enseñado que crecer significa aprender a hacer frente a la vida por sí mismos. Como resultado, ni siquiera se atreven a admitir (ni a ellos y mucho menos ante su cónyuge) que están en apuros en ciertas áreas de su vida.

Otros consideran que la idea de orar en voz alta resulta vergonzosa. En el Curso para Matrimonios una mujer nos dijo que preferiría correr por la calle desnuda antes que orar con su marido. Dado que la oración es una actividad muy personal y aun íntima, bien puede ser que nos haga sentir desnudos y vulnerables, pero no tiene por qué ser tan difícil.

Orar juntos significa que extraemos sabiduría, amor y poder de una fuente exterior. En lugar de desesperación, engendra un sentimiento de esperanza. Algunas parejas que conocemos han dicho lo siguiente acerca del efecto de la oración conjunta en su matrimonio:

- "La oración principalmente quita la preocupación de nuestra vida. Se la entregamos a Dios y ambos nos relajamos un poco".
- "Intentamos orar brevemente antes de dormir en la noche. Es como si nos unieran con pegamento".

- "Tratamos de orar los domingos por la noche. Esto significa que estamos menos ansiosos por cosas que de otra manera nos preocuparían, ya que las hemos puesto en la 'bandeja de asuntos a tratar' de Dios".
- "La vida parece mucho más llena de baches cuando no oramos juntos. Pero al dirigirnos a Dios sabemos que Él nos concede unidad".

Cómo empezar

Para nosotros, orar juntos ha desempeñado una parte importante en nuestro matrimonio, en particular cuando logramos superar algunas expectativas iniciales que no eran realistas. Estas solo podían compararse con las expectativas que teníamos acerca de nuestra capacidad para comer.

Nicky   Cuando nos casamos, Sila cocinaba periódicamente cenas estilo *gourmet*, con comida suficiente como para alimentar a seis personas. Varias noches por semana preparaba una nueva receta, hasta que después de tres meses, con los estómagos sobrecargados y una esposa exhausta, no podíamos seguir ese ritmo, por lo que decidimos cambiar a una dieta nocturna de pan tostado y queso o encargar comida a domicilio.

Â La oración conjunta comenzó de la misma manera. Parecía que siempre había tanto sobre lo que orar que si nos las arreglábamos para hacerlo al final del día, la oración parecía extenderse más allá de lo que podíamos soportar. Generalmente era tarde y estábamos muy cansados. Después de un tiempo, ninguno de los dos sugería orar ya que no podíamos hacer frente a la perspectiva de otra larga sesión.

Â Entonces alguien nos recomendó que tratáramos de orar juntos al comienzo del día, durante cinco o diez minutos y eso fue lo mejor. Fijamos la hora de modo que solo tuviéramos diez minutos antes de que uno de nosotros saliera

a trabajar. Esto eliminó cualquier peligro de que se extendiera
por demasiado tiempo.

Durante más de tres décadas de matrimonio nuestro objetivo ha sido
comenzar el día orando juntos durante un breve período y hemos ajustado
el horario según la edad de los niños, el calendario y las demandas de
nuestro trabajo. Ciertamente no alcanzamos a hacerlo cada día, pero
teniéndolo como nuestro propósito, la mayoría de las veces logramos
hacerlo y los beneficios que aporta nos estimula a realizarlo de forma
habitual.

Cómo orar con y por nuestro cónyuge

Orar juntos de manera habitual no tiene por qué ser algo extraño. Debemos
empezar a orar como podamos y no de una forma en que nos resulte imposible.
Para algunos esto implicará usar un libro de oraciones escritas que leerán en voz
alta. Para otros, la manera de empezar podría ser leer algunos versículos de la
Biblia y orar en silencio el uno por el otro. Los libros *30 Days*[1] o *Daily Light*[2]
(en español: "30 días" y "Luz cotidiana") que contienen algunos versículos de la
Biblia para cada día del año han resultado de utilidad para muchas personas.

A otros les parecerá más familiar y cómodo expresar sus propias
oraciones en voz alta. Nuestro consejo sería comenzar de la forma en que
cada uno se sintiera más cómodo y en la que se pudiera aspirar a la sencillez
y la sinceridad.

Tiempo atrás conocimos a una pareja que estaba a punto de celebrar su
cuadragésimo aniversario de bodas. Les preguntamos qué les había parecido
más importante al edificar una relación matrimonial tan sólida. Dijeron
varias cosas amables el uno del otro y describieron cómo habían crecido
juntos.

Pero fue lo que expresaron a continuación lo que resultó más revelador.
Ambos estaban de acuerdo en que lo que más había contribuido a fortalecer
y armonizar su matrimonio era el orar juntos cada mañana.

Presuponiendo que habían hecho esto durante los últimos cuarenta años, les preguntamos cuándo habían comenzado a orar. Respondieron: "Hace unos dieciocho meses". Y añadieron que si algunos años antes alguien les hubiera sugerido que la oración unida se convertiría en algo tan importante para ellos, hubieran pensado que se trataba de algo muy extraño.

Nunca es demasiado tarde para empezar. De igual manera que nunca es demasiado temprano. A continuación compartimos algunas sugerencias que nos ayudaron muchísimo en el proceso de hacer que la oración conjunta fuera una realidad asequible.

Comenzar con gratitud hacia Dios

La gratitud reorienta nuestro pensamiento. Si nos sentimos presionados o abrumados, escoger ser agradecidos puede cambiar drásticamente nuestra perspectiva. Pablo, el apóstol, escribió varias de sus cartas bajo la presión de la cárcel, sin embargo rebosaban agradecimiento, principalmente gratitud hacia Dios. "Estén siempre alegres, oren sin cesar, den gracias a Dios en toda situación, porque esta es su voluntad para ustedes en Cristo Jesús" (1 Tesalonicenses 5.16-18). Esta actitud va en contra de la corriente actual de insatisfacción y la búsqueda por algo más, más grande y mejor. La gratitud a Dios, incluyendo la gratitud mutua por la vida de nuestro cónyuge, cambiará nuestra perspectiva.

Orar el uno por el otro

El objetivo principal de este tiempo es descubrir las necesidades diarias de cada uno o las preocupaciones por el día que se tienen por delante y presentarlas ante Dios. A veces se tratará de uno de nuestros hijos; en ocasiones será porque estamos escasos de dinero; otras veces será porque nos sentimos inadecuados para hacer frente a los desafíos del día. Si uno de nosotros batalla en cuanto a relacionarse con una persona en particular, pedimos que el otro ore para que Dios cambie nuestro corazón y nos llene de su amor hacia ella.

Nuestra soberbia y terquedad fácilmente pueden interferir con nuestro acercamiento a Dios y nuestro pedido de auxilio. Pero Él quiere que oremos acerca de todas las cosas, en especial por aquellas para las que no tenemos ninguna respuesta humana.

No preocuparnos si debemos realizar la misma oración cada día
Jesús nos dice: "Pidan, y se les dará; busquen, y encontrarán; llamen, y se les abrirá la puerta" (Lucas 11.9). El tiempo verbal utilizado en el texto original significa que debemos seguir pidiendo, buscando, llamando y no abandonar después de haberlo hecho solo una vez.

Sila   Cuando nuestros hijos eran pequeños, me di cuenta de que le pedía a Nicky que orara por mí en el mismo sentido, día tras día. Necesitaba continuamente más paciencia y más energía física y las oraciones de Nicky efectuaron una diferencia sorprendente en mi relación con nuestros hijos. El hecho de que necesitemos seguir pidiendo por las mismas cosas no significa que Dios no esté contestando a nuestras oraciones, sino más bien es un reconocimiento de nuestra dependencia del Señor.

Asegurarse de que las oraciones sean verticales, no horizontales ni manipuladoras
Orar no es una forma de manipular al otro. Yo (Sila) no debería orar así: "Señor, por favor, ayuda a Nicky a dejar de trabajar tanto y pasar más tiempo con los hijos". A menos que, por supuesto, él me haya pedido que orara específicamente por ello. Ni tampoco debemos utilizar la oración como una oportunidad para comunicar cosas a nuestro cónyuge porque sabemos que no nos interrumpirá.

No rendirse ni bajar los brazos
Esto será de particular relevancia para quienes tengan hijos pequeños. Esta

etapa de la crianza parece ser interminable y recordamos haber pensado que nunca más lograríamos orar juntos ni siquiera durante cinco minutos. Parecía que gastábamos mucha energía física y emocional llevando a un niño a su habitación con un juguete o un video al tiempo que le decíamos: "Estamos orando. Todavía no es hora de levantarse". Entonces volvíamos rápido a nuestra habitación para lograr otro minuto de oración antes de que la puerta se abriera y comenzáramos con el mismo procedimiento.

¿Merecía la pena? En retrospectiva, aun cuando solo dos o tres veces por semana lográbamos orar el uno por el otro, esos pocos minutos nos ayudaban definitivamente, así como también nos permitían transmitir a nuestros hijos la importancia que le dábamos a la oración. Cuando los hijos crecen, orar juntos vuelve a ser nuevamente más fácil.

Buscar las promesas de Dios

Familiarizarnos con muchas de las promesas de Dios en la Biblia constituye un gran recurso para nosotros. Crecemos en sabiduría al leer la Biblia juntos e individualmente. A medida que aprendemos a aplicar sus consejos en nuestra vida cotidiana, nos moldea como personas y cambia nuestras actitudes y nuestro comportamiento.

Así como hay poder en la oración también lo hay cuando leemos juntos la Biblia. A menudo descubrimos que los pocos versículos que leemos en los Salmos o los Evangelios antes de orar parecieran aplicarse a nosotros, de forma muy personal, ese día en particular.

Conclusión

Mucha gente piensa que Dios procura atraparla o acusarla o limitar su vida. Nada más lejos del carácter de Dios revelado en Jesucristo. Dios es generoso en ayudarnos, liberarnos del pasado y permitirnos mirar abiertamente hacia los demás con amor. Él no se nos impone pero desea que respondamos a su acercamiento de amor.

La instrucción bíblica que dice: "Sométanse unos a otros, por reverencia a Cristo" está ubicada en el contexto de la búsqueda de la voluntad de Dios para nuestra vida: "...y comprueben lo que agrada al Señor", y también: "...no sean insensatos, sino entiendan cuál es la voluntad del Señor" (Efesios 5.21, 10, 15, 17). Cuando tanto el esposo como la esposa están decididos a buscar la voluntad de Dios en las decisiones más importantes de su vida, descubrirán una libertad que superará las preocupaciones y afectará positivamente su matrimonio.

San Pablo escribió, de su propia experiencia: "No se inquieten por nada; más bien, en toda ocasión, con oración y ruego, presenten sus peticiones a Dios y denle gracias. Y la paz de Dios, que sobrepasa todo entendimiento, cuidará sus corazones y sus pensamientos en Cristo Jesús" (Filipenses 4.6-7).

Orar puede ser lo más importante que hagamos juntos.

Notas

Introducción
1. Para una respuesta a la pregunta: "¿Por qué murió Jesús?", recomendamos leer Preguntas de la vida, por Nicky Gumbel (Alpha Américas, 2011), particularmente el Capítulo 3.
2. De la liturgia de bodas de la Iglesia Anglicana, *Common Worship*, 1980.

Capítulo 1: Una visión a largo plazo
1. Mike Mason, *The Mystery of Marriage* (Triangle, 1997), p. 160.
2. John Bayley, Iris, *A Memoir of Iris Murdoch* (Duckworth, 1998), p. 57.
3. Extracto del Soneto Nº 116, del libro de Stanley Wells (Ed.) titulado: *Shakespeare's Sonnets and a Lover's Complaint* (Oxford University Press, 1987), p. 130.
4. Frank Muir, *A Kentish Lad* (Corgi, 1997), pp. 404-405.
5. *The Guardian*, 24 de octubre de 1998, p. 3.
6. Cita extraída de una grabación de radio de Sam Thompson titulada "Comunión en el matrimonio", parte 2, cinta 2, Anaheim: VMI 1984.
7. Cita en el libro de Selwyn Hughes, titulado: *Marriage as God Intended* (Kingsway Publications, 1983), p. 13.
8. *The Daily Mail Weekend*, 9 de enero de 1999 [entrevista con Lynda Lee-Porter].
9. *The Times*, 15 de febrero de 2000 [entrevista con Celia Brayfield].

Capítulo 2: Planificar para el éxito
1. Virgilio: 29 a. C., *Georgics Book III*.
2. John Fitzgerald Kennedy, *The Observer*, 10 de diciembre de 1961.
3. Rob Parsons, *Loving against the Odds* (Hodder & Stoughton, 1994), p. 39.
4. Raymond Snoddy & Carol Midgley, *The Times*, 22 de abril de 1998, p. 5.
5. *Ibid.*
6. *Vanity Fair,* octubre de 1999, p. 135.
7. *The Daily Mail,* 20 de abril de 1998.
8. Gary Chapman, *Los cinco lenguajes del amor* (Editorial Unilit, 2011), pp. 29, 36.
9. Alan Storkey, *Marriage and its Modern Crisis* (Hodder & Stoughton, 1996), p. 25.

10. Dr. Henry Cloud y Dr. John Townsend, *Límites* (Zondervan Publishing House, 1992), p. 160.
11. Rob Parsons, *Loving Against the Odds* (Hodder & Stoughton, 1994), p. 39.

Capítulo 3: Cómo hablar de manera más eficaz

1. Libby Purves, Nature's Masterpiece, *A Family Survival Book* (Hodder & Stoughton, 2000), pp. 221-222.
2. *Speaking for Themselves*, Las cartas personales de Winston y Clementine Churchill, Editadas por Mary Soames (Black Swan, 1999).
3. *The Mail on Sunday.*
4. Cherry Norton, *The Independent on Sunday*, 3 de octubre de 1999, pp. 6-7.
5. Libby Purves, *Nature's Masterpiece, A Family Survival Book* (Hodder & Stoughton, 2000), p. 221.
6. Sonia Leach, Good Housekeeping, agosto de 1994, *Do Men Understand Intimacy?*
7. Frank Muir, *A Kentish Lad* (Corgi, 1997), pp. 404-405.

Capítulo 4: Cómo escuchar de forma más eficaz

1. Mary Catterwood, 1847-1901, escritora estadounidense, *Mackinac and Late Stories* (Marianson).
2. Gerard Hughes.
3. Acorn Christian Foundation desarrolló estas cinco categorías de personas que no saben escuchar (página web: www.acornchristian.org).
4. Gary Chapman, *Los cinco lenguajes del amor* (Editorial Unilit, 2011), pp. 61-63.
5. Stephen Covey, *Los siete hábitos de la gente altamente efectiva* (Simon & Schuster), p.239.
6. Bilquis Sheikh, *I Dared to Call Him Father* (Kingsway Publications, 1978), pp. 40–41.
7. Stephen R. Covey, *Los siete hábitos de la gente altamente efectiva* (Simon and Schuster, 1999), p. 237.
8. Dale Carnegie, *Cómo ganar amigos e influir en las personas* (Simon and Schuster, 1964).
9. Diane Vaughan, *Uncoupling. Turning Points in Intimate Relationships* (Oxford University Press, 1984).

Capítulo 5: Las cinco expresiones del amor

1. Louis de Bernière, *La mandolina del capitán Corelli* (Secker & Warburg, 1994), p. 281.
2. Gary Chapman, *Los cinco lenguajes del amor* (Editorial Unilit, 2011).
3. Richard Bausch, *The Eyes of Love* (Macmillan, 1995), pp. 258-259, 261-262, 264.

Capítulo 6: Palabras y acciones

1. Ella Wheeler Wilcox, *An Unfaithful Wife to Her Husband*, citado en Charles Mylander, *Running the Red Lights* (Ventura, CA: Regal Books, 1986), pp. 30-32.

2. Louis de Bernière, *La mandolina del capitán Corelli* (Secker & Warburg, 1994), pp. 43-44

Capítulo 7: Tiempo, regalos y contacto físico

1. Jean Anouilh (1910-1987) de *Adela* (1949).
2. Alan Storkey, *The Meanings of Love* (IVP, 1994), p. 117.
3. Gary Chapman, *Los cinco lenguajes del amor* (Editorial Unilit, 2011).p. 107.

Capítulo 8: Valorar nuestras diferencias

1. Frank Muir, *A Kentish Lad* (Corgi Books, 1997).
2. Richard Hooker (1554-1660), teólogo inglés.
3. Paul Tournier, *Marriage Difficulties* (SCM Press, 1971), p. 26.
4. Susan Quillam y Relate, *Stop Arguing Start Talking* por Relate (Vermilion, 1998).
5. Monty Don, *Observer Magazine*, 19 de mayo de 2002.
6. Bill y Lynne Hybels, *Love that Lasts* (Marshall Pickering, 1995), pp. 12-14.
7. *Ibid.*, pp. 15–16.
8. Judith S. Wallerstein y Sandra Blakeslee, *The Good Marriage* (Houghton Mifflin Company, 1995).
9. *Ibid.*
10. Richard Selzer, *Mortal Lessons: Notes in the Art of Surgery*.
11. Revista *Red*, marzo de 2000.

Capítulo 9: Enfocarse en el asunto

1. Cita en el libro de Philip Yancey, *Gracia divina versus condena humana* (Zondervan Publishing House, 1997), pp. 97-98.
2. Philip Delves Broughton, *The Times*, 12 de febrero de 1998, p. 9.
3. Paul Simmonds & Mark Silversides (eds), *Marriage in Mind* (The Church Pastoral Aid Society, 1993), p. 34.
4. Libby Purves, *Nature's Masterpiece, A Family Survival Book* (Hodder & Stoughton, 2000), p. 227.
5. Colosenses 4.6; Filipenses 4.5 (La Palabra, versión hispanoamericana © 2010 Texto y Edición, Sociedad Bíblica de España).
6. Rob Parsons, *Loving Against the Odds* (Hodder & Stoughton, 1994), pp. 65-66.

Capítulo 10: Centrar nuestra vida

1. Gabriel García Márquez, *El amor en tiempos del cólera* (Penguin Books, 1989), p. 209.
2. *Children's Letters to God*, compilado por Stuart Hemple y Eric Marshall (Collins, 1996).
3. Alpha ofrece la posibilidad de escuchar y dialogar sobre la relevancia y la verdad del mensaje cristiano. Actualmente se lleva a cabo en más de 65 000 iglesias alrededor del mundo. Conocemos personalmente a muchas parejas cuyos matrimonios fueron transformados como resultado de participar en dicho curso.

4. Para quienes quieran saber más acerca de la oración, una buena introducción básica se puede encontrar en el Capítulo 5 de *Preguntas de la vida* por Nicky Gumbel (Alpha Américas, 2011).

Capítulo 11: ¿Cómo se puede perder la intimidad?

1. John Taylor, *Falling* (Victor Gollancz, 1999), pp. 3-4.
2. En relación a esta parte del libro estamos particularmente agradecidos con David y Teresa Ferguson por la inspiración que recibimos mediante su libro *Intimate Encounters* (Nelson, 1997) y en cursos de "vida familiar".
3. C. S. Lewis, *Los cuatro amores* (Fount, Harper Collins Religious, 1998), p. 116.
4. ValerieWindsor, *Telling Stories*, Fresh Talent (W. H. Smith), pp. 39-40.

Capítulo 12: ¿Cómo se puede restaurar la intimidad?

1. Martin Luther King Jr., citado en el libro de Philip Yancey, *Gracia divina versus condena humana* (Zondervan Publishing House, 1997).
2. *Readings for Meditation and Reflection* editadas por Walter Hooper (New York: Harper Collins, 1996), p. 63.
3. Philip Yancey, *Gracia divina versus condena humana* (Zondervan Publishing House, 1997), p. 97.
4. Corrie ten Boom, *He Sets the Captives Free* (Kingsway Publications, 1977), p. 38.

Capítulo 13: Cómo llevarse bien con nuestros padres y suegros

1. Amanda Vail, *Love Me Little.*
2. Mary Pytches, *Yesterday's Child* (Hodder & Stoughton, 1990), pp. 147-148.
3. Ann McFerran, *Motherland—Interviews with Mothers and Daughters* (Virago Press, 1998), p. 22.
4. Victoria Glendinning, *Sons and Mothers* (Virago Press, 1997), p. 248.
5. Libby Purves, *Nature's Masterpiece* (Hodder & Stoughton, 2000), p. 260.
6. *Ibid.* pp. 337-338.
7. Ann McFerran, *Motherland—Interviews with Mothers and Daughters* (Virago Press, 1998), p. 119-120.
8. *Ibid.* pp. 15-17.

Capítulo 14: Cómo dejar atrás el control parental

1. Robin Skinner y John Cleese, *Families and How to Survive Them* (Mandarin, 1990), p. 298.
2. Victoria Glendinning, *Sons and Mothers* (Virago Press, 1997), p. 256.
3. Ann McFerran, *Motherland—Interviews with Mothers and Daughters* (Virago Press, 1998), p. 168. Press, 1998), p. 168
4. Dr. David Mace, *Getting Ready for Marriage.*
5. Libby Purves, *Nature's Masterpiece* (Hodder&Stoughton, 2000), p. 262.
6. Ann McFerran, *Motherland—Interviews with Mothers and Daughters* (Virago Press, 1998), p. 28-29.

Capítulo 15: Cómo enfrentar los efectos de una infancia difícil
1. Alan Storkey, *The Meanings of Love* (IVP, 1994).
2. Victor Frankl, *El hombre en busca de sentido* (Hodder & Stoughton, 1992).
3. Victoria Glendinning, *Sons and Mothers* (Virago Press, 1997), p. 255.

Capítulo 16: Sexo, ¿de qué se trata todo esto?
1. John White, *Eros Defiled* (IVP, 1977), p. 20.
2. Mike Mason, *The Mystery of Marriage* (Triangle, 1997), p. 100.
3. Libby Purves, *Holy Smoke* (Hodder and Stoughton, 1998), p. 85.
4. Michael y Myrtle Baughen, *Your Marriage* (Hodder & Stoughton, 1994), p. 62.
5. John White, *Eros Defiled* (IVP, 1977), p. 86.
6. *The Sunday Times*, 2 de noviembre de 1997, News, p. 14.
7. *The Guardian*, 17 de octubre de 1998, p. 3.
8. John White, *Eros Defiled* (IVP, 1977), p. 15.

Capítulo 17: Seis características de los grandes amantes
1. Alan Storkey, *The Meanings of Love* (IVP, 1994), p. 98.
2. Shaunti Feldhahn, *For Women Only: What You Need to Know about the Inner Lives of Men* (Multnomah 2004), p. 100.
3. Michael Castleman, *Sexual Solutions* (Simon & Schuster, 1983), p. 162.

Capítulo 18: Proteger nuestro matrimonio
1. John White, *Eros Defiled* (IVP, 1977), p. 75-76.
2. Kathryn Knight, *The Times*, 17 de marzo de 1996.
3. John White, *Eros Defiled* (IVP, 1977), p. 81.
4. *Good Housekeeping*, marzo de 2000, p. 64.
5. Alan Storkey, *The Meanings of Love* (IVP, 1994), p. 83.
6. Gary Chapman, *Hope for the Separated* (Moody Press, 1982), p. 78.
7. *Good Housekeeping*, marzo de 2000, p. 64.

Capítulo 19: Mantener vivo el sexo
1. Alan Storkey, *The Meanings of Love* (IVP, 1994), p. 164.
2. Bill Hybels, *Tender Love* (Moody Press, 1993), p. 106.
3. Libby Purves, *Nature's Masterpiece* (Hodder & Stoughton, 2000), p. 225.

Capítulo 20: La oportunidad de toda una vida
1. Ian y Ruth Coffey, *Friends, Helpers, Lovers* (IVP, 1996), p. 177.
2. Tom Marshall, *Relaciones saludables* (Balantine Books, 1998), p. 24.
3. Mike Mason, *The Mystery of Marriage* (Triangle, 1997), p. 20.
4. Comienzo del discurso de Barbara Bush en la graduación de estudiantes, año 1990, en el Wellesley College (Wellesley College Library, Wellesley, Mass.) pp. 4-5.
5. Dietrich Bonhoeffer, *Cartas y apuntes desde el cautiverio* (Ediciones Sígueme, 2008), p. 42f.

6. Clio Turner, *Closer to God April-May-June 1999* (Scripture Union, 1999), p. 127.

Apéndice 1: ¿Preparados para el matrimonio?

1. Estas pruebas han sido adaptadas del libro *I Married You* por Walter Trobisch (IVP, 1971), pp. 89-92.
2. John Gray, *Los hombres son de Marte, las mujeres son de Venus* (Rayo, 2004).
3. Ed Wheat, *Love Life for Every Married Couple* (Marshall Pickering, 1980), p. 109.

Apéndice 2: Compromiso, sexo y luna de miel

1. Mike Mason, *The Mystery of Marriage* (Triangle, 1997), p. 100.
2. Paul Francis, *Teenagers: The Parents' One Hour Survival Guide* (Marshall Pickering, 1998), pp. 88-89.

Apéndice 3: Elaboración de un presupuesto

1. Rob Parsons, *Loving against the Odds* (Hodder & Stoughton, 1994), p. 190.

Apéndice 4: Orar juntos

1. Nicky Gumbel, *30 Days*. Una introducción práctica a la lectura de la Biblia (Alpha International, 2012).
2. *Daily Light—the Classic Scripture Selection* (Hodder & Stoughton, 1982).

Bibliografía

1. Matrimonio en general

Gary Chapman, *Los cinco lenguajes del amor* (Editorial Unilit, 2011)
Rob Parsons, *Matrimonio... en sesenta segundos* (Spanish House, 2001)
Rob Parsons, *Loving against the Odds* (Hodder & Stoughton, 1994)
Mike Mason, *The Mystery of Marriage* (Triangle, 1997)
Bill and Lynne Hybels, *Love That Lasts* (Marshall Pickering, 1999)
Timothy Keller con Kathy Keller, *The Meaning of Marriage* (Hodder & Stoughton 2011)

2. Desarrollo de las relaciones sexuales

Dr. Douglas E. Rosenau, *Una celebración del sexo* (Grupo Nelson, 2003)
Richard y Lorraine Meier, Frank Minirth, y Paul Meier, *Sex in the Christian Marriage* (Fleming H. Revell Company/Baker Book House, 1997)

3. Sanidad de los efectos de una infancia dolorosa

Gary Chapman, *The Other Side of Love—Handling Anger in a Godly Way* (Moody Press, 1999)
Mary Pytches, *Yesterday's Child* (Hodder and Stoughton, London, 1990)
Dr. David Ferguson y Dr. Don McMinn, *Top 10 Intimacy Needs* (Intimacy Press, 1994)

4. Hacer frente a problemas financieros

Keith Tondeur y Larry Burkett, *La vida libre de deudas* (Unilit, 1995)
Keith Tondeur, *Financial Tips for the Family* (Hodder and Stoughton, 1997)
Ron y Judy Blue, *Money Talks and So Can We* (Zondervan Publishing House, 1999)

5. Enfrentar desórdenes alimenticios

Helen Wilkinson, *Beyond Chaotic Eating* (Zondervan Publishing House, 1993)
Jo Ind, *Fat Is a Spiritual Issue* (Mowbray, 1993)

6. Reconstrucción de un matrimonio

James Dobson, *El amor debe ser firme* (Editorial Vida, 1990)
Gary Chapman, *Hope for the Separated* (Moody Press, 1996)

7. Otros recursos útiles

Cuidado Familiar (Care for the Family)

Se propone promover la vida familiar sólida y ayudar a quienes hayan sufrido la separación familiar. Entre las actividades se incluyen seminarios y eventos en el Reino Unido. Información y recursos disponibles:
Tel: 029 2081 0800
Sitio web: www.careforthefamily.org.uk

Recursos Matrimoniales (Marriage Resource)

Sitio web que incluye un directorio de consejeros cristianos en el Reino Unido y otros países.
Sitio web: www.marriageresource.org.uk

Ayuda Confidencial (Care Confidential)

Línea de ayuda nacional en el Reino Unido para crisis de embarazo y apoyo post-aborto
Tel: 0800 028 2228
Sitio web: www.careconfidential.com

Aguas Vivas (Living Waters)

Organización cristiana que se ocupa de asuntos relacionados con la sanidad de emociones dañadas, problemas sexuales y relacionales, y también de personas que luchan con problemas de identidad de género.
Tel: 020 7630 1044
Sitio web: www.living-waters-uk.org

Acción Crediticia (Credit Action)

Ofrece educación y consejería financiera
Tel: 020 7436 9937
Sitio web: www.creditaction.org.uk

Otros recursos disponibles de "Vida familiar y relaciones" por Alpha International

Curso de preparación para el matrimonio
Cinco sesiones diseñadas para ayudar a que las parejas comprometidas a casarse desarrollen cimientos sólidos para un matrimonio duradero. Se abordan los siguiente temas:
1. Comunicación
2. Compromiso
3. Resolución de conflictos
4. Mantener vivo el amor
5. Metas y valores compartidos

Curso de preparación para el matrimonio
Manual
500750

•
Curso de preparación para el matrimonio
Guía del líder
500751

¿Preparados para el matrimonio?
(librito)
En este librito, Nicky y Sila Lee responden las preguntas efectuadas por parejas que estén considerando contraer matrimonio. El material se extrajo del libro *Él y ella: cómo establecer una relación duradera* por Nicky y Sila Lee, el cual da una mejor comprensión de cómo prepararse para desarrollar un matrimonio saludable.
5101747

Curso para Matrimonios

Siete sesiones que ofrecen herramientas para desarrollar una relación sólida y saludable que dure toda la vida. En cada encuentro las parejas dialogan acerca de temas importantes que tal vez hayan ocultado "debajo de la alfombra" debido al ajetreo de las ocupaciones cotidianas. Los temas abordados a lo largo del curso son:

1. Establecer cimientos sólidos
2. El arte de la comunicación
3. Resolución de conflictos
4. El poder del perdón
5. El impacto de la familia: pasado y presente
6. Vida sexual sana
7. Amor en acción

Fiesta del Curso para Matrimonios (una oportunidad para que los participantes inviten a sus amigos a escuchar acerca del curso)

Sesión adicional: Sobrellevar los tiempos de separación

Él y Ella: Cómo establecer una relación duradera
5100726

Curso para Matrimonios - Manual del invitado
502728
Paquete de cinco ejemplares

Curso para Matrimonios - Guía del líder
502727

Curso para Matrimonios - DVD
502720

Visite www.alpha.org para conocer más recursos que le ayudarán a organizar este curso.

Aunque ambos cursos se basan en principios cristianos, pueden emplearse con parejas que tengan o no un trasfondo cristiano.

Están disponibles los paquetes iniciales de descuento que contienen todo lo que usted necesita para organizar el Curso de Preparación para el Matrimonio y el Curso para Matrimonios. Por favor visite www.alpha.org para más detalles.

Curso para padres de familia (Infancia)

El Curso para padres de familia (Infancia) consiste en una serie de cinco sesiones (o diez sesiones breves) diseñadas para ayudar a los padres y tutores de hijos de cero a diez años de edad, proporcionándoles estrategias de largo plazo para desarrollar una vida familiar saludable. Las sesiones abordan:

1. Desarrollar cimientos sólidos
2. Satisfacer las necesidades de sus hijos
3. Establecer límites
4. Enseñar relaciones saludables
5. Nuestro propósito a largo plazo

Curso para padres de familia (Infancia) - DVD
DVD / Código 000000000000

Manual del invitado (Infancia)
Librito / Código 0000000000000

Guía de líderes (Infancia y Adolescencia)
Librito / Código 0000000000000

Guía introductoria (Infancia y Adolescencia)
Librito / Código 00000000000000

Curso para padres de familia (Adolescencia)

El Curso para padres de familia (Adolescencia) consiste en una serie de cinco sesiones (o diez sesiones breves) diseñadas para ayudar a los padres y tutores de hijos de once a dieciocho años de edad, proporcionándoles herramientas para desarrollar relaciones saludables con sus adolescentes, guiándolos hacia la madurez y la vida adulta.

1. Tener presente el propósito
2. Satisfacer las necesidades de nuestros adolescentes
3. Establecer límites
4. Desarrollar la salud emocional
5. Ayudar a tomar buenas decisiones

Curso para padres de familia (Adolescencia) - DVD
DVD / Código 000000000000

Manual del invitado (Adolescencia)
Librito / Código 0000000000000

Guía de líderes (Infancia y Adolescencia)
Librito / Código 0000000000000

Guía introductoria (Infancia y Adolescencia)
Librito / Código 00000000000000

También por Nicky y Sila Lee

El libro para padres de familia

El libro para padres de familia está dirigido a padres y madres cuyos hijos tengan entre cero y dieciocho años de edad. El propósito es contribuir con la tarea de edificar su vida familiar. En base a su propia experiencia como padres de cuatro hijos y como oradores que han hablado ante miles de personas mediante sus cursos para padres de familia, Nicky y Sila Lee ofrecen nuevas ideas y valores que han resistido la prueba del tiempo. Repleto de consejos valiosos y conceptos prácticos, *El libro para padres de familia* es un material al que madres y padres recurrirán con frecuencia.

Para realizar pedidos: www.alpha.org

Orden # 502726 ISBN: 978-1-938328-55-8

Información de contacto

Alpha EE.UU.
2275 Half Day Road
Suite 185
Deerfield, IL 60015
Tel: 800.362.5742
Tel: + 212.406.5269
e-mail: info@alphausa.org
www.alphausa.org

Alpha Canadá
Suite #230 – 11331 Coppersmith Way
Riverside Business Park
Richmond, BC V7A 5J9
Tel: 800.743.0899
Fax: 604.271.6124
e-mail: office@alphacanada.org
www.alphacanada.org

Para adquirir recursos en Canadá:

David C. Cook Distribution Canadá
P.O. Box 98, 55 Woodslee Avenue
Paris, ON N3L 3E5
Tel: 800.263.2664
Fax: 800.461.8575
e-mail: custserve@davidccook.ca
www.davidccook.ca

Alpha Latinoamérica y el Caribe
Holy Trinity Brompton
Brompton Road
London SW7 1JA UK
Tel: +44 (0) 845.644.7544
e-mail: americas@alpha.org
www.alpha.org